SINO FOREIGN MANAGEMENT 中外管理
出品人◎杨光

中国造隐形冠军系列丛书
HIDDEN CHAMPION IN CHINA SERIES

LEXY 莱克电气的故事与哲理

STORY & PHILOSOPHY OF KINGCLEAN

任慧媛　杨光　辛国奇◎著

莱克 30 年，远不只是成为“全球清洁之王”

它凭借元年起的“冠军定位”，一出手就矢志做“技术高端”
它凭借持续 15 年的“冠军产品”，持续以高性能 + 高颜值而“与众不同”
它又凭借持续 15 年的“冠军品牌”，及“多品牌矩阵”，而持续不同于众多“隐形冠军”

莱克的冠军价值，在于它 30 年来以全维度的“可持续创新”
昭示出了“中国隐形冠军”的下一步

企业管理出版社
ENTERPRISE MANAGEMENT PUBLISHING HOUSE

图书在版编目（CIP）数据

莱克电气的故事与哲理 / 任慧媛，杨光，辛国奇著．
北京：企业管理出版社，2025．1．
— ISBN 978-7-5164- 3210-5

I. F426.6

中国国家版本馆 CIP 数据核字第 20243N44K4 号

书　　名：莱克电气的故事与哲理
作　　者：任慧媛 杨 光 辛国奇
首席哲理师：杨 光
责任编辑：尚元经 郑小希
书　　号：ISBN 978-7-5164-3210-5
出版发行：企业管理出版社
地　　址：北京市海淀区紫竹院南路 17 号 邮编：100048
网　　址：http://www.emph.cn
电　　话：编辑部 (010) 68414643 发行部 (010) 68417763
电子信箱：qiguan1961@163.com
印　　刷：固安兰星球彩色印刷有限公司
经　　销：新华书店
规　　格：170 毫米 ×240 毫米 16 开本 26 印张 330 千字
版　　次：2025 年 1 月第 1 版 2025 年 1 月第 1 次印刷
定　　价：108.00 元

序言

20世纪90年代初，在国家改革开放政策和支持民营经济发展的大背景下，一大批怀揣梦想的年轻人下海创业，深圳特区的外向型经济和浙江温州的民营经济蓬勃发展的大背景下，我于1994年10月从国企辞职下海创办苏州金莱克电器有限公司（莱克电气前身）。当时我就在想，我应该如何切入一个市场，做一个什么样的产品，如何经营这家企业呢？

经过一番深思熟虑之后，最终给公司起名为KingClean，即清洁之王，这表达了我专注清洁电器这个行业，并立志成为全球清洁电器行业的龙头老大，这就定义了我的创业梦想和未来企业的愿景、使命。

如何才能成为清洁之王呢？这就提出了企业经营的本质问题，企业经营究竟为了什么？我认为经营就是为目标客户创造价值，即为客户创造未被满足的潜在需求。从企业愿景、使命和利他出发，通过创新创造客户需求。最终为企业创造利润，为国家创造税收，为社会创造就业和人们的幸福生活，由此促进国家社会的经济繁荣和富强，这就是我们为什么而经营的根本所在。

创新是企业增长的原动力，构建一个创新型企业，以创新驱动发展，这是我创办莱克电气以来一直坚持的发展理念，创新已成为莱克电气生生不息的企业基因。从一个小家电行业的第一个吸尘器产品开始，莱克的每一步发展、每一次跨越和每一次的成功转型，无不是创新的结果，没有创新就没有莱克的昨天和今天，更没有莱克的未来，所以创新最能代表莱克独特的发展特色。

中国改革开放早期的民营企业大多数白手起家，在一张白纸上做文章，企业的大小事务一切决策基本上都是由老板说了算，企业的行事风格就是老板的风格。随着企业的发展壮大，由人治走向法治是必经之路，如何把一个人的意志转化为全体员工共同的意志，这就是企业文化理念、价值观。

企业的行动纲领是由企业核心价值观驱动的，同时企业应该建立一整套完善的管理体系、制度、流程和方法，用以规范员工的行为准则及工作方法。企业经营的一切活动是基于正确的理念和原则，把理念和原则根植于企业经营活动的全员、全过程，促使员工能独立自主管理自己、管理工作，并创造最后的成绩。这是作为一个经营者、一个老板首先要做的事。

诸如，诚信经营，利他共赢；客户至上，速度制胜；与众不同，遥遥领先；抢占先机，差异化竞争；质量第一，成本第二；逆向思维，稳健经营；用人所长，扬长避短；结果导向，不唯结果等理念。这些理念决定了我们企业如何参与市场竞争，如何创新，如何处理客户关系和供应商关系，如何育人、用人，如何评价员工等一系列原则。并由理念原则决定了制定什么样的体系文件、规章制度、业务流程、工作程序，也影响与决定着各级管理人员的行为规范、工作态度和处事方式，以及当我们遇到问题时的决策理念和依据。经营者的责任，就是提炼与弘扬企业文化、理念、价值观，并以身作则、不遗余力地去践行，成为员工的行为表率。

战略决定企业的发展方向、路径，管理决定企业的效率，而理念原则是企业战略与管理的指路明灯。莱克的一切经营活动贯穿始终的基本经营理念是创造需求、创造客户，而管理就是让员工成为能够在价值观、理念的指引下，自动自发发挥主人翁的作用。

经营是一门实践，没有人不经过学习能先知先觉，也没有人能照搬别人的成功经验而获得成功。企业和个人都是在学习和实践中成长起来的，行万里路读万卷书，学习增长知识，行路增长见识，而实践能增长人的才干。企业必须成为学习型的组织，古为今用，洋为中用，站在巨人的肩膀上能看得更远。莱克坚持把西方几百年积累总结出来的企业经营管理理论与中国传统文化、企业自身的业务特点三个方面结合起来加以应用和实践，在实践中完善融合，在实践中提高，形成自己独特的管理文化、制度、体系。这是我们民营企业提高经营管理水平的必由之路。

世界是变化的，企业经营随时面临着需求的减弱、新竞争者的加入、产品被替代等挑战和风险。任何一项业务总会经历成长、成熟和衰退的过程，企业经营者无时无刻不战战兢兢。一个企业要活得好，成长快，还要活得久，不仅要在自己的核心业务方面做强做大，做到数一数二，构建企业经营的护城河，还要有危机意识，要洞见未来，把握经济发展规律与行业趋势，主动变革。

今天的经营成果往往是昨天的正确决策带来的，所以今天我们所做的一切决定着未来的走向。要在天没有下雨的时候准备好雨伞，果断地淘汰衰退的、没有竞争力的业务，同时要开拓未来有发展潜力的、尚未成熟的新兴业务。在变化中寻找机会，在变化中规避风险。

莱克30年的创业史就是一部不断变革、与时俱进的创新史。

倪祖根

莱克电气股份有限公司董事长兼总裁

2024年11月

是·知·行

莱克创新30年与品味“持续创新”的密码

企业辉煌30年，究竟意味着什么

理解30年，先要看懂20年。

当一家市场化企业走过20年时，一定意味着它将要经历“生死之劫”。

因为持续20年一定是自身已足够成功，至少自以为成功到了足可以自信进而日益自负的程度，并且内部一定足以实现了由演化进而趋向固化的理由，又因为持续20年的外界环境也一定足以走完一个大周期，而即将开启全新时代。在全球“百年老店”数量最多的日本，也有这样一种说法：企业大约每25年，就要“死”一次。因此，对于平均寿命不超过5年的中国企业，如果说创业10年时可以松一口气，创业20年时则要提起一口气。所以我在2012年《中外管理》创业21周年时说：创业第21年的本质，就是20+1——20，是风雨后的底蕴，但也很可能是风光下的包袱。而到底会是哪一个，取决于20年时是否后面有这个1：葆有创业元年的心态。

20年如此，那创业30年呢？

意味着这家企业一定扛住了“20年代”的生死劫，并“凤凰涅槃”地开启了一个全新的发展阶段。也意味着这家企业一定在经历了以上的一切后，自身已然沉淀出了一套经得起考验、日趋成型且富有个性的企业方法论。

在全世界范围，京瓷30年时，“稻盛哲学”已在KDDI验证；在全中国范围内，华为30年时，“奋斗者”已叫板苹果；在大家电行业，海尔30年时，“人单合一”已走出国门；而在小家电行业，莱克电气30年时——也是如此。

2024年10月18日在中国苏州举办的“三十而立，向新而行——莱克电气30周年发展大会”上，持续创新了30年的莱克电气创始人倪祖根，一口气用一个小时铿锵激昂地分享了莱克辉煌30年的满满“干货”——不只是成就，更是方法论。

莱克30年与众不同在哪里

因为即便在最优秀的中国企业群体里，莱克电气这30年也非同一般。

这是一家“成色”十足却又并非“典型”而领先一步的隐形冠军企业。作为冠军，莱克做到了行业内诸多第一，将ODM（原创设计制造）做到了极致；作为隐形冠军，莱克做到了基于核心技术的持续引领与持续创新，成就了诸多业界龙头；作为优秀的隐形冠军，莱克做到了从单一爆品到产品延展的同心多元化，实现了四面开花；作为非典型的优秀隐形冠军，不仅在于创业20年后实现率先上市，更在于创业20年前，莱克就与众不同地实现了通常只有“品质化”的隐形冠军“可望而不可即”的“品牌化”，且进而在20年后开始积极探索“品牌矩阵”——于是莱克，就有了青春勃发的第30年。如果说，莱克30年前一出生就同步在追求“自主化”“高端化”

和“审美化”，已是中国隐冠企业OEM–ODM阶段的惊世罕物，那么莱克30年后“扬名立业”依靠的“高端化品牌矩阵”，进而能同时游刃于“to C”与“to B”两大截然不同的产业领域，则是中国隐冠企业未来走向ODM–OBM（自有品牌制造）阶段的绝对标杆。

莱克30年的成功，当然有时代因素，诚如电视剧《繁花》中呈现的那样，很难复制。但莱克30年能以这样的路径，实现这样的成功，则又远不只是时代使然。因为时代“繁花”早已凋谢，而壮年莱克璀璨依然。这就是由莱克特有的创新方法论来支撑与催生的。

莱克30年持续成功的创新方法论，显然不是一句话能涵盖的，倪祖根滔滔一小时的分享依然并未穷尽。但是，印在莱克电气内部工作笔记本上的三个汉字，却深深触动了我，让我深有感触——特别是围绕如何助力实现持续创新上，并值得在此专门品鉴与众分享。

哪三个字？——“是·知·行”。

古人看不见的“是”到底是什么

中国传统文化往往关注的是后两个字，也就是“知行”问题。殊不知，其实比“知行”之辩更重要的是前面那个字，而且必须置于最前面的那个字：“是”。

是的，次序不能含糊。因为次序，涵盖因果，表示逻辑，并决定结果。

“认知”，“行动”，固然重要得不言而喻，但另外有一点却是因为只是作为低调的前提，于是人们往往浑然不觉，而要先说说清楚的。就是这个“是”。

“是”是什么？一望而知，肯定包括执行与服从。但作为一个持续创新的企业，还可以进一步思考深化。因为执行和服从不必然催生创新。那么，基于持续创新，“是”里面究竟能涵盖什么？

第一，“是”意味着：在变化面前，敢于“打开自己”。

这就是你要矢志一生都敢于对变化和异己，说“是”。一个人创新一次，也许只需要天赋。一个组织创新一次，也许只需要天时。但一个人一生创新，一个组织基业长青，那就必须要具备持续创新的意愿和能力。而拥有这个意愿和能力的基础是什么？是经营者永远不满足自己既有的认知与思维定势，而能“接纳”新鲜的和异己的，这很难，甚至最难。事实上，但凡成功过的人和组织，面对外界的新元素和新可能时，往往都会自信而本能地说“不”——这是人性使然，无可厚非。但依靠无可厚非，人永远只能在和谐中平庸，而不会在创新中卓越。因此，致力于创新的经营者，一定要克服掉自己说“不”的本能自负。也因此，稻盛和夫一直认为经营者需要对客户永远心怀感恩，张瑞敏认为“人单合一”的灵魂是“自以为非”。

经营者只有拥有可以持续接纳与认可外界新变化与新需求的心态，才可能持续保持创新力。

这也是企业家和科学家不一样的地方。科学家一旦登顶一次，就可能半生转而固步自封，甚至宁愿让后世寸草不生。连最伟大的牛顿都是如此。牛顿可以只独自创新10年，而随后却在巅峰禁锢打压了创新40年！为什么？因为科学家往往只会对自己说“是”，而对外界及同行永远说“不”——又因为科学家本就不需要一辈子都创新。只有企业和企业家，才需要永远创新。

于是，矢志持续创新的经营者，以及试图持续创新的团队，必须有意而严苛地时刻“追求”打开自己，“追求”自以为非，“追求”勇于和乐于说“是”。强调“追求”，是因为违反人性，困难重重，且永无终点，不可停歇。

外界环境永远在变，你必须一直克服自己，去说“是”。

第二，“是”意味着：在问题面前，勇于“追问自己”。

这就是你要矢志一生都对问题和责任，说“是”。管理的本质是要驾驭人性，而管理者的本质则是要挑战人性。创新和创新者更是如此。就人性而言，都是趋利避害的。而创新，甚至日常运营，却总是必然伴随意外、挫折乃至失败。于是，在创新面前，人的本性乃至本能，永远都是在逃避责任。我们一定会发现，当经营管理中我们谈及任何显而易见的“问题”时，当事人的下意识反应都是在说“不”，其意图都是在——“解释”。

而解释的本质，不管多么滔滔不绝，不管多么入情入理，其实目的都是在——试图“免责”。“不管错误有多大，不管后果多严重，不管根源在哪里，只要板子不打在我身上，就好说。”这是所有职场人的下意识本能，也是工作中所有花样翻新的“解释”，万变不离其宗的潜台词。

但是显而易见：一个可以解释的错误，就不是错误了吗？一个可以免责的困难，就不需要克服了吗？一锅情有可原的温水，就不需要创新了吗？“撇清”，对于创新有百害而无一益。一个有持续创新意愿和能力的组织及个人，很显然需要永远和人性中的“解释”本能作斗争。当面对上司和客户的批评指责时，我们要训练自己的第一反应说“是”，用“是”来抵御和封堵自己内心暗流涌动的“解释”，让自己训练敢于面对责任和担起责任。反人性的事，当然都很不容易，但我们别无选择。因为只有不逃避、有担当的人和组织，才可能会是持续的创新者。

只有勇于直视才能创新，你必须一直克服自己，去说“是”。

第三，“是”意味着：在机会面前，巧于“打开对方”。

这就是你要矢志一生都去争取别人，对你说“是”。企业和企业家要持续创新才能生存发展。但创新如果是人人都懂，一呼百应的，那一定不是真正的创新。因此，创新注定是在组织内和组织外，都难免要面对冷漠、质疑、嘲讽和拒绝。而企业家的创新又不同于科学家的创新，后者可以单枪匹马，像发现钾和钠的戴维可以几个月不出实验室。但企业家的创新，即便始终高瞻远瞩，也必须基于群策群力，协同突破。因此，创新者必须学会如何让你要领导的组织，和你要争取的上下游客户，对你的创新说“是”，且持续说“是”。

尤其是沟通的一开始，对方能不能对你说“是”，就至关重要。

如果说“打开自己”的“是”，是挑战自己的灵魂，那么要“打开对方”的“是”，则看起来像是挑战对方的认知。如果是这样，创新将是非常非常难的。人们不是常说：世间最难的两件事之一就是把自己的思想灌入他人的头脑吗？如果企业创新者真的指望像登珠峰一样改造部下、股东、客户、市场的头脑，来换得对方说“是”，那就像让我们每天都要爬一遍珠峰一样不可能。

因此，“是”的产生不应是基于“挑战认知”。

真正能获得对方开始对你说“是”的，绝不是你独树一帜的思想本身，而恰恰是对方已有的认知。我认同这句话：真正能说服对方的，永远是他自己。因此，一个企业创新者，必须在围着自己的创意转之后，还需要学会围着别人的认知转。一个能持续创新的经营者，一定要有这个意识：我之所以能赢得他的支持，一定是因为我和他拥有一个重要的共识。即便这个共识看起来异常浅显，甚至不值一提。所有围绕创新的沟通，都应该从最最基本的共识说起，以便一开始就使得对方不得不说“是”。

只要能让对方以“是”为始，后面就会顺利很多——因为你面对的是人，是首先考虑自我利益、自我颜面与自我防卫的人，而不是就事论事的AI机器。

既然创新必须协同，你就必须竭力团结他人，引导他们去说“是”。

然而古人，从决策者到执行者，以往都不大关注“是”的深层内涵，而容易堕于“自以为是”。这也正是我们长期长于复制而创新不彰的原因之一。

“知易行难”，还是“知难行易”

从古人到今人，围绕知行之辩，长期各执一词。我们作为创新者，也不必去咬文嚼字，但如果我们能用“是”的思维，首先放下遮光眼镜，担起应有的责任，也卸去对方的盔甲，围绕创新的实现，就有了很好的条件。

但知行之辩本身，确实是一个无可回避的大问题，对持续创新更是如此。于是，我在《莱克电气的故事与哲理》这本书的内部启动交流时，也谈到过这个很有趣的重要话题。

我问过很多的企业界朋友，你们说：究竟是知难行易，还是知易行难？我发现绝大多数人，尤其是经理层，回答都是：“知易行难”。理由很充分：“大道理谁都懂，但真做起来，何其难！”也因此，很多管理者对团队执行力的兴趣，远超过对其判断力的把握。

然而，据我观察，卓有成效的创新者一定信奉：“知难行易”。

我这样说，并不意味着这个答案只有马斯克那样的天才才能体会。其实我们每个人都是有所体会的，只不过我们在经历后，没有主动体悟到。人和人的差别，主要不是经历本身的差别，而是领悟经历的差别。

首先是对“知”的内涵理解。如果我们说的“知”，不管是专业还是人生，是指“知道”和“了解”，那确实是“知易行难”。但是我们一定都不反对：我们的人生，本就是不能指望通过“知道”，而有所成就的。“知”，就要熟知，就要懂行，甚至必须是对事物刻入骨髓、清晰透彻的领悟与认同。

事实上，我们每个人，不论是大创新，还是小成就，但凡是你最终做成的，一定是你对这件事的意义、价值、逻辑、思路，都先有了非常清晰深入的理解和认同。随后，关于“行”的智慧与创意，甚至贵人和天意，就会自然涌现。我们稍加回忆一下，是不是？

正所谓常言：“办法总比困难多”，这句话要想从一句忽悠人的漂亮话变成实质的创新推动力，其实是需要至关重要的潜台词的：当你清晰专注地明白这件事意味着什么，为什么非要做成，为什么非要现在做，大约要从哪里着手时，“办法”才一定比“困难”多。反过来，就是一个我们经常看到的场景：“老板，我也努力了，但是很遗憾……”——因为你并没有真正把这件事“想明白”，并不知道为什么一定要做，所以当不可避免遇到客观困难时，你就会在一般性、常规性地努力后，两手一摊做“一筹莫展”状。

而“知”上真想明白的人，一定会在“行”上有惊人之举。你也一样，任何资质的人都一样。比如很多弱女子在分娩产子时都能迸发的勇敢与忍痛。为此，我们的目的越是“行”，越是要创新，越是要结果，我们就越是需要在“知”上要大功夫。

“知”，需要足够深刻，触及本质

比如马斯克，在开启一系列让全世界瞠目结舌的颠覆创新时，他的脑子里都一直在闪现和坚信他已然理解透彻的“物理第一性原理”。是“第一性”而不仅仅是区别他人——更不是跟随他人，让他有底气相信自己迟早可以“行”得出来。但可惜，绝大多数经营者都满足于在一些很浅表的层面上和对手的数据做比较，于是只有内卷，而不是创新。再比如张瑞敏，对于想践行“人单合一”的经营者，会直截了当地问：“你真的做好放弃权力的准备了吗？”如果没有在这个层面“想明白”，你就一定做不成，甚至还不如不做，反生混乱。但可惜，绝大多数试图做管理创新的经营者，都是只关注一个新模式的形和枝，而没有探究它的神和本。

“知”，需要足够具体，形成画面。

比如稻盛和夫曾提出：当你已有一个绝好的创意时，怎样才能最终将其实现？他说：当你能把你要做的事，像放电影一样在脑海里放映时，也就是把这件事有关的各方面因素和关联，都已经具象地想清晰时，你就一定能做成这件事了。“电影”要放得出来，就需要创新者的“知”，不能局限于抽象的概念、泛化的目标，而是要“知”涉及这件事的各种要素，要素之间的因果逻辑，要素之间的互动次序，进而推导出从“物理”到“化学”甚至“生物学”的结果。但可惜，其实绝大多数自鸣得意者脑子里的所谓创意，依然只是一团含糊不清的迷雾，充满着各种“PM2.5”而不自知。而不自“知”的结果，便是在可执行性本就很差时永远怪罪“行”不力，团队循环往复，疲惫不堪。

所以，是“知”在决定“行”。也就是：“知”越深，“知”越细，“行”就越易。

可见，“是”“知”“行”，这三个字，对于创新至关重要，对于管理至关重要。而同等重要的，则是理解这三个字的内涵和逻辑次序。

莱克哲理故事书，就是创新黄金屋

在莱克电气迎来创业并创新发展30年之际，我在有幸能参与编写这本《莱克电气的故事与哲理》一书过程中，对于莱克及倪祖根得以实现持续创新的门道，有了非常深的感触与感佩，同时又感觉意犹未尽，还可以持续深入挖掘莱克这份宝藏。甚至，我反复向我们《中外管理》同仁们由衷地说：“我们一定要以莱克的精神，来编写莱克这本书。”

但一定有朋友会疑惑：前面看你的文字里可并没有说到太多莱克和倪祖根啊？那是因为：我前面的每一句话的背后，都有莱克和倪祖根持续实践的影子和支撑。而莱克和倪祖根真正的创新精髓，则都藏在后面的100篇管理故事里！“书中自有黄金屋”，莱克和倪祖根30年的创新实践故事，远比我这里抛砖引玉的数千字，要全面、有趣、丰富和精彩。我相信莱克30年的创新故事与创新智慧，对于所有的中国隐形冠军企业，所有矢志于创新的中国企业及其经营者，都富有启发意义。请您，一定以“是”的开放心态，认真品读，甚至像反刍一样反复品读，以实现“知”的升华。然后去“行”，您也一定做得到。

经典，就在于值得品味，并归于永恒。相信这本书，能够启发、培育出更多持续创新的“莱克”在中国诞生。而莱克持续创新的故事，还远没有讲完。

杨光

中外管理传媒社长 总编

2024年11月

目录

第1章 与众不同·领先一步

大多数企业
通常的习惯往往都是先易后难
但莱克不一样
它从一开始就坚持高标准
多年来一直坚持
"与众不同"的定位与战略
不断打造家居与环境清洁的
高端品牌与形象
始终以领导者的优势
持续引领着行业发展
只有如此
才能成为高端品牌
——倪祖根

不走寻常路，从领先一步，到步步领先

企业家精神来自实践

哲理的故事

“做一名创业者，就像是在嚼着玻璃，凝视深渊。”这是特斯拉创始人马斯克的一句流传甚广的名言。而他还有一句名言，却没有引起过多关注：“你可以选择平庸，但也可以选择与众不同。”

在这个竞争激烈的商业世界，任何人，任何产业，做不到与众不同，就意味着平庸，甚至失败。

马斯克肯定想不到的是，“与众不同”在这个古老的东方国度内，被小家电知名品牌莱克电气在30年创业历程中提升到了一个新的高度。

“向客户提供无法拒绝的‘与众不同，领先一步’产品，然后扩大战果，做到步步领先。”这是莱克电气董事长倪祖根的名言。

在莱克电气，“与众不同，领先一步”是个高频词。1万余名员工都烂熟于心，他们即便身处不同岗位，但这却是统一的行动准则。

而倪祖根的个人成长，也无处不在践行“与众不同，领先一步”，处处体现着不走寻常路。

“50后”的倪祖根，年仅12岁时，他稚嫩的肩膀上就已承载起了家庭的重担——在那个物资匮乏的年代，每天下地干农活成了他的日常。

清晨6点，天还没亮，生产队队长就会准时吹响哨子。那尖锐的哨声穿透晨雾，唤醒了整个村庄。倪祖根会迅速从床上爬起来，顾不上吃早饭，赶到地里开始一天的劳作。或是耕田除草，或是挑水施肥，倪祖根总是全力以赴，从不懈怠。

那时的教育模式也很特别，倪祖根和小伙伴们得先完成劳动，才能去学校上课。下午4点，学校放学的铃声响起，他们又得返回田间，继续耕种。夕阳西下，结束一天的劳作，拖着疲惫的身体回到家中，点亮油灯，倪祖根才开始读书或做作业。

早工晚工，再加上星期日一整天的劳动，这就是倪祖根童年的常态。“虽然辛苦，但那时候我们并不觉得有什么不妥，觉得这是生活的一部分，同时在这样的生活中学会了坚韧和勤奋，也明白了劳动的价值。如今回想起来，那段经历虽然充满了艰辛，但教会了我如何面对生活的挑战，如何在困难面前不屈不挠。”倪祖根回忆说。

倪祖根从小就展现出了争胜好

强的性格，从不轻易认输，他做什么都想“领先一步”。

每当看到大人们在农田里忙碌的身影，倪祖根总是毫不犹豫地加入其中，努力追赶着他们的步伐。无论是插秧还是挖水渠，他会仔细观察大人们的动作，然后模仿并逐渐掌握技巧。然后，和年长几岁的一批同学比“技术”。虽然年龄上有差距，但他从不以此为借口，似乎已经有了超越年龄的成熟和毅力。

“挖水渠怎么挖得笔直，插秧怎么插得快，我都仔细研究过，争取比大孩子做得更好，到后来插秧我是速度最快的。”倪祖根说，“先有追求，再琢磨方法，同时要不厌其烦地练习，讲究精益求精，做任何事你都可以‘领先一步’。”

显然，那些能够把事情做到极致的人，都是在不断地倒逼自己，持续自我加压，给自己提出更高的标准，更严苛的要求，不断挑战自己的能力。

在那个学习荒废的年代，倪祖根深知知识的重要性，因此更加珍惜每一次学习的机会。其他孩子玩耍嬉戏时，他却在认真看书，努力汲取知识的养分。

劳动，是最能开发智力和激活能力的。后来，倪祖根开始尝试自己动手制作农具，用竹子等材料制成了简易的生产工具，他的动手能力得到了充分的锻炼和发挥——这，正是倪祖根在工业设计方面的启蒙。

时间来到1972年，学校开始复课。这对于一直怀揣着读书梦想的倪祖根来说，无疑是一个巨大的激励。他的学习热情被彻底点燃，最后以年级第一的优异成绩完成了高中学业。

随后，倪祖根开启了13年的军旅生涯。期间，面对两次大学的录取机会，倪祖根因对专业的不感兴趣而选择放弃，因为他只想学自己“心爱”的电机专业——这正是莱克电气目前的核心技术所在。这种敢于放弃，追求内心真正热爱之物的勇气，正是不走寻常路的精神内核。

后来，倪祖根又放弃了进入体制内“做官”的机会，而是去了企业搞技术。又有人说，他太“傻”了。

1992年，邓小平南方谈话后，众多敢作敢为的“92派”乘风破浪，投身于当时的创业热潮。两年后，看到当时外向型经济发展的机遇，看到民营企业的活力，倪祖根果断从国企副厂长岗位上辞职，下海创业。

此时，倪祖根已年近不惑——一个通常被认为人生已经定型、不易甚至不宜作出重大改变的年龄。

“当时如果不去抓住转瞬即逝的机会，可能一晃就过去了，再也没有机会了。我当时想，人生快到40岁了，要闯就得现在出来闯一闯，就是因为那时的一个决定，才有了今天的莱克。”倪祖根感慨地说。

倪祖根人生道路上的很多决定，让外人都感觉到费解，好好的大学不上，好好的官不当，好好的厂长不做，为何要这么折腾呢？但回过头看，倪祖根的“非常”选择都是目光长远的，并且应验了那句话：“人生没有白走的路，每一步都算数。”

古希腊哲学家柏拉图的这句话——“人生最遗憾的，莫过于轻易地放弃了不该放弃的，固执地坚持了不该坚持的”，在倪祖根这里，要反着说了：“人生最成功的，莫过于固执地坚持了该坚持的，放弃了该放弃的。”如果“宿命论”地说，倪祖根就是为电机、为创新而生的，还不如说，正是他在底层逻辑、价值观上的“与众不同”，才造就了一次次的“领先一步”，才避免了“泯然众人”。

非凡的人生里，精神与信念，往往是达成目标的关键。很多时候，“非凡”也不需要理所当然的口号，而是匪夷所思的行动。

由此，就不难理解，倪祖根为何极为强调“与众不同”的意义：“竞争无处不在，一切竞争的结果都是赢家通吃。因此，一定要远离赢家的赛道，而不是跟着他们学，否则就是自投罗网。作为一个后进入者，获胜的唯一办法就是站在先行者的对立面。与主要竞争对手采取不同的定位、向客户提供不同特性的产品或不同的服务。首先做到领先一步，然后与竞争对手保持不同，使自己的品牌和产品保持鲜明的个性和独特的认知。”

那么，何为创新？“创新必须满足目标用户没有被满足的、真实的潜在需求，这才是真正有价值的创新。创新的表现要么与众不同、要么遥遥领先，抢占先机、扩大战果，才能确立自己的市场地位。”

创新后被“复制”了怎么办？“行业竞争最可怕的是原有的产品和服务，被新品类、新服务所替代，而不是被同行拷贝。同样，超越对手的最佳策略，是创造一个完全不同的产品品类或细分品类，以及全新服务。”

什么样的产品才能“领先”？“技术性能上的领先必须做到遥遥领先。技术性能提高1%、3%，客户是察觉不到的，只有提升20%、30%以上，才能让客户感受到真正的领先。产品永远要追求高技术、高品质，这主要体现在性能体积比追求极限，永远追求更高速度、更高性能、更高精密度、更高可靠性、永不磨损、更静音、免维修，还有无可挑剔的精致外观。让竞争对手望尘莫及，有显著的差距感。始终保持技术、性能、品质领先，并成为客户的首选。”

怎样从“一步领先”到“步步领先”？“创新产品一旦成功，必须快速进行产品线布局和升级迭代，构建竞争壁垒，以保持市场上的领先地位。”

一问一答中，尽显倪祖根的通透智慧。

在这个瞬息万变的时代，人们常常被各种潮流和趋势所左右，盲目跟从大众的步伐，却忽略了自己内心的声音和独特的个性。然而，真正的成功，往往属于那些敢于与众不同、勇于领先一步、不拘泥于寻常路径的人。“与众不同，领先一步”，敢于选择，不懈追梦，倪祖根是受益者，莱克电气更是受益无穷。（辛国奇）

故事的哲理

真正的企业家精神，不是经理人在商学院可以学出来的——因为它几乎与生俱来。企业家精神的核心是创新。而创新的原点，就是由衷地不甘于随大流，而本能地追求与众不同。但商学院，即便是更讲究自由开放的西方商学院，在底层逻辑上也是追求对于共性的复制与推演，而不是与众不同的创新。因为与众不同，本就不需要聚在一起，也就不必非进课堂。这也就注定了商学院培养出的经理人所掌舵的企业，很少能竞争得过一代创业者的企业。

那么，围绕企业家精神，我们能做的是什么？就是如果有企业家的基因，千万不要在实践中掩埋自己的天性，而一定要把自己放到真实的社会实践中去摔打，去淬炼。爱迪生如此，倪祖根如此。因为管理是实践，创新更是实践。（杨光）

恢复高考后，一个被两所大学录取竟然都弃读的人

多清晰，多执着，多敢舍，就能多成功

哲理的故事

1977年，历经“十年动乱”之后，高考重新恢复。由此，亿万学子的命运得以改变，有追求的人生得以开启。

1978年8月的一天，青年倪祖根江苏太仓的家里，一封来自安徽省农学院的录取通知书飘然而至。那可是一个上大学好比千军万马挤独木桥的时代——“倪家娃”能一举考中，一家人当然喜不自胜，街坊四邻也无不称赞。随即，这份比金子还珍贵的录取通知书便鸿雁飞书给了远在安徽六安军营的倪祖根。

然而，最终的结果却让所有人始料未及。这还得从五年前说起。

滔滔淮河水畔，巍巍大别山下，红旗猎猎，军歌嘹亮，一片雄心壮志与铁血丹心。这里，是梦开始的地方。

1974年冬，18岁的倪祖根在大别山深处的安徽六安应征入伍，开始了他13年的军旅生涯。由于所在部队负责电力及暖通设施等技术装备保障工作，倪祖根平时除了操练和劳动之外，还有一份“差事”，便是对电力设备进行保养及维护。在此契机下，他对电气设备和技术有了初步接触。

入伍一年后，“战士”倪祖根终于有了一次学习实践的机会。他被派去了大别山中的响洪甸水库水电站，参加专业技能学习。响洪甸水库是新中国治理淮河水患的重点工程之一。立足于此，倪祖根领略

了水库的壮阔，也目睹了大坝的恢宏，却独独对水电站里“铁疙瘩”一样不起眼的发电机组，产生了难以言状的浓浓兴趣。

在响洪甸，他跑遍了发电站的每一个角落，如饥似渴地观察着、探究着，甚至一天听不到发电机的声音感觉就像少了点什么似的。半年时间里，一颗电机梦的种子，在倪祖根心中悄然生根。

这之后的一年多时间里，倪祖根开始涉猎电机理论基础、自动控制技术等方面的知识。直到1977年，中断了长达十年的全国高考正式恢复。1978年的5月1日，倪祖根所在的部队接到通知，军人也可以参加高考！这正是倪祖根能够更加系统地学习电机知识的绝好机会，于是他毫不犹豫地报了名。

然而，从5月接到报考通知到7月6日考试，才剩下只有短短两个月的复习时间！要知道，早在1972年倪祖根就已经高中毕业了……6年时间过去了，很多知识再重新捡起来谈何容易，就连当时的高中课本都不知其踪了。

两手空空，从何学起？

就在一筹莫展时，倪祖根突然想到他有个同学在读大学，于是赶紧拜托这位同学给了他几本书，这才有了所谓的复习资料。之后经过两个月实打实“争分夺秒”的抓狂复习，倪祖根就直奔高考考场。

1个月后，高考发榜。倪祖根“急就章”下的成绩，竟高出了录取分数线10分！进而首先被部队系统的洛阳外国语学院招生办负责人看中，只要他填报洛阳外国语学院的志愿，就可以录取——两个月的汗水果然没有白流！

但是，可但是，居然这两个月的汗水还就是白流了！——由于不喜欢纯语言专业，倪祖根竟然放弃了这次进外国语学院的机会！

倪祖根疯了吗？不，全国统一招录还有一次机会。

这一次，倪祖根又被安徽省农学院录取。但依然与倪祖根的志愿不符，农业科学不是他魂牵梦萦的专业。于是，倪祖根又一次放弃了入学机会！

在高考圣殿上一而再主动放弃，在常人看来倪祖根确实是“疯了”。要知道，那一年，全国有610万名考生参加了高考，只录取了40万人，录取率还不到7%！而当时整个大别山部队100多人参加了考试，也才只上榜了2人，倪祖根占其一。

可是高考恢复之后，像倪祖根这样一而再地果断放弃的，恐怕全国也找不出第二人了。何况，当时他尚未“提干”，如果放弃了读大学的机会，退伍后也只能再次回到老家——务农。而且，当年这属于“不服从组织分配”，一旦放弃便没有了再参加高考的可能，后果很严重。

这些利害，倪祖根不是不知道，也都分析过。但他却坦率又倔强地说：“大学专业和爱好不一致的话，对将来的发展是不利的。不是我喜欢的专业，我就不去。”

好在，转过年来中央广播大学（今国家开放大学）开学，倪祖根这才得以报考心心念念的电机与自动化控制专业。之后通过自学考试以全优的成绩顺利毕业，终于圆了自己的高校专业梦。

有舍才有得。有了当年那“两舍”，才有了后来在电机领域大放异彩的倪祖根，和在小家电行业名冠中西的莱克。

故事的哲理

一个人要想不虚度此生，一定要知道：自己究竟想要的，是什么……人生对于自己最重要的，是什么……进而最值得争取和必须牺牲的，又是什么。

事实上，任何事业成功，除了禀赋和运气，除了努力与贵人，很大程度取决于自己对于所追求目标的清晰程度，与聚焦程度，进而所呈现的执着与取舍。能舍多少，且舍旁人所不能舍，往往就能成多少，且成旁人所不能成。（杨光）

要学会打仗，就要到前沿阵地去

经营管理的智慧，都来源于实践

哲理的故事

“谁不想着轻松坐办公室的工作啊，别人都削尖了脑袋想进去，你却挣脱着要离开。不仅更忙更累更脏了，而且部队转业工资待遇要直接减半的呀！”

“没关系，要去工厂我就去一线车间，一竿子插到底，一切要从头再来。”

1987年的一天，刚刚调到苏州春花吸尘器厂工作的倪祖根来找厂领导，要求安排工作岗位。当厂长得知他是从部队转业的干部，主动询问想去什么办公室，他向厂长表示说：哪里有困难哪里最需要，就到哪里去。

当了解到工厂吸尘器电机国产化技术攻关项目正处在焦头烂额时，主动要求下车间担当技术攻关任务。

在部队的那些年，倪祖根除了喜欢钻研电机技术，还有写工作总结、学习心得笔记的习惯。宣传栏上经常有他的文章被张贴出来展示，是战友们公认的“笔杆子”。也因此，在一次干部调动机会中，他从技术员被转变为政工干事。这一干就是五年。

在那五年里，虽然政工工作做得得心应手，但他心里念念不忘的依然还是电机，是技术，是机器。一种潜滋暗长的情结，使他按捺不住地要去追求。

时间不等人，有梦就去追。1987年，已过而立之年的倪祖根主动要求从部队转业，结束了他13年的军旅生涯。大部分军人转业都往事业单位、政府机关里进，由于倪祖根在部队就是政工身份，所以安排工作的时候依然延续了政工岗位，被军转办安排在苏州建工局系统的政工科工作。由于他喜欢工程师的工作，在政工岗位上只干了三个月，就坐不住了，于是主动调到苏州春花吸尘器厂。

他知道即便办公室工作再轻松，待遇再优厚，但也已经背离了他的初衷。他魂牵梦萦的还是技术，所以要去做与技术相关的工作，而且哪里有问题就要到哪里去。当时倪祖根得知春花吸尘器厂最大的问题，就是国产化电机工艺技术不过关，这便更加坚定了他去一线的决心。他说：“工程师不能整天坐在办公室里，必须到现场去做大量的实验，解决实际问题。”

这一年的年底，倪祖根调到春花吸尘器总厂电机车间成为一名普通的技术工程师，在又脏又累的一线从头干起。

但倪祖根却乐此不疲。从部队到自学大学课程再到工厂，一路追梦到此，他才第一次近距离地触摸到了梦想的羽毛，内心是那么雀跃。他说：“人一定要有梦想，没有梦想就没有追求。”所谓天将降大任于斯人，他还不知道，吸尘器电机国产化攻关的一个重大突破成果，正在不远处等待着他。

过后回忆这一次“任性”，倪祖根总结道：“要学会打仗，就要到战场的前沿阵地去，从战争中学习战争。那个时候我是从基层各个岗位一步步锻炼出来走上领导岗位的，积累了许多企业经营应具备的各方面知识和经验。所以我后来在创业时就没有遇到太大的困难，企业一下子就做起来了。”

当官的机会也许在办公室，但商业的机会一定不在办公室里。

故事的哲理

经营管理的真谛是什么？是实践。

如果用学校里的“文理工”来对应，可以说，企业的经营管理既不是文科“吟”出来的，也不是理科“算”出来的，而更像是工科“干”出来的。这也是管理和其他常见学科大都不同，它既是“科学”更是“艺术”的核心原因。

也因此，经营管理与铁血战争、体育竞技，拥有更多相似乃至相通之处。因为这三者，都是且必须是在众目睽睽下靠实打实干出来的。

同时这也是经理人领衔的企业往往打不过创业者企业的重要原因，因为后者是靠一线实践，而前者往往沉迷书本理论。而企业要想实现基业长青，打造成百年老店，就需要一代又一代的领军者，始终保持对现场问题的敏感，保持对一线实践的痴迷。（杨光）

倪祖根——吸尘器电机国产化第一人

实现持续技术领先，“信”而“想”是第一位的

哲理的故事

1980年代，长城电扇、香雪海电冰箱、孔雀电视机、春花吸尘器这些如今早已陌生的名字，却在当时合称苏州家电行业的“四大名旦”，一度风靡全国。1987年，从部队转业的倪祖根，来到“四大名旦”之一的春花吸尘器厂，担任一名基层电机工程师。

当时，春花吸尘器厂乃至全中国都正面临一个最大问题，就是吸尘器的“心脏”——电机，完全依赖进口。于是，国内各大厂家不惜斥巨资引进国外先进设备，都想搞电机国产化替代。

但如果设计和生产工艺技术都跟不上，即便是设备再先进也没有用，做出来的电机，依然是几小时甚至十几分钟就烧掉了。在这之前，春花厂已经攻关了两年时间，也没有突破，结果生产的产品卖出去又全都被退回了。

无可奈何又不轻言放弃的厂领导，便决定让初来乍到却对电机专业比较擅长的倪祖根前去一试。

吸尘器用的是串激整流子电机，当时的设计转速在每分钟2万多转，而常规感应电机和直流电机通常都在每分钟3000转以下。高速整流子电机当时在国内是个空白，更没有任何生产技术经验可以借鉴。然而，本着“哪里有问题就想到哪里去”的“发烧”情怀，倪祖根却反而兴趣盎然。

他首先分析了吸尘器电机的使用环境，发现吸尘器吸入灰尘后，转速会大幅提高、风量会减少、温度会迅速升高。极端情况下，尘袋中吸满灰尘，风道全部堵塞，这时的电机就会处于没有风量冷却的高温超速运转状态，导致电机转子绕组和碳刷整流子等关键部件在短时间内迅速烧毁。

找到症结只需要认真，而随后的解决，就需要更认真+更果敢。

于是，倪祖根大胆提出：用最严酷的使用条件进行非正常实验，去验证电机的耐久性和可靠性，然后再从测试结果倒推分析关键影响因素。他从20多个零件、20多道生产工序中的200多个控制因子（影响因子）中找出了设计和工艺近50个关键控制因子（产品和过程质量特性），并对其进行精确定义量化，进而找出其中的关键影响因素。

然后，在非正常破坏性测试中，让电机处于高电压、高转速、没有冷却的高温等严酷条件下运转。从最初的十几秒就烧毁到能经受1分钟、3分钟、再到10分钟、15分钟极端条件下运转测试。就这样，倪祖根在对电机设计和工艺技术持续改进过程中，电机的可靠性质量水平也在不断提高着。

整个过程中，倪祖根掰开揉碎，刨根问底，他跑遍了每一个零部件供应商，然后回厂再一道工序一道工序地进行一轮又一轮的工艺分析、假设试验条件、再分析工艺与产品质量的内在关系，再调整、再试验……

“技术攻关，就是把未知变成已知的能力，做的都是开天辟地的事，没有强烈的探究精神不行，没有对未知的美好想象不行。”倪祖根强调，想要干成一件事情，必须排除一切困难，亲自去探究和解决一切问题。

功夫不负有心人，经过短短3个月日夜攻关，倪祖根国内第一个解决了高速吸尘器电机技术不过关、可靠性差的严重质量问题，将电机使用寿命从原来的10个小时不到提升到了300个小时以上！从而一举打破了国内吸尘器电机必须依赖进口的被动局面。这一成果，获得了国家“轻工部”吸尘器电机部级质量奖。

当时，掌握吸尘器电机国产化这项技术的，倪祖根是国内第一人，也一度是唯一之人。正是因为有了这次突破，往后的几年时间里，春花厂的电机技术乃至产品在国内都处在遥遥领先的地位。

故事的哲理

日本“经营之圣”稻盛和夫之所以能把京瓷公司从一个一无所有的街道小厂，做成从未亏损的全球精密陶瓷的翘楚，首要靠的就是在创业初期，他本人作为科技人员出身所必需的那份“无论如何也要研制成功”的钻研劲儿。这可以说是一种执念，但技术型经营者必须具备这种“执念”，才可能成功。

所谓“心想事成”绝非虚言。我们之所以往往把这句话只当作吉祥话儿，就在于我们普遍发自内心“想”（梦寐以求要实现）得太少，“差不离”却太多。而“想”得太少，又往往是由于我们内心“信”得太少。只有“信”，才会“想”，才会“行”，才会“倔”，也才会“成”。隐形冠军企业，要实现持续技术领先，研发层面的“信”而“想”，是第一位的。（杨光）

“7块钱”挽回了“7000万”

抓本质的能力，才是驾驭产品技术的高层能力

哲理的故事

有专家曾对行业竞争做过概括：龙头企业的利润迅速下降，叫做“激烈”；而有龙头企业开始倒闭，就叫做“惨烈”。

1990年，由于中国宏观环境遭遇改革开放以来最大的困难期，中国的吸尘器市场需求也随之发生了重大变化，从供不应求骤然变成了产能过剩，随之一些吸尘器厂家开始倒闭。作为江苏省知名企业的春花吸尘器厂也未能幸免，危机说来就来，年销量从80多万台陡降到了18万台，以至于工厂近乎停产。

雪上加霜的是，吸尘器的市场需求从600瓦电机转向了高性能800瓦电机，而春花厂的仓库里还积压着50万台600瓦的电机，价值高达7000万元（相当于如今至少7个亿），而且是在市场抢购风潮中靠贷款提前进口的。要知道，即便是春花繁盛的时候，年销售额也不到2亿元，1990年的营业额掉到了5000万以下——这7000万得是多大一笔资金！

一时间，资金周转就成了问题，连工人工资都发不出来了。春花危急，命悬一线。

这个时候，倪祖根临危受命，担任起了技术质量副厂长一职，开始应对这些棘手问题。在分析了内外形势之后，他提出了春花厂走出困境的两条路径：一是顺应市场从筒式吸尘器向卧式吸尘器转变的趋势，开发设计新产品。二是对库

L
N
M
R9
1K
IC1-1
IC1-2
IC1-3
IC2
MOC 3021
R2
1K
VD3
9V
VD4
1N4007
VD5
1N4007
VD1
6V

存电机进行技术改进，提升功率，消化电机库存。

在吸尘器外形的转变上，倪祖根带领团队分别设计了小松鼠和子弹车两款造型。然而，因为当时的销售和资金都已经很困难了，销售部门已没有了信心，没有一个人敢拍板说行还是不行。

“我保证一款新品一年销售6万台是没问题的，不管多大困难，也要投资开发新产品。”倪祖根用他的笃定给出了信心。

很快，两款卧式吸尘器的新产品被推向市场。销量果然增长迅猛，这两款单品的年销量竟超过了10万台，可谓旗开得胜。之后又随着后面几款新产品的陆续上市，奄奄一息的春花总算缓过气来。

接着，更难的是消化电机库存，毕竟600瓦的不能当800瓦的用，又没办法拆解重新生产定转子。说白了，这批电机基本上是被市场淘汰的废品了——但依然捉襟见肘的春花，能眼睁睁看着7000万变成废品吗?

凭着深厚的串激电机理论功底，倪祖根大胆提出了在电机定子上并联分流电感绕组降低定子主磁场减少转子感应电势，增加绕组电流的方案来提高电机功率，创造性地为电机增配了一个价值仅7块钱的分流器，愣是把600瓦电机功率成功提高到了800瓦！就这样，一个经济又实用的小小分流器，以四两拨千斤的智慧，消化掉了那批滞压的电机库存，不仅挽回了7000万的损失，而且产品销量也开始回升。

重重的包袱被卸掉了，春花又恢复了生机。

1993年，经过三年的努力，春花厂的年利润又恢复到了2000万元。当时能达到这样利润的企业，在全苏州屈指可数。从此，倪祖根便由衷地爱上了吸尘器行业，觉得吸尘器是一个有技术含量，能够差异化创新的产品，同时对于电机技术也更加一往情深。

倪祖根反复强调，衡量一个消费类家电产品好不好主要有三点：一是工业设计。设计创造价值，产品的颜值外观是第一印象，决定消费者的购买兴趣。二是技术性能领先。这是用户的使用价值，是消费者购买的关键因素。三是可靠性质量，用户使用后要没有故障。这个决定用户口碑，客户会不会再来买你的产品。

从倪祖根所提出的挽救春花厂的实践中能够看出，他对于产品颜值与性能、质量三要素的重要度认知和实践已初露端倪。而这，也是倪祖根后来所创办的莱克电气贯穿始终的思想精髓。

故事的哲理

一个优秀产品经理的关键是什么？有人说当然是技术能力。也对，也不对。说不对，就在于技术自负反而经常是技术进步的最大障碍，古今中外都如此。因此技术本身，并不必然是技术进步和产品成功的核心，特别是带团队实现产品成功的核心。核心在于：归纳事实，进而抓住内在本质的能力。这才是驾驭技术的更高层，也更通用的能力。这就包括：洞察能力，归纳能力和哲学能力。（杨光）

“借人家的鸡，生自己蛋”
打破二元思维，创造第三条路

哲理的故事

“外贸就是借人家的鸡，生你自己的蛋。不过人家凭什么要把鸡借给你帮你生蛋呢？”这是电视剧《繁花》中关于外贸生意的一句经典台词。

2023年年底，《繁花》热播。该剧讲述了1990年代初在改革开放提速之下，上海处处是机遇与希望，主角阿宝凭借着时代的春风和自己的打拼跻身成为令人肃然起敬的商界“宝总”的精彩故事。作为同样是从那个时代打拼过来成就江湖地位的倪祖根，对于剧中的情节大有共鸣。这句“借鸡生蛋”令倪祖根的思绪又一次回到了那个如火如荼的年代。

也就是在“宝总”大展身手的1993年，随着外向型经济蓬勃发展，春花吸尘器厂的产品也开始出口海外。作为副厂长的倪祖根，当时第一次接触产品国外安规认证。在这一过程中，国际生产标准令他领略到了欧洲市场对产品质量的苛刻要求，也拨动了他一颗永远向上挑战的创业之心。毕竟这份远大事业，不是一个“副厂长”就可以承载的。

倪祖根想着：自己要想创业，在40岁之前就要出来闯一闯。从初创到成功做起来至少需要10年时间。而到50岁再开始，就太难了。时不我待，在恰逢民营经济顺势崛起的潮流中，时年38岁的倪祖根决定要抓住机会去更广阔的大海中逐浪弄潮。

要干，当然要从自己最擅长的吸尘器行业做起。那个时候，倪祖根已经洞悉到了吸尘器出口的市场机会，中国的劳动力成本相比欧洲有着巨大的竞争优势，只要产品好，一定有销路。

但当时，中国企业没有设计研发产品的能力，出口模式主要都是来料加工或者来样加工的OEM贴牌模式。于是，中国企业普遍只赚个微薄的加工费，而且在低价竞争的漩涡中争得你死我活——也就是今天说的“内卷”。

倪祖根对此“定式”颇不以为然，他坚信企业经营只有获得较好的盈利，才能可持续发展。只是，企业初创阶段，规模不大，渠道又有限，综合实力终究没那么强，所以倪祖根就要借力打力，“借外贸的鸡，生自己的蛋”。

他深知，要跟外国人做生意，自己要是没有两把刷子，是找不到好机会的。诚如《繁花》所问：别人凭什么“借鸡”给你呢？——除非是他自己养不好的时候。所以，想要借到鸡，就要避免同质化竞争，就必须靠自主创新，具备一定的核心竞争力。由此，倪祖根决定走上比OEM更具挑战的ODM经营模式——专门与世界知名品牌合作，除了负责产品的生产制造外，还负责研发、设计。这样不仅为品牌方提供更加个性化和差异化的产品，而且可以满足市场的多元化需求。

于是，1994年底，倪祖根靠着借来的3万美元，在江苏苏州浒墅关镇南庄村，创办了苏州金莱克电器有限公司（“莱克电气”前身），专注以电机为核心部件的吸尘器产品ODM出口业务。

初创公司怎么切入这个市场呢？还是从产品入手。从欧洲市场角度看，产品要有新意。从国内竞争角度看，产品要创造价值，不能走低价。

很快，针对欧洲吸尘器产品四四方方、中规中矩的形象，莱克便推出了一款名为“捷豹”的吸尘器产品来开路。因为独特的加长版子弹车外观设计，加上加大了吸力，降低了噪声，而提高了产品附加值，一上市便获得了欧洲国家高端消费者的青睐。接着，第二款吸尘器因形似“甲壳虫”汽车且电机技术足够硬核，引得老外刮目相看，争相抛来订单，一销就是15年。渐渐地，莱克电气的产品在国际市场上如同星星之火一般，展开了燎原

之势。

创业十年，莱克电气借助外贸渠道终于成为“全球最大吸尘器制造商”。不仅成功实现了“借鸡生蛋”，而且还陆续自主孵化。2009年，莱克依靠积累的国际市场经验和历练出的产品技术创新能力，开始在国内市场创立自主品牌，被媒体称为“王者归来”。如今，莱克旗下已是“LEXY莱克”“bewinch碧云泉”“JIMMY吉米”“西曼蒂克”“莱小厨”几大品牌根据各自聚焦不同的品类，不同人群及渠道齐头并进。

话又说回来，人人都想着借鸡生蛋，可有多少是能借来鸡的？那些借来鸡的又有多少是下了蛋的？更别说借鸡下的蛋又孵出了能下蛋的鸡。很显然，莱克电气都做到了。

故事的哲理

创业者往往会纠结于“先买鸡还是先买蛋”的问题：是甘于成为大企业的供应商（OEM），还是投入资金开发自主品牌（OBM）？而殊不知，破解这种两难局面的关键，或许就在于走“第三条路”ODM“借鸡生蛋”：凭借自身优势先与强者合作，如果合作伙伴是龙头企业，就算默不作声，也会一路向上。

作为优秀的决策者，一定要摒除孟子大义凛然所说：“鱼和熊掌不可兼得”的二元思维。真正成功的决策，往往都是“鱼和熊掌兼得”。“兼得”意味着什么？意味着找出“第三条路”，也就意味着“创新”。而创新，未必一定意味着艰难，而往往一定意味着独特。中国企业创新少，本质上就是对于独特性缺少执念。（杨光）

创业元年，立志成为“清洁之王”

凡事要有高目标

哲理的故事

1990年代的中国，正是遍地商机的黄金创业期，但也是国内很多产业刚起步的乱战阶段，根本没有太多成熟的经验可供借鉴，只能摸着石头过河，鱼龙混杂。

从零起步到今天成长为小家电行业的高端引领品牌，可以说莱克恰好赶上了国外品牌代工的机会，也可以说它重视自主品牌经营又正好对路子，但这些实际上都没有背离莱克既定的高目标。

1994年12月，倪祖根从江苏春花吸尘器厂副厂长的岗位上辞职，成立了金莱克（莱克前身）。当时的莱克可谓是一穷二白，用倪祖根的话来说，“从朋友那里借了3万美元，外加一个产品、一条生产线、60人，这便是莱克的全部。”

即便如此，倪祖根却为莱克取了一个英文名字：King Clean，译为“清洁之王”。在当时没钱，没人，没资源的情况下，就确定了这么大的目标，真的能实现吗？

但在倪祖根看来，做企业如果只为赚钱，目光就太短浅了，成就一番事业才是奋斗理想。前提要树立目标和信念，要成为“王”，必然要“登顶为王”“胜者为王”。

彼时，国内制造业多以 OEM（定点加工，即贴牌代工生产）来样加工模式为主，门槛低而且来钱快。但倪祖根没有选择这条道路，而是早早走上了自主创新道路。

“我知道市场需要什么，知道我能做出来什么，也知道什么东西可以卖出去。在春花吸尘器厂，我做的几个产品都成功了。创业后，莱克的前五个产品都是我自己设计的。尤其是确定企业能否存活下去的前两个产品，都非常成功。”倪祖根事后回忆自豪满满。

靠着设计与技术的不断创新，做出与众不同或者领先一步的产品，是倪祖根实现心中目标的重要路径。并且，从一开始他就定下了战略理念——以自主创新的设计，用中国的成本，制造出欧洲质量标准的产品。如此，就不愁没有市场。

果然，1995年，仅创立一年的莱克就凭着研发出的第一款爆品实现了5000多万元的销售额。当时，位居行业第一的老牌吸尘器厂家“春花”的销售额也才只有1亿元。又过了一年，莱克的吸尘器卖出了2亿元，一举超越了1.5亿元的春花。

也就是说，莱克只用了短短两年时间，就超越春花成为了行业第一，很快站稳了脚跟。三年就赚了1个亿的利润。由此，倪祖根带着团队深耕吸尘器领域。他相信，任何一件事情只要坚持不懈、一丝不苟、精益求精地去做，就一定会成功。过程中，倪祖根还坚持与一线大品牌合作，合作中坚持“质量第一、速度制胜”的理念，始终把质量放在第一位，快速满足客户的各种要求，使业务得到爆发式增长。

十年后的2004年，是莱克收获满满的一年，不仅掌握了自主研发制造高速整流子电机的核心技术，建立了绝对的技术优势，而且吸尘器年产销量突破800万台，成为了全球最大的吸尘器研发制造商和全球环境清洁领域的“隐形冠军”——“清洁之王”的名号，当之无愧，如愿以偿。

但倪祖根并没有因为所取得的成绩而止步不前，而是继续探索民族品牌的崛起之路。2009年，莱克开始创立自主品牌，并确立了“高价值、高性能、高可靠、高信赖”四个目标。一步步成为了中国出口型小家电行业从中国制造到中国创造、中国品牌高质量发展成功转型的企业。

百尺竿头更进一步，莱克的理想是，通过围绕以电机为核心的技术创新，一步一步带领行业进军被国外品牌盘踞的国内中高端家电市场。并就此立下了更高的愿景——让世界更干净，彰显出宏大的目标与格局。

“财富的意义并不在于财富本身，而在于做一件事情，做成功了，符合当初的目标，感受到自己的价值发挥出来了，这个过程本身就是一种财富。”倪祖根如是说。

故事的哲理

在企业界，凡做成事，做成大事，回头去看，基本上都是在起点上就制定了高目标。而高目标的内涵，一方面是高目标的界定要足够清晰，另一方面就是高目标背后的意义，与高目标实现的逻辑，也要足够清晰。都做到了，就不是好高骛远，好大喜功，而是志存高远，脚踏实地。（杨光）

首战必胜，“捷豹”传来捷报

价值最大化，成本最低化的本质是以用户为导向的创新

哲理的故事

一个吸尘器产品、一条流水线、60个人和借来的3万美元模具费预付款，这便是1994年初创时莱克电气的全部。然而，摆在他们面前的市场形势，着实不乐观。

要知道，1990年代，诚如电视剧《繁花》中所展现的，在全球一体化的国际经济环境下，中国政府为了抓住融入全球的战略机遇，大力鼓励外贸出口，给予了出口产业大量优惠政策，外贸业务越来越繁荣活跃。但这也导致一些生产企业和外贸公司利用退税优惠，在国际市场上竞相压价，又加上大部分的零部件需要依靠进口，一度导致吸尘器行业陷入无利可图的死循环。当时，市面上出口一台吸尘器的售价32美元，相当于160元人民币，而国内一名普通工人的工资也才300多人民币，可就这样的定价还是没有利润可言。

作为莱克电气创始人的倪祖根深知，卷入注定只会越来越不赚钱的价格战，没有任何意义。但这不代表他不想参战，只不过他有自己的打法。

慎重初战，首战必胜，是毛泽东对于战争指导的一贯思想。商场如战场，初战胜负，不仅影响战争的开局，而且影响着整个进程和结局。所以，深受毛泽东思想影响的倪祖根，从一开始就下定了决心——首战必胜！

“创办企业的第一件大事要思考：做什么产品？什么才是一个好的产品？定义开发好一个产品，是价值最大化、成本最低化，并成为抢手货。”倪祖根自有他胜券在握的筹码。

当时，正流行子弹汽车，路面上最能和普通轿车区分开的车型就是雪佛兰子弹车，以至于消费者对于子弹车型形成了焕然一新的“豪华”认知。受此启发，倪祖根在设计第一款吸尘器产品捷豹JC861时，想到了在高质量水准的基础上把外观设计成“子弹车”式的，同时加大体积，让其看起来更“流线、豪华、气派”，并采用迷宫式的风道设计，保证大吸力的同时，最大限度地降低噪声，使附加值变得更高。这比当时32美元的出口吸尘器看起来更值钱，因此卖价也顺理成章在32美元的基础上提高了3美元，达到了35美元。

接着，倪祖根又开始在控制成本上动脑筋。一般的吸尘器调速功能都设计在吸尘器的本体上，他对标的一款吸尘器体积小一点，但那款吸尘器在软管手柄上设计了调速功能，其实使用价值并不大，成本却高了2美元。于是倪祖根果断把手柄调速功能取消，一下使成本降了2美元。

这还不算完，倪祖根又将目光转向了包装。本来一个集装箱只能装1200台吸尘器，但他通过改变吸尘器的包装尺寸，简化内包装，让其更紧凑，成为集装箱尺寸的整数倍。如此便没有了浪费的空间，竟装下了1440台吸尘器，严丝合缝，可丁可卯。这样一来，每台吸尘器不仅内包装省了0.5美元，而且运费又省下了0.5美元。

于是，相对于市场上32美元的吸尘器，莱克的产品可以卖到35美元，成本却比32美元低了3美元。而这多出来的6美元毛利润，对于白热化的小家电市场出口贸易，绝对是致命的。“这就是价值最大化，成本最低化。其中，创造价值是第一位，降低成本是第二位，反过来是不行的。”倪祖根强调说。

6美元的差距，意味着竞争毫无悬念。莱克电气第一款吸尘器产品捷豹JC861一炮走红，不仅一举打开了西欧主流市场的大门，创业第一年就销售了17万台，实现了600万美元的出口销售额，还获得了500万元人民币的净利润——那可是将近30年前的500万（相当于今天至少5000万）呢！首战必胜，胜的不仅仅是利润这样一个核心指标，更重要的是它树立了一个中国企业高质量发展的典范。

故事的哲理

首战必胜，说说容易，关键是如何做到。而如何做，取决于如何想。其实首战必胜，不只是意味着一个目标，更意味着一种创新。对于中国企业，在所参与的市场中极少有类似今天OpenAI在人工智能领域的开天辟地，我们通常都是后来者。但后来者，绝不意味着就要成为跟随者——这是中国企业最容易走入的误区。当一个市场后来者，又要想实现“首战必胜”时，可以肯定就必须“另辟蹊径”，而且要兴趣盎然地“逼迫”自己不走前人的脚印——诚如毛泽东曾经带领红军做到的那样。所以，“首战必胜”的本质，就是思维创新，进而路径创新——而其根本，战争创新为了“克敌”，商业创新为了“客户”。（杨光）

一只"甲壳虫"，赚来一栋楼

设计创造价值："与众不同，领先一步"

哲理的故事

唰唰，唰唰唰，唰唰……

1995年秋季的一天，在江苏苏州三元大厦一间十分简陋的办公室里，发出阵阵摩擦声。只见一位神情专注的男士手里拿着一根锯条，如同拉提琴一般锯着一大块白色的发泡。由于没有操作台，只能蹲在地上操作，只见他时而上下打量，时而左右打磨，一下一下地剐蹭，一点一点地修型、雕刻……

这时再看看他身上，由于静电作用，已经黏了白白的一层发泡颗粒，发梢上还有一些在随着动作幅度调皮地摇摆，活脱脱一个圣诞老人，让人忍俊不禁。

这位"圣诞老人"，正是莱克电气创始人兼董事长倪祖根。这一年，他39岁，距离他创立莱克电气才刚刚一年时间。

在那几个月里，倪祖根不断重复着这个拉提琴的动作，只要有时间就来"拉"上一段。在隔壁办公的同事时不时地就会听到"唰唰"的摩擦声，没有人知道倪祖根在里面研究什么。更没有人会想到，就是在这样一间简陋的屋子里，在这样一块手工锯出的发泡中，一款畅销全球的家用吸尘器，即将横空出世。

在此之前，欧洲市面上的吸尘器毫无颜值设计可言，是清一色方方正正的造型，"不安分"的倪祖根暗下决心："我们的产品一定要跟他们不一样。设计上要与众不同，技术质量上要达到或接近欧美质量水准，然后用中国的成本把它做出来——就一定会大卖。”

倪祖根喜欢研究汽车，尤其对于汽车的造型格外感兴趣。其中德国大众的甲壳虫汽车，改变了传统的船型设计，将汽车设计带入了弧线型设计的时代，一时间蜚声世界，成为经典。

没有人认为汽车和吸尘器除了都在地面运行之外，还有什么共同点。倪祖根却是例外。他开始思考，既然都是大众用品，谁不希望自己的“宝贝”看起来赏心悦目？那……自己是不是也可以像甲壳虫汽车那样，设计出一款前无古人的美颜吸尘器呢？渐渐地，“甲壳虫吸尘器”的雏形在他的脑海中清晰起来。

但由于当时还没有电脑三维造型设计，画不出三维立体图，为了更加直观，他便想到了先用一块发泡手工雕刻出模型。

终于，在“圣诞老人”的打磨下，一款卧式吸尘器外壳的轮廓从发泡中显露了出来，就像一辆迷你版的甲壳虫汽车——前端的软管口是甲壳虫的嘴巴，两个开关按钮就像汽车的尾灯，是甲壳虫的眼睛，后端凸显出来的两个轮子正好对应了汽车的轮子。“甲壳虫”小巧圆润的弧形流线，看起来更加美观，可爱。

“我们是最早重视工业设计的企业，其他企业做贴牌，生产起初都是来样加工。”倪祖根强调说。从此，吸尘器这个本来只有基本使用功能的品类，才算破天荒地有了设计的概念与元素。

经过多年的开模完善后，到1996年底，梦想照进现实——甲壳虫模型变成了产品，并定名为甲壳虫吸尘器JC862。

它不仅仅外观设计新颖，独树一帜，以独特的工业设计，一举征服了欧洲客户，人见人爱。而且搭载了莱克自主研发的高性能电机，是中国第一台把转速从2.3万转提升至3.3万转/分的高速电机吸尘器，寿命也从300小时提升到了500小时，效率性能提升了30%，而成本却从125元缩减到了80元。

可以说，莱克电气通过独特的“甲壳虫”设计，让中国吸尘器行业从一个跟随者转变成了创新者。

别说是1996年，就算到了新世纪之初，很多中国企业依然将“贸工技”作为理所当然的起步模式。但1990年代初期刚创业的倪祖根，就已经“早熟”地认定：作为中小企

业，如果试图采用跟随、复制的方式切入市场，是没有前途的。只有洞察消费者需求，从细分品类切入，做创新性的产品研发去填补市场空白，才能够快速打开市场。从这之后，“与众不同，领先一步”也成了莱克电气一以贯之的创新理念。

“甲壳虫”一经问世，便一炮打响。单品年销量很快提升到了60万台。要知道，1996年国内出口吸尘器的订单总量只不过100万台左右。并且这款经典产品连续畅销了15年之久，成为中国吸尘器行业中一个重要里程碑，也奠定了莱克电气无出其右的绝对地位。

幸福是奋斗出来的。当初只能蹲在地上搞设计的莱克电气，如今的办公环境早已天翻地覆。苏州市向阳路1号的莱克电气全球研发中心大楼雄伟气派，宽敞明亮，而这座大楼的总投资额，正巧等于甲壳虫JC862持续畅销15年赚来的净利润——1.5元亿人民币。

故事的哲理

如果你能理解乔布斯的iPhone对于手机外观所做的革命性影响，你就能理解倪祖根这款“甲壳虫”对于吸尘器行业意味着什么。

创新，才能领先。但领先，不仅仅在于性能，还在于设计。而设计作为视觉产物，注定要“看上去就‘与众不同’”。

因而，“与众不同，领先一步”，不只是并列关系，更是因果关系。而“与众不同”，也不只是结果，甚至也不只是追求，而应该是信仰。对于在设计上依然热衷模仿乃至将抄袭审美化的企业，这既是陌生的，更是致命的。但对于一贯决绝对抄袭说“不”的隐形冠军企业家，“与众不同”已从坚不可摧的信仰，累积变成了理所当然的习惯，并从性能延展到了设计，乃至对于性能本身加以全新设计。因此，只要“创新”成了习惯，“领先”也就成了习惯。（杨光）

扁担里的“颜值基因”

“美”将是商业核心生产力

哲理的故事

从中国家电业至高荣誉的红顶奖到德国红点工业设计大奖再到美国IDEA设计大奖，莱克电气的产品设计屡获殊荣。

应该说，莱克的“颜值控”是一以贯之的。

想当年，莱克初创，倪祖根在清一色大水桶样式的吸尘器之外，创新设计的“甲壳虫”吸尘器，清奇脱俗，玲珑有致。在还没来得及开模时，仅凭一款发泡模型就登上了国际展台，一举撼动了欧洲人对于“中国制造”就是“粗制滥造”的印象。这只用发泡雕出来的“甲壳虫”，在国际展台上一炮而红，并连续畅销了15年。

而这要归功于创始人倪祖根是个“死不改悔”的“颜值控”。即使他制作一根扁担，一根简单到酷似一个“一”字的扁担，也可以追溯出莱克电气对于颜值追求的初始基因。

1960年代末到1970年代初，倪祖根在走出故乡江苏太仓之前曾有过一段务农岁月。当时农具还要靠手工制作，其中就包括扁担。当生产队挑担子干农活中间休息时，大伙常把扁担靠在墙上排成一排。这时候，总有一条扁担脱颖而出，那便是倪祖根的扁担。当年，年纪轻轻的倪祖根做起农具比庄稼老把式还要有门道。

面朝黄土背朝天的农民，往往粗犷而又朴素。在他们眼中，扁担只是一根细长的木棍，很少有人会

想到还能做出花儿来。倪祖根则会花心思让简单的扁担不简单——无论在选材上还是造型上，都以审美为追求进行事先设计。

他做出来的扁担，不仅温润光滑，还蕴含着流线美学，加上扁担两头修饰出的优美弧形和花纹，粗简的毛竹扁担变成了让人眼前一亮的艺术品，挑起来格外好看。就因为扁担好看，即便重重的担子压在肩上，心情却少了几多沉重。这迅速引发老乡们纷纷效仿。

后来，倪祖根所创立的莱克电气“设计创造价值”的理念，就是从那个时候开始萌发的。他坚定地认为，在品质和性能之外，外观设计决定着消费者的第一印象。

也就是说，早在30年前，小家电行业在外形方面普遍还是中规中矩毫无设计可言时，莱克电气就已经开始讲究颜值了，并在行业内破天荒地践行了“工业设计”这一概念。莱克初创时的一款“甲壳虫”外形的吸尘器“一飞冲天”，就是最有力的证明。

就好比乔布斯之于苹果，苹果的高颜值可是在乔布斯处女座的审美之下，近乎严苛的挑剔中才形成的“极简”风格。同样，莱克电气赢得的“一眼沦陷”的评价，也有赖于摩羯座的倪祖根在精益求精的“细节控”背后那一颗“爱美”之心。

故事的哲理

1949年后一刀切学苏联的重大遗憾，就是中国社会一两代人对于“美”的感知与追求能力下降。而市场经济的重要递延影响，一定是“美”的复苏与升华。当物质不再匮乏时，审美是人性升级的必然。而“美”，反过来又在倒逼“工艺”，在倒逼“性能”，在倒逼“研发”，进而倒逼“系统”，甚至倒逼“使命”。人间能创造“美”的，不只是艺术，也包括商业。而对于“商业”，“美”将成为核心生产力。当商业无处不在，美也将无处不在。不论是iPhone，还是扁担。（杨光）

莱克造高速整流子电机：被美国逼出来的赶超日本

打造核心技术：博采众长，以我为主

哲理的故事

2018年4月，美国商务部对中兴通讯进行严厉制裁，禁止其在未来的7年内从美企手中购买高端元器件。人在屋檐下，没有核心技术的中兴为了生存，不得不选择妥协，向美缴纳数十亿美元罚款。“中兴事件”的窝囊，让全中国上下意识到了“技术卡脖子”的苦楚。

莱克电气董事长对此深有感触。莱克创业初期，主要靠产品设计创新和性价比打开市场，吸尘器的心脏——电机还是外部采购。然而创业短短两年后，倪祖根便意识到，要想长期占据市场主导地位，不怕竞争对手外观抄袭剽窃，就不能满足于设计创新，还得不断在核心技术上创新，持续领先。他深知，核心技术是买不来的，只有靠自己去打造。为此，莱克电气必须主动出击研发出自己的核心电机，掌握别人剽不走的核心科技——莱克电气的造“心”之旅，由此开启。

1990年代初，虽然电机已在逐步国产化，但电机有三样核心部件：轴承、整流子和碳刷，仍全部要从日本进口，成本当然也很高。其中，轴承和碳刷技术完全垄断在日本人手里，以当时国内的精密加工技术和工艺水平，有可能突破的是整流子。

因为整流子的技术在于材料和结构。当时国产的电动工具电机转速仅可以做到每分钟1万转。而吸尘器电机当初的设计转速是要把每分钟2.3万转提高到3.3万转，极限状态下要到每分钟5万转，而国产整流子在高温高速下很快会崩裂。这时，倪祖根意识到整流子的原材料是确保可靠性、耐用性的一大关键：既要耐得住270摄氏度以上的高温，还必须具备在每分钟5万转高速旋转下不会变形和破裂的高强度。而能生产这种原材料的公司，也是日本的企业。

也就是说，电机三大硬件，其实都在日本人手里攥着。

要想同时突破，显然不现实。要先找到一个操作最可行的切入点，得独树一帜的自立加实事求是的借力。想明白了之后，倪祖根前往日本，将全球最好的热固性树脂材料买了回来。接着，倪祖根还帮助国内供应商改进整流子结构设计和生产工艺，同时在电机的设计上采取小型化设计，并对离心风机结构和风道进行了改进，从而提高了转速，提高了技术门槛，同时降低了成本。经过反复试验，果然可行！

借用日本的材料，结合自己的整流子设计和制造技术，整流子可靠性指标得以成功突破！

经过改良之后的整流子成本，从原来的原装进口需要20元，陡然降到了6元。进而，结合电机的小型化设计，又节省了大量铜和钢材，电机的成本也随之从125元降到了80元，重量和体积则分别降低了1/3。与此同时，转速每分钟达到了3.3万转，吸入效率从34%提升到45%，寿命则从300小时提高到500小时。也就是说，成本降低了，性能和寿命却大幅提升了。

自此，莱克电气自主掌握了影响产品质量的核心部件——高速整流子电机技术。随着吸尘器电机厂的拔地而起，莱克一举奠定了其吸尘器电机技术在国内的领先优势及领导地位，达到了世界先进水平。

很快，全球客户闻讯而来，就连当时全球最大的吸尘器品牌也成了莱克的大客户。此后，国内第一台4万转高速电机，第一台8万转、第一台10万转电机纷纷问世，莱克成为中国吸尘器电机当之无愧的巨头。

这也为日后莱克电气以电机技术为核心实行多元化发展，打开新的市场空间，埋下了重重的伏笔。

故事的哲理

从20世纪末开始，全中国都在为核心技术不在自己手上而苦恼，比如家用DVD，比如汽车。但解决，一直都只是愿景。殊不知，一个产品的核心部件的核心技术，并不是单一存在的，都是本身又包含多项核心元素，并来自全球各方。中国企业要想实现核心技术的创新，要想不被卡脖子，绝不是要一步到位地实现全部相关能力的自给自足，那要么是自欺欺人，要么是自暴自弃——而应该是，基于自身比较优势，先实现局部核心的创新突破，同时实事求是地结合全球核心优势，为我所用，从而实现自身在整体效能的核心技术创新。自主创新，与全球借力，从来都应该是一体的。作为核心技术后发者，“博采众长”终究还是为了“以我为主”。（杨光）

吸起铁球，吸起美国市场

把自己拿手的摁到市场空白上

哲理的故事

1998年年底，在为欧洲市场量身定制的甲壳虫系列卧式吸尘器大获成功之后，莱克电气又开始启动吸尘器系列化，并全力进军全球市场。

当时，董事长倪祖根敏锐地发现，推杆式吸尘器在美国市场有相当大的占比。但由于其功率比较低，只有二三百瓦，吸入功率更是只有30瓦左右，只能满足那些硬地面小户型家庭的清洁需求。按道理说，这类产品并不适合欧美中产阶层以上房子大、地毯多的清扫场景。

那为什么推杆式吸尘器反而畅销？很简单，因为卖得很便宜，才50多美元。换句话说，当时的推杆式吸尘器就是一类满足低端市场的“将就”货，而非追求中高端需求的“讲究”货。“那我来！”这个供需缺位便成了倪祖根进入高端市场的切入点。

这注定不会太容易，好在这个时候，莱克已经自主研发了国内首台转速超过3.3万转/分钟，1200瓦高性能、低成本、长寿命吸尘器电机。在此基础上，倪祖根通过对电机结构进行突破性设计，实现了更大功率的性能。

但仅仅提高功率还不够。

当时，市面上的无尘袋卧式吸尘器刚刚出现不久，即不需要更换收集灰尘的口袋，而是通过尘杯中的产生的旋风气流进行分离过滤和排放。但它在美国的立式和杆式吸尘器中尚未应用。对此，倪祖根

首先就想到，如果在杆式吸尘器中率先采用无尘袋设计，不仅解决了用户的倾倒麻烦，而且避免了二次污染。

2000年初，经过莱克电气一年多的研发创新，面向美国的第一款600瓦大功率无尘袋杆式吸尘器成功诞生。很快，就有美国客户主动找来，达成合作。当时，为了让吸尘效果更直观，这家美国客户在他们的商场中进行了现场演示，结果令美国消费者第一次目睹了“奇迹”：这款无尘袋杆式吸尘器不仅免去了更换集尘袋的麻烦，而且竟能吸起超过30公斤的铁球！这一举刷新了美国消费者对于杆式吸尘器的原有认知。

一时间，“无尘袋”“吸铁球”的吸尘器成为了美国当地媒体传播的热门话题，莱克电气的无尘袋杆式吸尘器顺势在美国市场一炮打响。仅仅那一年，由莱克生产的售价99美元的无尘袋杆式吸尘器销售量就达到了100万台，取得了空前成功。

凡战者，以正合，以奇胜。莱克电气凭着不拘常法，不守常规又一次赢得胜利，首次进入便打开了美国市场，为下一步进军全球市场打下了稳固基础。

故事的哲理

毛泽东为什么能够打败国民党的四次重兵围剿？很多朋友都知道他善于出奇制胜。蒋介石也想出奇制胜，但为什么做不到？因为他被正规军校的常规思维限制住了。相对中央军，红军既没有兵，也没有枪，但他们拥有只有自己熟悉的地形。这也是毛泽东坚决反对下山打城市的原因，因为城市恰恰是对手更熟悉的。

同理，企业竞争要想出奇制胜，就需要对属于自己的优势了然于心，进而对市场的空白洞若观火，然后将自己的拿手绝活，摁到市场的空白上，从而实现常规逻辑下的“不可能”。（杨光）

500/7！莱克靠什么携手碾压“日本制造”牵手世界500强

技术领先，表现为对不同市场需求的技术洞察力与技术保障力

哲理的故事

经过了1995年的初创即大卖和1996年的一炮而红，1997年的莱克电气再创佳绩。

这一年年初，莱克电气自主研发出了国内首台转速每分钟超过3.3万转的1200瓦高速吸尘器电机。此举把当时的电机转速提高了1万转，性能提高了30%以上，体积和成本却减少了1/3。也是在这一年，莱克电气投资建立了电机厂。由此，高可靠性、高性价比的电机，成为莱克电气的重要核心优势。

好马配好鞍，这个时候作为技术攻关主要带头人的董事长倪祖根，在巩固与当下既有各国进口商合作的前提下，开始思索直接与世界级跨国公司合作。他在不惑之年，想明白了自己创业后的第一个事业目标：“未来要让全世界的吸尘器高端品牌都能用上莱克的电机，采购莱克生产的吸尘器和电机”。

于是，当时尚属业内无名小辈的倪祖根，“悍然”向远在万里之外的世界知名电器设备制造商伊莱克斯的吸尘器业务全球总裁汉斯写去了一封自荐信！在信中，倪祖根将莱克电机的技术突破成果和优势以及能够给对方带来的好处逐一列出，并表达了诚挚的合作意愿。

坐在瑞典总部办公室的汉斯收到这封信后，被信中的言辞恳切打动了。他独自一人迅速飞来苏州，实地考察了这家成立不到3年的小厂。随后要求Kingclean（“莱克电气”的英文翻译）发10台电机样品

到瑞典总部实验室，做寿命测试。如果这些样品能通过500小时寿命测试，就有跟莱克合作的机会。如做不到……那就到此为止。

倪祖根接到任务后，非常兴奋，也自信满满，他立即亲自与工程师团队一起落实样机生产涉及的每一个技术工艺细节。在客户要求500小时标准的基础上，莱克通过零部件和生产工艺标准优化，将电机寿命的内控标准又提高了20%，达到600小时。

经过一个月的努力，样品顺利完成，并发往了伊莱克斯的瑞典总部。

测试开始了——遥遥万里，魂牵梦系。不只是倪祖根和研发团队，莱克海外销售部的负责人也与瑞典实验室主任弗雷迪·罗丁保持密切联系，每周询问实验进展。第一周，对方回复“还在跑”，这意味着168个小时过去了。再一周，对方依旧回复“还在跑”，又是168个小时过去了。就这样过了一周又一周。三周后的一天早上，罗丁主动发来邮件：10台样品已全部通过500小时测试！——莱克电气顺利通过了跨国公司的入门考试。

当时，同时一起测试的还有某日本知名家电品牌DZ（此处为化名）。然而，测试结果让汉斯和罗丁都惊讶不已。在20世纪末雄冠全球的“家电之王”非日本品牌莫属，“日本制造”就等同于“高质量”。但DZ的电机在连续运转到第7个小时，就轰然烧毁了！这实在是不可思议。

于是，高下立判，无悬念签约。但当时倪祖根还不知道，汉斯来苏州之前就已确定了挑选中国电机供应商的三个条件：一，要拥有电机的自主研发和制造能力；二，要有吸尘器产品的设计研发能力，产品性能及可靠性必须达到伊莱克斯制定的内控水准；三，产品成本价格要低于东欧工厂的30%以上。——莱克已全部满足。

当汉斯看到这一触目惊心的对比结果时，也不禁发问：为什么DZ那么强大的公司，竟然比不上莱克这个创业仅仅三年的小公司？而且差距如此悬殊？

倪祖根气定神闲地给出了答案：这是一个市场定位问题。日本家庭房子小又都是榻榻米，主人又普遍爱干净，地上真没有什么可吸的，因而对产品风道堵塞后过热的可靠性要求也就不怎么高，但对性

Thinking of you
Electrolux
LEXY莱克
让世界更干净

能效率要求高。所以日本市场的主要技术质量导向是效率，而耐用性要求相对较低。但欧美家庭房子大，多数又是长毛地毯，吸尘器吸灰后易造成尘袋堵塞，从而引起电机超速和温升大幅上升，电机易烧毁，因此欧美产品更关注产品的耐用性，对产品能效要求反而相对较低。

而倪祖根同时吸收了欧美与日本产品各自的优点，提出了自己的电机设计理念：可靠性设计向欧洲学习，性能效率向日本学习，所以电机不仅具有高效低成本，而且还要可靠耐用。

由此可见，在产品开发过程中，有两个关键点：一是要了解全球各个市场上各个竞品的长处和短处，吸收其长处，去除其短处，满足和创造市场的新需求；二是技术上的突破，要形成自己独有的东西，而不可一味追随别人。

与世界级对手同台，进而实现与跨国公司500强企业的合作，大大加快了莱克的发展，使莱克在短短10年后便成为全球最大的吸尘器研发制造商。

故事的哲理

在市场竞争中，什么叫技术领先？什么叫卓越品质？其实，并不存在完全孤立与始终恒定的评判标准。所有的技术领先，都只有在围绕和满足客户需求时，才有商业意义。而这就自然意味着，在不同市场的客户需求必然不尽相同时，对产品技术的要求也就必然不尽相同。因此，企业的技术实力，就应表现为：对不同市场不同客户不同需求的专业洞察，进而对不同需求背后所需不同技术保障的专业满足。（杨光）

打动张瑞敏：成为海尔十年最赚钱的小家电产品

成就客户才能成就自己

哲理的故事

1997年春天的一个清晨，青岛海尔集团，阳光透过落地窗，洒在了董事长张瑞敏的办公桌上。他正专注地翻阅着一堆商业报告，眉头紧锁，似乎在寻找着企业发展的新契机。就在这时，秘书敲门，送进来一个吸尘器样品，并附有一封信。

精致漂亮的甲壳虫外形吸尘器一下就吸引了张瑞敏的目光，仔细端详了一番之后，他拿起了信封，上面的地址是用墨水钢笔手写的，透着一股不同寻常的认真。拆开信封，信纸上整齐的字迹映入眼帘。原来，是一家名为金莱克（莱克电气曾用名）的公司表达合作意向的来信，写信人正是创始人倪祖根。

在此之前，莱克电气已经凭着过硬的实力打入国际市场，开始与国际知名品牌合作，站在了高起点上。那么再回过头来做国内市场，自然也要率先拿下头部品牌海尔，且志在必得。

他知道，从1992年开始海尔就进入了多元化发展阶段，从大家电产品向小家电、厨房家电产品扩展，在小家电领域占据重要一角的吸尘器自然也在考虑范围之内。而莱克生产的吸尘器，没有理由不出现在海尔的专柜里。

果然，随着信中内容的展开，张瑞敏的目光逐渐亮起来。根据信中介绍，眼前的吸尘器不仅外形新颖独特，还是自主研发零部件，并且已有海外市场的背书。倪祖根还在

Haier 海尔

信中分析了吸尘器海外整体市场状况，并前瞻了未来可期的国内发展空间。很快，海尔方面便向倪祖根发出了邀请，前去详细洽谈。紧接着，这一年的5月，张瑞敏带人前往莱克进行了考察。莱克电气的创新精神和卓越的研发能力打动了海尔团队，双方一拍即合。1997年10月，莱克正式成为海尔吸尘器的OEM供应商。

冠以海尔之名的莱克吸尘器一炮打响：短短两个月时间就销售了2万多台。第二年销量则达到了近20万台。比较戏剧性的是，莱克生产的吸尘器竟成为海尔小家电板块在之后长达10年最赚钱的品类之一。到合作的第三年，海尔吸尘器的国内市场占有率便一举超过了两大国际品牌，成为中国第一。

故事的哲理

张瑞敏在海尔创业30周年时曾以哲学式的思考总结道："企业即人，管理即借力。"其实，几乎所有成功者在至少起步初期，都是"借力"的行家。微软是经营借力IBM，华为是管理借力IBM，海尔是学贯中西，把道家、日企、德企的经验融合在一起，方太是借力儒家，福耀则是借力佛家。但是，更高一级的借力，不只是向"高枝"索取，更在于成就"高枝"，在成就客户与成就自己中形成高度的统一。（杨光）

超越"新锐",成为后来居上的"龙卷风"

成为技术更新换代创新中的"第三家"

哲理的故事

1990年代,无论国内还是国外,吸尘器都需要采用集尘袋来收集灰尘。这已经是近百年的技术,大家也都习惯成自然了。

但其实用户使用很不方便,不仅尘袋要经常更换,成为一种易耗品,而且还存在二次污染的麻烦与风险。

直到2000年后,一家国际家电品牌发明了区别于传统尘袋吸尘器的双级龙卷风技术吸尘器,其外观设计新颖、独特的功能模块和无吸力损失等优点,吸引了广大消费者,逐渐风靡全球。但其双级龙卷风技术也存在风量小的问题,只有原先尘袋吸尘器的一半,因而对地毯的吸尘能力差,噪声也大。

对此,已在吸尘器行业深耕数年并开始崭露头角的莱克电气董事长倪祖根便开始思考:能不能设计一款既是无尘袋龙卷风透明尘杯结构,又不同于双级龙卷风的技术方案,还能让风量接近于尘袋吸尘器的新产品呢?

倪祖根带领研发团队经过对市场产品的技术分析发现:双级龙卷风采用的是多个龙卷风小锥体并联设计再做二级串联,优点是过滤效率比较高,缺点是风量损失太大,几乎把电机风量损失了60%!这直接导致地毯吸尘能力变差。即便配了一个电动地刷来弥补,性能也仍然与普通尘袋吸尘器相差甚远。

既然如此,倪祖根便将过滤装

LEXY

置进行另辟蹊径的设计，他提出了旁路式单级大旋风体大风量龙卷风的设计思路。之后通过大量实验验证，莱克最终选择牺牲2%的尘杯过滤效率，提升2倍吸力的旋风技术方案，此举让吸尘器风量性能达到了有袋吸尘器的90%，更是双级多锥龙卷风技术的2倍以上，从而吸尘能力大幅提升。

“旁路式龙卷风吸尘器”于2006年正式上市。莱克电气发明的旁路式龙卷风技术，也成为了继传统有袋过滤技术和双级龙卷风过滤技术之后，全球第三种主流吸尘器过滤技术，一举获得了20多项专利，并获得了国家科技进步奖。

莱克的这一技术也促成了其与众多国际知名品牌的紧密合作，利用该技术打造的产品，年销售量达到500万台以上。随后，全球多数品牌都采用了这种龙卷风过滤结构的技术原理来设计产品。由此，全球吸尘过滤技术三足鼎立，莱克占其一。

故事的哲理

第一，市场新潮流必须跟上，要敏锐跟上客户需求的变化；第二，在新潮流下，又绝不能只是跟随；第三，迅速找到新潮流难免不能满足客户原有需求的短板；第四，围绕客户需求以新技术新思维来实现兼容并蓄、独树一帜的创新——在新旧潮流交替之际，成为独一无二的“第三类”更好的产品。（杨光）

韦尔奇的"数一数二"，成就了莱克的"全球第一"

学习力，是持续发展的第一引擎

哲理的故事

十年磨一剑。2004年，莱克电气终成"全球最大家用吸尘器制造商"，拥有了一大批世界500强家用电器品牌客户和专业吸尘器品牌头部客户。那时，全球每6台吸尘器中，就有1台是"莱克造"。

这一成绩和速度，对于国内整个制造业都是数一数二的。面对这一成绩，莱克电气董事长倪祖根深知他们做对了什么——集中精力和资源利用于一个领域，迅速做强做大，十年只干一件事，那就是打造吸尘器的竞争优势。

他不禁要感谢一个人——美国通用电气前CEO杰克·韦尔奇。

众所周知，韦尔奇上任之初的通用电气，仅有照明、发动机、电力这三个事业部在各自领域处于行业领导地位。对此，他提出："在全球激烈竞争的市场中，没有平庸者生存的空间。只有领先对手才能立于不败之地。做任何一项事业，要么不做，要做就要力争第一或第二。"

这就是著名的"数一数二"理念。韦尔奇就是要让通用电气在其涉足的所有产业领域，都必须成为市场领导者。凡是不能成为市场领导者的产品或者企业，一律整顿、关闭或者出售。

正是坚定这样一个理念，韦尔奇管理下的通用电气经过几度重组，12个事业部全部处于各自市场的数一数二地位，成就了举世公认的传奇伟业。

2002年，韦尔奇的管理秘诀被总结成《胜者为王》一书。也正是这本书，成为倪祖根创业路上除了《毛泽东选集》之外，受影响最深的书。这个时候，倪祖根已经带领莱克电气走过了七个年头，书中提出的“数一数二”“简单化”“速度制胜”等理念，令他产生了深深的共鸣。

在此启发下，倪祖根总结出了他独特的“莱克理念”：聚焦吸尘器这个领域，集中资源，以客户为中

心，在产品开发、生产交付和产品质量上，快速行动，全力满足客户需求，迅速积累和扩大竞争优势。在某一个具有吸引力的细分市场中数一数二，更具竞争力和杀伤力。

“数一数二”理念下，成就了莱克电气的“全球第一”。在拥有了高附加值ODM的基础上，莱克又着手创立自主品牌，“数一数二”的理念运用得更加炉火纯青。

故事的哲理

隐形冠军企业，要想获得持续发展，除了靠自身的技术竞争力，更本质的是靠领头人的学习竞争力。因为只有学习力，才是真正可靠的动态能力。而学习力，绝不是死读书，会考试，更要靠眼光，要靠胸怀，要靠自信。只有自信的人，才会眼观六路，才会虚心学习，才会博采众长，才会贯通中西。那么，真正的自信是什么？主要不在于你现在已拥有什么，更不在于你要对外证明你已拥有什么，而在于你内心深深笃信未来你将会拥有什么。（杨光）

第2章 客户至上·速度制胜

客户永远是对的
客户是企业的衣食父母
站在客户的立场上思考问题
全心全意帮助客户解决问题
客户才能忠诚于你
企业才能有饭吃
企业竞争不仅比的是
创新能力
还要比谁跑得快
——倪祖根

即便客户说错了，我们也要艺术地做对

只有真正的企业家，始终以满足客户为中心

哲理的故事

1990年代初一个宁静的傍晚，夕阳洒下一片金黄的余晖，温暖而柔和。喜欢看名人传记，又熟读西方经营管理科学书籍的莱克电气董事长倪祖根，正在书桌前捧读一本有关沃尔玛的书：

沃尔玛有一条著名的标语，挂在超市的显眼位置：“1. 顾客永远是对的；2. 如果顾客错了，请参照第一条。”

这句标语，如同温暖的微风，轻拂过每位进入沃尔玛超市的顾客的心田。沃尔玛的缔造者山姆·沃尔顿这样说：“事实上，顾客能够解雇我们公司的每个人，他们只需要到其他地方去花钱，就可以做到这一点。”因此，衡量公司成功与否的重要标准就是顾客——“我们的老板”满意的程度。

倪祖根看到这里，用红笔着重标注出来。同时在一旁写下了自己的心得：“客户永远是对的。客户是企业的衣食父母，站在客户的立场上思考问题，全心全意帮助客户解决问题，客户才能忠诚于你，企业才能有饭吃。”

斟酌良久后，倪祖根酝酿出了莱克电气的核心价值观：“持续为目标客户创造价值！”

后来他还特地请一位知名书法家将这11个字写成巨幅书法作品。现在，这个巨大的牌匾，就悬挂在莱克全球研发中心企业文化展厅的入口处，时刻提醒着莱克员工——谁是衣食父母？怎样才能有饭吃？

倪祖根十分擅长把西方的科学管理理论与中国传统文化，以及企业自身经营管理的具体时间相结合，形成独特的管理哲学和体系。在他拟定的莱克四项基本经营理念和原则中，第一条即为“坚持以客户为中心”：始终把满足客户潜在需求和解决客户问题，作为一切工作的第一优先。

优秀的公司，总是有着相似的底层认知和行事逻辑。在华为，“以客户为中心”也是公司的核心价值观。华为创始人任正非要求：对客户永远保持敬畏之心。

2010年，华为的一名业务主管从欧洲返回，进行了一次五颜六色的汇报。于是在会上，任正非突然发起了脾气：“你们要脑袋对着客户，屁股对着领导。不要为了迎合领导，像疯子一样，从上到下地忙着做PPT……不要以为领导喜欢你就升官了，这样下去我们的战斗力是会削弱的。”

随即，任正非敬告全体员工：坚决提拔那些“眼睛盯着客户，屁股对着老板”的员工；坚决淘汰那些“眼睛盯着老板，屁股对着客户”的干部。前者，才是公司价值的创造者。

其实，“以客户为中心”并非华为、莱克的独特创造，而是商业活动的本质：客户满意了，公司才能生存。以至于“现代管理之父”彼得·杜拉克不厌其烦地说：“企业的终极目的，就是创造客户。”关键在于，谁能真正做到？谁能自始至终地坚持？

从创业第一天开始，倪祖根为之坚守了30余年。

在莱克，倪祖根要求所有员工贴近市场、贴近客户，主动与客户经常保持沟通，潜心研究和洞察客户尚未被满足的潜在需求，集中资源去创造和满足客户需要的产品和服务。同时，倪祖根也扩大了客户的“定义范围”：消费者、中间客户、下道工序都是我们每个员工的客户。

“每个企业、每个员工都是在为客户（消费者、购买方、企业）提供和创造价值的过程中，实现和体现自身价值，并求得生存和发展，这是永恒不变的真理。”倪祖根说。

以客户为中心，助力客户实现更大的价值与成功，在激烈的竞争环境中，速度，往往是制胜的关键。沃尔玛有“日落法则”，海尔有“日事日毕”，即今天能做的事不要拖到明天，倪祖根则要求“解决客户问题不过夜”。

在莱克，如果客户需要尽快看到样机，他们当天就会立即行动，订制产品，最快的交付速度已经压缩到了极限——只需4天。“这期间要完成设计、做色板、染色、注塑等一系列流程，那就像打仗一样，集中火力，大家都如同战士一般，在生产线奔跑着、呼喊着，争分夺秒地工作，全力以赴。我们的服务部门，也是一直想着要为一线部门提供快速、高效的服务，以更好地快速响应。我们的价值观，真不是一个口号或者标语，而是深入到每个团队成员的心中，成为他们日常工作的准则。”倪祖根说。

莱克的常规订单，也可以压缩到最快7天交付。而按照“国际惯例”，欧美同行往往需要1个月，日本同行则需要3个月。

在倪祖根看来，中国的民营企

业与外资企业本来就不在一条起跑线上竞争。如何后来居上？依靠的就是艰苦奋斗和快速满足客户需求。“企业竞争不仅比的是创新能力，还要比谁跑得快，必须能够快速响应客户的所有要求，莱克创业30余年一路狂奔，前10年我更是一天都没有休息过。”

30多年过去了，在商海磨砺数十年后，倪祖根对于沃尔玛的那条标语，是否有了更深的理解？比如，客户如果错了，怎么办？

“谁都不可能没有错误，但客户是上帝，我们要永远站在客户立场上看问题，即便客户错了，我们也要艺术地把事情做对了。”倪祖根解读道：我们必须在原则性与灵活性之间找到平衡。和客户沟通时，要充分尊重他们的意见，需要通过巧妙、婉转的方法来纠正这些错误。在处理分歧时，过于直接的方式显然不合适。如果直接指出客户的错误，可能会导致对立，因为大多数人，包括客户在内，往往不愿意承认自己的错误——这是人性。如果不能说服客户，尤其一些态度强硬的客户，在必要时，就采用柔性管理策略，如妥协或调整方案，以达成共识。“其实，当你用更优的解决方案把事情做对了，客户是不会计较的。公司与客户之间，就像你和家人之间的关系一样，有句话说不要试图跟家里人讲道理，对待客户也应如此。”

待客户如家人，把“客户至上”作为一种信仰，一种使命，拥有这样基因的组织，不成功都难。（辛国奇）

故事的哲理

同样作为人类最具有创造性的精英群体，企业家与哲学家、科学家、匠人的差别何在？真正的哲学家坚守的是对真理的思考，真正的科学家坚守的是对规律的洞察，真正的匠人坚守的是对技艺的精研，只有真正的企业家，坚守的是对客户的满足。（杨光）

争当先驱，马不停蹄出新品

创新，注定就意味着更快

哲理的故事

2020年前后，洗地机市场快速兴起，一时间品牌林立，鱼龙混杂。就连海尔和美的这样的家电巨头，在培育新的市场增长点时也都盯上了洗地机市场，掀起了一场“江湖混战”。

驰骋清洁电器行业多年的莱克电气，凭着在吸尘器领域的先发优势，于2021年推出了天狼星系列三合一“大吸力洗地吸尘除螨”吸尘器，适用于地板洗地、地毯吸尘、手持除螨三大清洁应用场景，很快在洗地机市场站稳脚跟，并一路攻城拔寨成为了行业头部。

对于外界眼中的这份荣耀与光鲜，莱克内部却有着冷静的认知——在虎视眈眈的市场竞争中，要想做到先声夺人，必须靠创新，且是快速的创新。

由于吸尘器的功能更新和设计方式变化非常快，一款新品上市后，领先周期并不会很长，因此莱克每次推出新品后，都会马不停蹄地进入下一个产品开发周期。它凭借完全掌握的高速电机核心技术和产品研发上的快速跟进，一次次保持住了产品的代系优势。

比如，市面上的初代洗地机，大多只具备洗地和擦地功能，但是存在洗地污水残留和顽固污渍擦不净等问题，不能实现深度清洁，客户体验难言满意。莱克天狼星“大吸力洗地吸尘除螨”吸尘器凭借电机优势，将电机功率升级到500W，确保了强大的吸力和高效清洁。这种升级解决了地板清洁中的污水残留和顽固污渍擦不净的问题，实现了地板深度除尘和清洁。

而莱克对于控水洗地技术的升级，也做到了根据污渍情况控制用水量，既能彻底清洁污渍，又能快速干燥地板，避免了水渍残留，地板受潮变形。

同时，大力拍打是清除地毯深层灰尘的好办法，但如何让只能前进后退的洗地机具备拍打能力是个难题。莱克天狼星采用自研的专利螺旋皮条地毯刷，把电机动能转化为对地毯的垂直拍打力，拍起地毯表层灰尘，拍出深层隐藏垃圾，最终做到拍得出来、吸得干净，让地毯里外都干净。

这样紧跟需求，快速创新的节奏已经形成莱克人所秉持的一种理念，每一款产品的每一次创新都像是重新创业一样，丝毫不敢放松。

“一般来说，新品类取得成功以后，复杂的产品，竞争对手只需要一年的时间就能拷贝出来，简单的产品，则更是仅需要三个月就能以假乱真。所以要快速升级，继续扩大产品优势，主动淘汰原来的产品，稍有懈怠先驱就很可能会变成先烈，被大品牌抢先。”莱克电气董事长倪祖根如是说。

在莱克电气，每年的新产品开发数量超过了100款，每年申请的重要发明专利数量超过了200项。这意味着，平均每三天就有一款新品推出，每两天不到就会产生一项重要发明专利。这背后的推陈出新速度和市场响应能力，可见一斑。

一如倪祖根所言：“企业竞争不仅比的是创新能力，还要比创新速度。”

紧锣密鼓，一路狂奔。从传统的吸尘器到洗地吸尘器、空气净化器、煮茶净水机等多元化产品线，莱克电气始终站在行业前沿，引领着绿色智能小家电的潮流。正是因为莱克时刻紧绷自主创新这根弦，紧跟市场需求，快速反应，保持在核心技术和产品功能上的持久领先，才稳步占据行业地位。

故事的哲理

创新，目标必然是新。而新，从来都是相对的，都是比出来的。和谁比？和对手对于需求的洞察比，和对手对于需求的转化比，和对手对于产品的迭代比……因此，新必然意味着快。创新绝不只是孤立地推出一款全新的产品，而是天然就意味着要比对手更早、更快地推出一款全新的产品，其同样更早、更快地迭代。没有快，新就意味着旧，抑或意味着——无。（杨光）

首创8万转，开启“无刷”新时代

科技型企业家的根，在于时刻的商业方向感

哲理的故事

2013年之前，吸尘器还没有实现无线化，几乎所有的吸尘器后面都要拖着一根像尾巴一样的电线。这种吸尘器活动范围也比较“有限”，只有摆脱电线的牵绊，吸尘才能更加灵便。

随着锂电池产业的发展壮大，蓄电续航功能使吸尘器的无线化成为可能。只不过，当时的锂电池包的蓄电容量还很有限，续航时间比较短，并不能支撑吸尘器在吸尘过程中做到完全无电线化。

要增加电池包的蓄电量就必须增加容量空间，相应的电池包体积就会增大。而在吸尘器机身有限的空间里，只能最大限度地将电机缩小体积，减少重量，提高转速，进而提升效率。如此一来，一方面电池包可以增加更多容量空间，另一方面电机效率的提升，意味着单位时间内能做的功越多，所消耗的能量越少，越省电。

当时吸尘器中的有刷电机，体积比较大，转速达到4万转/分钟已是极限，效率当然也就到头了。于是，莱克吸尘器研发团队想到了无刷电机，它是通过芯片软件进行指令控制，体积小，重量轻，转速却能比有刷电机高一倍。只是成本比较高，一般不会首先考虑它。

“只有把有刷电机无刷化，才能实现吸尘器的无线化。”这是倪祖根的决心，也是莱克电气的又一攻关目标。

当时，刚刚进入国内市场不久的一家国际知名家电品牌已经最先开始在吸尘器中启用单相（只有一个相位的交流电源供电）无刷电机。莱克当然不能跟随复制，可另辟蹊径又谈何容易？

一开始，项目组几个成员的心里还真没底，都说摸着石头过河，可当时连“石头”都没有，国内市场没有任何可参考的经验。单相无刷电机又是专利壁垒高筑，他们光是研究和避开那些技术专利就花了半年多时间。

避开了别人走过的路才只是开始，关键是要另辟蹊径。项目组从技术攻关到结构设计，再到材料应用，大量地试错、纠错，愣是在单相无刷电机技术之外探索出了一条新路——三相（三个互相平衡且频率相同的交流电源供电）无刷电机。

2014年，莱克自主研发出了国内首台8万转/分钟的三相无刷电机，转速同等，效率却比单相无刷电机提高了2%，吸力则达到了同功率传统吸尘器电机的3倍。紧接着，在2015年莱克又自主研发出了国内首台10万转/分钟的高速无刷数码电机，荣获中国轻工业协会颁发的“技术创新奖”。

同年，莱克将10万转/分钟的高速无刷数码电机，置入首创的立式大吸力多功能无线吸尘器“魔洁M8”中。由此，开启了吸尘器小型化、无线化的新时代。

这一度令那家国际知名家电品牌出乎意料，他们十几年研发出的专利技术，只过了一年多时间，就被中国的莱克突破并超越了。据说，当时他们并不相信这是真的，还特地购买了莱克的无刷数码电机，拆开研究看是否有侵权的可能。

电机，是吸尘器的核心，是家电的核心，也是莱克的核心。高速无刷数码电机，不仅又一次成就了莱克吸尘器在业内的一骑绝尘，而且在园林工具和厨电板块也更加如虎添翼。

故事的哲理

只有时刻都在追求，才能持续都能创新。从一滴水能看到一个太阳，从当下能够洞察未来，进而拥有基于专业力又远远超越专业力的持续的商业方向感，是企业家超越技术专家的最独特能力。

人类第一个具备类似特质的，是爱迪生。他第一个完成了从发明家向企业家的划时代转变。但可惜他完成得不彻底，因而最终在时代已从直流电向交流电变革时，他却固守自己的直流电，终至晚节不保。因此，只有对商业趋势的判断力，能持续超越对技术壁垒的自尊心时，才会诞生一个真正卓越的科技型企业家。（杨光）

在西班牙“勇斗”国际大牌

是客户在逼我们更优秀

哲理的故事

西班牙的一家家电品牌C，在2020年之前一直是性价比导向，其产品价格不贵，性能却也一般，结果做了几年都没做起来。于是开始改变思路，意图对标行业内的最高端品牌，做到品质相当，价格却定为只有高端品牌的一半。

首先，C盯上了吸尘器行业的高端品牌DS最赚钱的一档吸尘器，当然他们自己肯定是生产不出来的。专业的事交给专业的人，他们马上就找到了吸尘器领域的行家里手——莱克。

客户C强调，他们想要一款近乎“无敌”的明星产品，并想利用此次机会一跃爬升至西班牙此类吸尘器市场的顶端。这么美好的目标，注定不会是一件容易的事，但莱克团队选择迎难而上。

其中，在要实现的产品功能中，超高吸入功率成了一大技术难点。在此之前，莱克电气大部分客户需求的无线手持吸尘器，吸入功率只需要140W，在同行业已处于上游水平。这次为了满足客户C的高要求，项目组便在原有无刷电机的前提下更改了配比，将吸入功率提升至180W。

可当他们将测试样机与测试报告提交给客户C后，收到的反馈却是：希望吸入功率可以做到200W，产品才会有明显的优势。

但这基本上等于天方夜谭。因为行业常识是：电机吸入功率和体积是成正比的，无线手持吸尘器又

必须轻盈小巧。在十分有限的造型空间里，已经没有了再提高20W吸入功率的施展余地。项目组研究了多种方案，都得不到想要的结果。他们判断，以目前的传统进出风方式，180W的吸入功率已是极限。

经过多轮头脑风暴之后，项目组开始在原有结构上动脑筋。为了减少风量损失和阻力，他们大胆尝试，将风道设计成了直筒式，增大了有效截面。结果一经测试，吸入功率竟高达210W！比客户要求的还高了10W！

可成功的路上总是充满了拦路虎。就在结构设计结束，到了功能板验证阶段时，又一个技术难题出现了。客户C要求：此款吸尘器要满足地毯、地板识别自动调节吸尘功率，且要根据当前的环境脏污程度自动调节整机吸力，以满足挡位的自动切换，并提高续航能力。

说白了，客户C就是“既要又要还要”，可要求的繁琐程度几乎是难以想象的。但客户至上，在经过各种环境和条件的反复测试下，历经整整一个月才满足了客户对环境监测智能切换的要求。

10个月后，这款吸尘器终于在2020年年底顺利投产。产品各项功能性能指标都达到甚至超过了客户C的期望。一经面世，便对DS的吸尘器展开了强烈攻势，如同西班牙斗牛士，枪枪扎在DS的后背上，令它措手不及，又无可奈何。很快，C在西班牙同类别产品的市场占有率中，升至了第一位！

之后，莱克市场部还将这一系列的产品，推向了其他欧洲市场及俄罗斯，凭着极致的追求与创新，征服了更多的客户。

故事则哲理

创新，大多是逼出来的。因此，矢志于产品创新的企业，一定要由衷感恩于客户的挑剔与贪婪，犹如矢志于服务创新的企业，一定要由衷感恩于客户的苛求与训斥。服务，是骂出来的；技术，是苛出来的。对于研发人员，请记住同样研发出身的稻盛和夫那句名言：“当你觉得自己已经没办法了的时候，才是你工作真正的开始。”——不然，客户要你干吗？（杨光）

提前5个月，成功打开百万台合作之门

统筹管理，一次把事情做对

哲理的故事

2017年，北美百年家电清洁品牌“B”集团计划开发一款轻量瘦身版的立式吸尘器，要做到简约但不简单，且工期比较紧，是非常有挑战性的一个项目。于是在这一年的7月份，B集团通过业内推荐找到了“全球吸尘器专家”莱克电气。

其中，B集团明确提出要进行4次小批量试产，以及每次要做的全套测试验证流程，一个都不能少。正常来说，这整个周期下来至少也得15个月，B集团却只给了莱克12个月时间。在莱克的文化理念中，客户至上，订单就是命令！必须全力以赴满足客户要求。

项目组接到任务后马上明确了一个目标——时间本来就不充足，要想如期完成交付，就必须减少犯错和来回反复的时间，一次把事情做对。而这，建立在提前策划和统筹安排的基础上。

对此，莱克电气已经形成了一套非常完备的项目管理机制。

首先项目组明确了客户的要求并全部整理出来，做出一张产品定义策划表，避免遗漏。在此基础上再制定达到客户要求的方案措施。接着，通过P图和DFMEA对潜在失效风险进行提前分析与识别，包括材料选取、零件的受力分析、产品的功能实现、模具设计的可靠性等。并提前做好设计预防和量化控制，以降低后续产品发生失效的风险。

之后，项目组将评审环节前置，根据项目评审大纲，通过对安全、性能、可靠性、公差配合、用户体验、可制造性、外观等九大控制点进行提前评审。让设计人员在明确设计要求的基础上参照同类型成熟产品的结构进行提前了解，做到精准设计。

同时，为了节省时间，还进行了同步工程管理，即将串联工作改为并联，研发、设计、模具、注塑、实验、总装、供应商等几大部门提前行动，同时参与。

比如，在产品3D成型阶段时，项目组就联系了模具厂和注塑厂设计人员，做出产品的模具可行性模流分析，提前向客户确认模具加工制造，减少模具生产注塑问题导致的修模整改次数，缩短模具加工时间。

在手板阶段，设计师将手板样机提前提供给总装厂，并将产品技术要求对总装厂进行交底，总装厂可以同步开展PFMEA分析（过程时效模式及后果分析）、产品可制造性评审，以及对产品的生产设备、辅助工装、检测设备进行策划与安排。

项目组还提前将客户的测试计划同步给试验室，提前做试验策划，排查测试设备、工装条件以及特殊测试辅材等，确保按时按点完成测试验证。

一切策划都要落实在人员的执行上，尤其面对工期紧挑战大的项目，必须集中力量打歼灭战。于是项目组从各个常规项目中调兵遣将，及时组建团队。召之即来，来之即战，为了完成目标不惜每天加班加点工作。有时候项目团队要在注塑厂盯现场直到深夜，确保注塑出来的零部件能够在第二天准时送到总装厂进行组装，不掉链子。

最终，在公司的项目管理机制的指导下，经过项目组正确的项目进度管理和抢抓时间，这款吸尘器不但没有拖期，反而还提前了两个月，只用了10个月就实现了大货上线生产。一举赢得了客户的高度评价和认可，就此顺利打开了与B集团合作的大门，订单量也远超原来年销量10万台的预期——截至6年后的2024年，这款吸尘器的累计产量已超过120万台，平均每年20万台，并且还在继续增长。并且，通过这一个项目，莱克又接了B集团更多的项目，年订单量已经达到200万台以上。

倪祖根所信奉的“凡事预则立，不预则废”的理念，在这里再一次得到了充分的证明与彰显。

故事的哲理

中国两弹元勋钱学森先生，在晚年将他的“专业”从发射火箭的“空气动力学”，改成了外界看起来云里雾里的“系统工程学”。为什么？越是晚年的钱学森，越发意识到了：随着科技本身越来越复杂，决定技术创新的，已远远不是一个具体技术领域的实力，而是一个延伸的产业链的实力，甚至一个交织的生态面、一个多元的共生体的实力，也就是：一个组织进行系统化协调运作的统筹能力。也只有管理统筹能力提升了，讲求效能的企业，在研发中将创新“一次做对”，才是可能的。因此，越是追求技术导向，最终越是需要管理导向。正是高效的管理，在支撑技术的可持续创新。（杨光）

文化出海：疫情肆虐中勇赴越南的莱克人

再大的困难，也要全力去克服

哲理的故事

2018年8月2日，中美贸易战陡然升级：美国贸易代表办公室发表声明，考虑对301项下2000亿美元中国商品征税的税率，从10%提升至25%！

这对于“出生”即有出海基因的莱克电气来说，无疑影响巨大。要知道，刚刚上市两年的莱克电气，在2017年时海外营收占比已高达2/3。而25%的税率对小家电行业，可能意味着海外业务进而整个公司的运营都会受到影响。作为上市公司，更需要提前布局避险。

于是，董事长倪祖根第一次萌生了在海外建厂以规避贸易风险的想法。

2018年11月15日，莱克电气发布公告：将以自有资金投资2000万美元，在越南建设生产基地。第二年5月，美国关税上调的“靴子”果然落地，而莱克的越南工厂已经如火如荼地开建了。2019年年底，莱克越南工厂正式投产。

但刚转过年，新冠疫情就突然凶猛袭来，当整个中国乃至全世界都相继按下暂停键时，莱克的越南工厂也同样饱受考验。

时间到了2021年5月，国内疫情已较为稳定，而海外却仍是一片“水深火热”。就在这非常时期，莱克电气紧急外派了一支精干团队前往越南工厂。无疑，在海外风声鹤唳、国内紧扎篱笆的形势下，这时出国，对任何人都意味着面临巨大的不确定性和前所未有的风险。

去还是不去？在海外阳了怎么办？怎样说服家人？他们会不会一直担惊受怕？毕竟这阵势，谁也没经历过啊。但作为一支身负重任的队伍，他们知道这时绝不能退缩，必须勇敢面对这次挑战。就这样，他们在忐忑中踏上了前往越南的航班。

到达后，他们发现越南的工作环境，果然和国内有很大的不同。首当其冲的，就是语言不通。越南本土员工大多不懂英文，会中文的更是寥寥无几。因此，刚开始时，中方员工不得不依赖手势和翻译软件来与越南员工进行基本的交流。

这种沟通方式无疑效率低下且容易产生误解，增加了工作的难度和时间成本。于是，莱克管理层鼓励中方员工学习一些基础的越南语，以便更好地与当地员工交流。同时，他们有针对性地在每个部门都招聘懂中文的人做主管，确保信息的准确传递与执行。另一方面，鼓励越南员工学习中文，对于掌握中文的员工，公司不仅提供语言补贴作为奖励，还在晋升机会上给予优先考虑。这才逐步解决了最基本的沟通问题。

乍一看，越南模样和广东县级市差不多，但细一品，似是而非，天差地别。越南工人们的工作习惯、文化背景与国内员工存在着显著的差异。比如，不同于国内快节奏、高效率的工作模式，越南工人似乎更注重工作与生活的平衡，他们更倾向于在完成基本任务后享受闲暇时光。

面对这样的挑战，如何调整管理策略，以适应当地的文化环境，就成为重中之重。莱克派去的管理人员采取了如文化适应与培训、灵活的工作安排、绩效评估调整、激励机制的本地化等多项针对性策略，终于兼顾了企业诉求与本土员工的要求。

但不久，由于当地疫情开始爆发，莱克越南工厂只能进行封闭式管理，所有员工吃饭、工作、住宿都在工厂。但当时厂里还没有建起宿舍楼，只好为500余位员工购置了简易帐篷和睡垫将就将就，大家都睡在车间通道和办公室里。为了解决员工的洗浴问题，莱克工厂就地取材，利用现场的货架搭建了临时淋浴设施。但期间还经常遇到水量低和无水的状况，大家就想办法自制容器存水，同时控制用水。更为难熬的是，越南的高温天气下，为

了防范疫情又不能开空调，每位员工都是汗流浃背的，条件不可谓不艰苦。

比起肉体的难受，心理上的痛苦往往更为深重和难以言表。为了消除员工的恐惧和不安，莱克采取了一系列措施应对：国内总部通过视频保持与中方派驻人员和越南管理干部的沟通交流。这不仅为员工提供了一个直接向高层反馈问题和建议的渠道，也增强了员工的归属感和安全感；总部快速购买防疫物资和药品通过特殊渠道发运到越南，确保了员工在疫情期间能够得到必要的防护和治疗；按中国方案快速对工厂进行每日不间断消毒，给员工发放降温药和口罩，让员工感受到了公司的关怀和支持；通过政府关系，联系防疫机构到工厂进行现场核酸检测。这不仅提高了检测的效率和准确性，也增强了员工对公司的信任。

但即便千盯万防，厂里还是有一名员工被检测出了阳性。为了控制疫情，陈部长和其他管理层又带领大家紧急搭建隔离房。工厂因此也不得不暂停了所有生产。

福无双至，祸不单行。怕什么来什么，厂内很快又出现了一例阳性。这下本土员工们开始感到恐慌，纷纷要求回家。莱克越南工厂管理层与政府部门进行了紧急沟通，费尽口舌后，终于为本土员工争取到了临时通行证，使得大部分本土员工得以安全回家。

员工是消停了，工厂能消停吗？“刚开始是500多名员工，中途剩下389名员工，最后只有60多名员工在岗了！”对于这段经历，莱克越南工厂的副总经理依然唏嘘后怕。当时，为了解决员工数量不足问题，越南工厂所有派驻员工都积极参与到一线工作中，他们承担着搬运物料、产品装集装箱等体力劳动，中方干部更是以身作则，带头投入到这些繁重的工作中，为的就是努力维持仅剩的一条生产线开工。

当时，他们不仅要确保越南工厂开工运作，还要与客户保持沟通，努力将越南的订单转移到国内生产，以减轻当地工厂的压力。同时与政府部门协商解决通行证问题，确保供应商能够按照计划定期进行配送。

经过这段前所未有的“煎熬”后，到了2021年9月，越南工厂终于实现了全面复工复产。

莱克的价值观理念，每一条都是倪祖根亲自拟定的，其中越南工厂副总经理印象最深的一条是："尽心尽责"。

"把价值观印到头脑中，做事就有了准则。"他说，"倪总做任何事都是以身作则。记得我在莱克总装一厂当厂长时，倪总经常早上7点就到了工厂。他说：管理者应当提前到场，以便进行事前规划，而非等到员工到齐之后才开始制定计划。倪总都身先士卒，我们还有什么可说的！"

目前，莱克电气已经拥有越南和泰国两大海外工厂，而且越南还在建设第二工厂，大量骨干员工被外派轮岗。虽然身处异国他乡，但他们始终没有忘记自己的责任和使命，用实际行动践行了莱克的价值理念与精神。（辛国奇）

故事的哲理

企业文化什么时候才最见成色？是遇到"事儿"的时候。文化的核心是价值观。而价值观的"价值"，是你为了捍卫它，宁肯放弃什么。没事儿时，文化往往只是个说法；只有遇事儿时，文化才露真容！又特别是文化相交遇到冲突的时候，你硬碰硬坚守什么，心贴心包容什么，实打实割舍什么，就说明了你真正信仰什么——又尤其在面临困境下的文化乃至人性冲突时。为此，彼得·杜拉克说："没经历过深深的绝望，我们就无从谈信仰。"（杨光）

2020“三大困难”：莱克如何在疫中“链合”重生

王者之道，应是一种在困难下的毅然担当

哲理的故事

2020年1月30日，正月初六，莱克电气执行总裁张玉清戴着厚厚的口罩，从山东老家提前赶回了公司。一路上行人稀少，甚至都在彼此提防，毫无以往熙熙攘攘的“过年”味道。

张玉清整个春节都很忐忑：疫情突袭下，企业还能不能正常开工？原计划的生产订单怎么办？

2020年，肯定是人类历史上会被反复提及的一年。谁也没有料到，改变全球人类生活方式和全球经济格局的新冠肺炎疫情从天而降，完全打乱了所有人原本的新年节奏——后来是三年节奏。

那一年的农历新年，以黑天鹅模式开启：交通中断，工厂停摆，一个又一个的城市和地区被迫按下了“暂停键”。减产潮、停工潮、倒闭潮、裁员潮，一浪接着一浪波涛般汹涌袭来。本是“一年之计在于春”的好时节，大大小小的企业却在这场停工困境中遭受重重击打。

当时，原重庆市市长黄奇帆说了一句很重的话：“就怕等疫情没有了，工厂也没有了。这比疫情本身更可怕。”他当时指出，纵然政府全力以赴，企业真正意义上的复工复产，依然困难重重！原因有三：一是疫情防控所导致的工人极度短缺，二是疫情导致很多产业供应链残缺不全，三是疫情期间的企业物流运输几乎停顿。“控制疫情和及时复工确实是对矛盾，处于胶着状态，必须做好持久战的准备。”

但是，我们能熬多久？

与疫情造成的民众恐慌相比，不少中小企业主更是纷纷出现了焦虑情绪：疫情何其难控，复工何其遥远？何时开工？怎样开工？如何弥补损失？与此同时，更有很多企业主开始翻着抽屉偷偷盘算自己仅存的家底儿，够喝几天粥？——但家有余粮的莱克除外。“活”虽不是问题，但“产”真是问题。

抵达公司后，张玉清立即着手复工的准备工作：申请办理复工手续，筹备防疫物资，以及组织人流物流等。

到了2月10日，农历正月十七，星期一，忙活了10多天的张玉清发现，只有20%的员工到岗——不说外省，本省的员工都因交通管控赶不回来。

无奈之下，莱克电气的生产线，也只能按照20%的比率开工。

苏州在全球供应链中扮演着重要角色，拥有16万家工业企业，被誉为“世界工厂”。同时，苏州也是服务长三角、全国的重要枢纽和链接点。可以说，苏州“不开工”……全世界都受影响。而莱克电气不开工……整个清洁家电产业链都会受损。

在疫情期间，人们被迫减少外出，居家办公成为常态，人们对家庭环境清洁的需求显著增加。同时，疫情让人们更加注重居住空间的卫生与健康，希望通过高效便捷的清洁工具来维护一个更加安全、洁净的生活环境，这些变化直接推动了清洁家电市场的快速增长。从吸尘器到空气净化器，再到扫地机器人，各类清洁设备不仅成为了家庭必备品，其使用频率也大幅度上升。

客户是企业的衣食父母，他们有需求，就必须第一时间满足！

此情此景下，坚守客户至上理念的莱克电气董事长倪祖根提出：必须想尽办法尽快恢复生产，全心全意帮助客户解决问题，尽快满足客户的各类需求！问题一个一个解决，车到山前必有路！

缺人，就先解决人的问题。莱克电气立即向疫情较轻的地区派出招工团队，点对点招工，并用专车接送至公司。同时，他们还优化内部人力资源配置，将行政和后勤等非生产部门的员工暂时调整至生产线工作。如此，人员不足状况逐步得到缓解。

接下来，解决物料问题。棘

手的是，莱克电气直接相关的上游配套企业超过600家，供应链随便一个环节出问题，都可能“掉链子”——任何一个零部件的缺失都会影响整条生产线运转，甚至停摆。于是，莱克电气供应链管理部带领物流采购团队逐一和600多家供应商紧急联系：“你们复工情况

怎样，供货有没有保证？”

不仅仅是电话联系，张玉清等公司骨干也一直在走访供应商，一方面了解订单执行情况，一方面协助解决生产中面临的问题。从江苏的“苏锡常”到浙江的“甬嘉杭”，他们几乎跑了个遍。结果，得到的消息，有好有坏。

“好消息是40%的供应商已经复工，坏消息是产能都不足，复产率只有20%，物料供应只能保证我们公司8%的产能！”供应链管理负责人如此给倪祖根汇报说。

“没有人那就派人去支援关键的供应商！我们没有退路！同一条产业链上，大家也都是同呼吸共命运，我们是龙头企业，关键时刻就得助力，就得有担当。”倪祖根斩钉截铁地说。

于是，3月初，一辆载着莱克电气10余名员工的中巴车，火速开往位于浙江乐清的佳奔电子公司。

这家公司主要生产电器开关，当时正面临员工短缺和产能不足的问题。由于老员工无法返回工作岗位，他们不得不以更高的成本招聘新员工和劳务工，因为新员工操作不熟练，产能更是提不上去。莱克的火线支援，真可谓雪中送炭。

彼时，人们对于零售业的阿里盒马接纳“待业”的西贝莜面村员工而津津乐道，其实，在制造业的莱克，类似的“紧急驰援”也有不少，只是不为人知。

同处苏州的伊福尔电子公司，是一家仅有300多名员工的中小企业。本来，企业负责人对于复工复产还在观望，但看到莱克电气不仅支援人手，还帮忙协调生产材料等，积极性一下调动了起来：“最缺工人的时候，莱克派了几十名员工支援生产。如果不是莱克这样的龙头企业带动，我们复工会动力不足，复产会产能不足。大企业动起来，小企业才会好起来！”

这期间，也离不开当地政府的支持。

对于外地供应商，莱克电气充分借力苏州高新区的“企业发展服务云平台”。2月17日，在该平台“复工复产模块”上线第一天，莱克就申报了首批需协调复工的数十家供应商名单。

当天晚上，苏州高新区工作组根据莱克电气提出的申请，与其中的19家企业取得联系，向这些企业所在的地方政府发函，对相关企业复工复产商请当地政府支持。

反过来，莱克电气的率先垂范，也促进了相关部门的工作。本来，苏州市工信局还没有供应链协调的线上平台，企业申请还需要提交纸质材料，看到莱克成功通过协调激活了产业链，便受到启发，由点及面地设计了系统平台，供其他有困难的企业使用。随后，苏州市工信局在全省率先推出专为本地企业服务的供应链对接平台"苏链通"。

当时莱克不仅仅做到了"独善其身"，还做到了"兼济天下"。

如此，复工复产的"三大困难"中的前两难——缺人、缺料，莱克都逐一克服了。

紧接着，莱克攻克最后一难：物流运输。当时，莱克的供应链管理部又"化身"为运输调度部，与苏州高新区相关部门紧密联系。好在苏州高新区对于生产物资运输高度重视，成立了交通运输服务中心，负责协调物资运输车辆的道路通行。

办法总比困难多。起初，外地供应商的运输车辆进不了市区，那就干脆停在就近的高速公路服务区，莱克电气派出车辆就地卸货。

再后来，这种做法又演化为"绿色通道"：凭借有关手续，供应商车辆可直达莱克电气卸货，全程司机不下车即可。

"三大困难"至此全部迎刃而解，莱克电气把疫情带来的影响降到了最低，不但保障了产品供应，也拉动了上下游产业链的协同复工复产。

在莱克电气的积极响应下，苏州成为全国首批打通供应链的城市之一。后来，其他地区也对苏州的做法进行了借鉴和复制。莱克的成功案例还被《人民日报》作为典范进行了报道。（辛国奇）

故事的哲理

如果说，企业文化对内，表现在企业"有事儿"时，个体的选择；那么企业文化对外，就应该表现在产业"有事儿"乃至社会"有事儿"时，企业的选择。

作为龙头企业的价值观担当，不仅仅表现在自己有余力时如何兼济他人，更表现在自己也举步维艰时，却依然选择兼济他人！这其实不完全取决于你兜里现在有什么，而取决于你心里一直装了什么。（杨光）

解决客户问题不过夜

响应的速度，是中国企业全球化的第一竞争力

哲理的故事

“没有过夜的决策。”

这是莱克电气董事长倪祖根的一句名言。13年的军旅生涯，让倪祖根养成了军人不找借口、雷厉风行的行事风格，而这种风格也成了他所带领的莱克电气的一种价值理念——“解决客户问题不过夜”。

2015年元旦刚过，远在德国的世界级专业园林工具客户正在检查莱克电气发去的一批四轮割草机。突然，他们发现其中的1台机器上盖的螺钉表面有生锈迹象。于是，马上发来邮件要求莱克停止后面的生产，并排查库存零件和成品。

莱克海外业务部门收到邮件后，第一时间通知质量部门和工厂紧急开会，讨论对策，制定库存排查方案和验证措施。

他们立即安排人员检查了现有的库存产品和库存零部件，同时采用盐雾测试法（人工模拟盐雾环境条件，考核产品或金属材料腐蚀性能的环境试验。）进行快速验证。最后，质量部门在24小时内将并未发现螺钉生锈的检查和验证结果汇报给了客户，第一时间化解了客户的担心。

但这还没完，质量部门又和工厂一起讨论，在48小时内制定出了对螺钉生锈的短期改善方案，并与研发部门一起制定了长期预防方案。

与此同时，客户也在德国仓库进行成品抽查，结果没再发现螺钉生锈问题。通过每日的沟通反馈以及

LEXY
LEXY
LEXY
LEXY

及时制定的改善方案，也使客户看到了莱克解决问题的态度和执行力。于是，没超过72小时，客户便同意了莱克恢复生产和出货，并解除了对客户端库存品的隔离。之后，莱克又在5天内按照“D1：成立团队–D2：定义问题–D3：分析原因–D4：采用围堵措施–D5：制定纠正预防措施–D6：验证措施–7D：标准化–8D：激励团队”的客诉处理改进法，完成并提交了8D分析改善报告给客户确认。问题最终得以圆满解决。

整个流程下来，就是莱克电气解决客诉问题的“2485”原则，即24小时给出回复，48小时制定对策，5天之内完成8D报告，并实现验证闭环。确保了小事快办，急事急办，大事细办。“案无积卷，事不过夜”，不仅是一种工作习惯，也是一种工作作风，更是一种工作态度。面对客户的反馈或要求，哪怕只是一颗小小的螺钉，莱克电气也会立即决策，快速行动，在最短的时间内给到客户满意的答复。

所以，莱克为什么能够赢得国际大客户的长期信赖？通过一件小事，一个理念就能找到答案。

故事的哲理

21世纪融入全球产业链之后的中国企业，即便是在国内领先的头部企业，在多方面的积累相比发达国家都注定属于后来者甚至后进生时，究竟靠什么去参与全球竞争？唯有响应市场的速度！事实上，不论华为、海尔，还是三一、莱克，都是这样。（杨光）

打破极限的速度与激情

快速响应，是21世纪市场取胜的基本功

哲理的故事

“显示屏1000台到位”

“隔膜泵1200台到位”

“加热膜2000个到位”

“电源板1300个在路上”

“浮子开关800个正在机场接机”

“昨天产能1000，今天计划产能1200”

……

2021年双十一期间，莱克电气净水机车间生产指挥工作群里一片紧锣密鼓，正在汇报物料准备和生产计划。再看前方产线更是热火朝天，所有人就像踩上了传送带，几乎脚不沾地，一路小跑。他们在赶一个火急的订单。

为了参加“双十一”购物节促销活动，莱克电气净水机营销部门与短视频直播间进行合作，结果引发了“爆单”——一个18000台的订单！欢欣鼓舞吗？是，又不是——因为直播间同时呈现出了一个打破历史纪录的交货时间——14天！即物料准备7天，上线生产用7天。如有逾期，即按每台每天50元罚款。“接，还是不接？这是一个问题。”哈姆莱特式的纠结萦绕在团队每个人心头。

当时库存只有3000台，剩下的15000台，且不说按常规排产，上线生产出来就需要20多天时间，光是前期的物料准备，都至少需要1个月。因为牵一发而动全身，一个产品的诞生，并非靠莱克一已之力，还涉及上游很多个供应商，他们也需要和他们的上游协调物料供应时间。看起来，14天交付是完全不可能的。

不接，是正常的反应。但在莱克，订单就是命令！多年来，已形成了快速响应，敏捷交付的理念，背后的支撑正是流程模式的规范与丰厚的储备力量。所以，订单交付没有最快只有更快。这一次，不仅让莱克人决定迎难而上，挑战一次极限供货能力，更刺激了莱克人借此进一步强化自身的价值理念。

订单虽然由净水车间负责生产交付，但很显然一个部门是不可能完成的。所以，举全公司之力上下出动，从董事长到执行副总裁到工厂厂长，再到采购、物控、检验、工艺等各个环节都参与进来，快速响应，集中力量打歼灭战。

首先要找到瓶颈物料。除了平时根据预测提前准备的基础物料之外，物料策划部门还按照订单产品的用料结构零件清单进行了摸底排查，发现显示屏、电源板、浮子开关等几大不同的供应商都远在深圳。而且，宁波供应商生产的加热膜、温州供应商生产的隔膜泵、常州供应商生产的增压泵，一般的交货周期至少也都要30天。而留给莱克物料准备的时间最多只有7天。

可面对这种急单，有的供应商本来物料就不充足，还要再去其他厂调配资源，或者生产完之后还要发到其下游工厂再加工，质检合格才能交货。所以，按照正常的交货期肯定是不行了，只有跟催和插单并责任到人。随即，相对应的负责人便各自到宁波、温州、常州与供应商现场沟通，少不了一番解释与商量。

由于莱克平时积累了很好的信誉度，大部分供应商还是理解的，答应给予全力配合。但还要考虑物流问题，虽然这些供应商都距离莱克所在地苏州不远，可如果再走普通物流周转肯定是来不及了，又赶上疫情期间不允许车辆跨省。所以物料策划部门只好雇用了货拉拉一类的货车在供应商厂门口等着，生产一批直接拉走运送一批，随产随拉。所以，临时雇来的货车也成了生产线上的重要一环。而远在深圳的显示屏物料，即便可以优先接单，但由于零部件和线路板比较复杂，不仅要集齐零部件，而且还要先做好测试才能生产，普通的物流运输更是来不及——只能选择空运。

瓶颈物料梳理调配完之后，还有人员和产线的配备。本来净水车间有两条产线，生产不同的产品，但急单来了，就必须把另一条产线也并进来，两条一起生产，效率和产量翻倍，可即便这样也还是不够。就只能启用应急预案——在莱克的每个工厂，都有一个由熟练工组成的“预备队”，平时生产不着急的订单，一旦有了万分紧急的交付需求，马上召之即来，来之即战。于是，净水车间在两条产线开足马力同时生产之外，又启用了“预备队”产线。

经过一周时间的筹备，第一批物料准备就绪，产线和人员也全部就位，18000台的净水机订单开始正式进入生产环节。物料到位一批，生产出货一批，接着就马上发货运走一批，环环相扣，无缝衔接。每个人心里都绷着一根弦，生怕关键时候掉了链子。

物控组每天及时在工作群里汇报物料准备和到位情况。别的不说，哪怕空运显示屏的航班一有延误，或者去机场接物料的人遇上交通问题，都可能导致衔接不上。时间最紧迫时，甚至是物料才刚运来入库，生产才刚开始，运成品的卡车就已经等着装货了。

“争分夺秒，惊心动魄。”时任净水机厂厂长回忆这段经历时说，人员和资源的配置已是极限，但客户至上，必须全力以赴。

最终，18000台净水机全部如期交付完成！莱克人又一次用实力和勇气突破和超越了自己，也再一次证明了莱克的交付速度没有最快，只有更快。

不乏同行啧啧惊叹：“莱克做疯了！”但对于莱克来说，订单就是命令，订单就是一切。在莱克电气董事长倪祖根看来，企业竞争比的不仅是创新能力，还要比谁跑得快，速度是企业取胜的一大关键因素。因为市场环境瞬息万变，机会稍纵即逝，大家你追我赶，争先恐后，要想与同行拉开差距，抢在最前头，就必须快速响应，敏捷交付。

莱克各大工厂的生产线日夜轰鸣，机器的节拍伴随着工人的协作，仿佛是这片区域里永不停息的心跳。在这份心跳中，有捏一把汗时的惊心动魄，也有一次次如期交付，超越自我的心潮澎湃。这就是属于莱克的“速度与激情”。

故事的哲理

天下武功，唯快不破。同样，在商业江湖中，要想快速占领市场，就必须快速响应、快速决策、快速调整、快速执行、快速协同、快速迭代。当然，快速并不意味着草率和粗糙，它反而是一种结构性的组织素养，包含着更强的洞察力、更好的行业适应性、更坚韧的生命力，和更持续的创新能力。

“17 棵青松”，缔造越南工厂的“莱克速度”

出海“走进去”就是要闯出“第三条路”

哲理的故事

自从2018年中美贸易战发生后，国际产业分工的新格局正在形成，产业链“近地化”苗头开始出现。随着国内劳动力价格上涨和出口海外的关税激增，中国制造相对于更多第三世界国家已不再具备原先的成本优势。

杯子里的水满了，就会外溢。

于是，出海布局就成为中国企业寻求新机遇与新增长以摆脱关税壁垒的重要战略部署。这时，莱克电气也踏出了海外建厂的第一步，来到了与中国距离最近、文化差异较小的越南。经过反复勘察，厂址选在了越南南部经济更为繁荣的胡志明市。

但从“走出去”到“走进去”，“出海”对中国企业注定是不平坦的。已有20年“走出去”经验的莱克，在猛然“走进去”时也一样未能幸免。

时值2019年，莱克的胡志明新工厂本来按原计划是7月份建成，11月份开工。结果因为本地施工问题，导致工期生生延到了两个月后的9月。可当时，美国客户已经按照原计划给出了订单。这意味着留给莱克越南工厂的产前布置时间，就得生生从4个月缩短到只有“两个月”。

2019年9月，为了能够快速完成产前布置，莱克董事长倪祖根特意挑选出了一个17人的骨干团队派驻越南。

结果当这17人一脚踏上这片陌生的土地时，从脚底到心头都是一片冰凉，因为眼前的新工厂“新”到还是空空如也，里面连个电灯都没有，地面还是泥土，阴湿潮气直逼头顶。

在这样的一个空壳中，要在短短两个月里就能搭建起能够正常生产交付的工厂产线——这17人团队就像是17棵青松，迎接挑战的时候到了。

如果按部就班，肯定没戏，必须特事特办。厂房装修、消防布置、设备安装，产线搭建，人员招聘和培训这些本来可以逐一推进的事项，必须同步进行。第一步，就是打扫厂房，同时联系水电布设、设备进驻。

注塑零部件的设备要先入驻开工，后面的产线才能动起来。当时通过集装箱运进来的第一批注塑设备，是半夜到的货，团队协作从集装箱上搬下来直接进驻厂房，连夜就安装完毕了。第二天，后面的产线设备接着进驻、安装、调试。越南的“17棵青松”真是在用“美国时间”夜以继日地争分夺秒。

设备进驻了，人员也得跟上。事可以特办，但人不可以。好在，这方面莱克已经想在前面，并提前行动。在工厂正式移交之前，几个核心人员便先去越南进行了调研，走访了一些当地中资企业取经，并通过熟悉的人脉，开始物色政府关系、财务、人力资源等必须本地化运作的关键岗位人员。

到他们正式进驻越南时，几十名当地员工已经被招聘过来，一些关键岗位的人员也陆续到位。但“17棵青松”除了按照美国时间赶工之外，还要按越南作息对那些当地员工进行培训，包括质量检验、采购、仓库管理、生产操作等。

列举是容易的，操作却很难。首先就是语言问题，当地员工中，除了主管级的人会讲中文，其他员工基本是听不懂中文的——找到足够多会讲中文的本地化人才，是如今中资企业落地越南和泰国等国普遍面临的难题。

“（一开始）就靠手语交流。我们示范给他们看，或者通过视频或者图片演示，我们做一遍，他们看一遍，他们做一遍，我们再看一遍，然后再修正。”时任莱克越南工厂总装厂厂长回忆道。

麻烦还不止如此。越南和中国国内是典型的“似是而非”，都是共产党执政，却制度迥异。比如当地劳动法明确规定“不能加班”，这就让习惯996的中资企业很嘬牙花子。但现实是，莱克的注塑工序需要24小时运行。怎么办？莱克为此在越南不惜多招了1倍的人，并错开休息，来合规地保证工期进度。如果遇到确实需要加班的情况，莱克做到了至少提前一天告知员工以示尊重，因为不加班的越南员工更不接受临时加班。

整个过程里，每个人都像是哪里需要哪里搬的一块砖。负责总装的人需要帮助的时候，负责注塑的人员会去支援；正在培训的人忙不过来，负责质量的人也能直接上手。大伙儿齐心协力，合作默契。因为这些人，每一个都是经过各个不同岗位上摸爬滚打过来的，已经是标准的全能型人才，召之即来，来之即战。这也正是倪祖根之所以选择这“17棵青松”作为得力干将开拓越南新工厂的原因。

就这样，经过一番超常规的操作，到10月底，原来的一个空壳工厂，居然真的开始热火朝天地进行大货生产了。

也就是说，从开始注册、机构审核，到人员配备，到设备安装，再到试产，最后正式生产，莱克的越南工厂真的仅仅用了两个月时间！这在美国客户和当地政府看来都是不可思议的。因为他们见多了那些出海来越南的企业，出于成本考虑，往往都只派一个“光杆司令”过去，很多厂房建了都快一年了，人员还没配备完整，更别提投产了。

两年后，莱克的越南工厂产能提高了一倍之多。而最初派去的那“17棵青松”，一多半都已经陆续回到了国内，因为越南工厂已经在这批人的带领和影响下步入了正轨，像星星之火一样可以燎原了。

故事的哲理

从单纯货品的“走出去”，到核心业务的“走进去”，再到品牌形象的“走上去”，是中国企业海外发展的必然三部曲，也是触目惊心的三大挑战。而其中看起来最简单，但其实挑战最大的，就是“走进去”。因为“走出去”之前，你知道自己是“0”，会做足准备。但“走进去”之前，你往往不知道自己其实还是“0”！理想丰满，而现实骨感。只是货出去，和人出去，进而业务出去，生产出去，其实是截然不同的两件事。

这时候，你既不能直接照搬“中国经验”——“996”+“灰色”一定会让你碰得头破血流；也不能一味遵从“本地逻辑”——“慢慢来”+“等等看”会让一切机会从手边溜走。切实的办法，是在深度了解当地的“法规”和“民俗”后，结合中国人特有的“灵活”与“变通”，走出属于自己的全新“第三条路”。（杨光）

莱克不只要领先，还要遥遥领先

高端品牌，就要创造看得见、摸得出的优势

哲理的故事

2024年4月18日，中国进出口商品交易会在广州召开。国务院总理李强来到位于展馆A区的企业馆，先后参观了多家企业展区。其中，李强总理参观的第一家企业，就是中国清洁电器行业的领先企业莱克电气。

在展区内，总理认真听取了莱克电气董事长倪祖根对公司创新产品，如天狼星S9洗地吸尘器、碧云泉煮茶净水机等的详细介绍，并对莱克电气的创新能力和产品性能给予了充分肯定。

同时，莱克电气董事长倪祖根还向总理详细介绍了公司的发展历程、产品线以及市场拓展计划等，并重点分享了莱克电气在出海方面取得的丰硕成果。李强对此表示了极大的兴趣和认可，并勉励莱克电气努力做所在行业的领跑者，先行者。

对于总理的勉励，倪祖根深以为然。回看莱克电气一路走来，从为跨国家电企业做ODM，到全球清洁行业的引领者，再到自主创立中国高端民族品牌，坚持创新不断跨越，不仅探索出了一条中国制造业"由大到强"的转型升级之路，也成为了"中国制造"转型"中国创造"的新标杆。

莱克30年来，首屈一指的就是电机技术。而莱克30年的发展历史，也是电机转速如火箭般蹿升的历史。

1997年，莱克自主研发国内首台转速超过3万转/分钟高性能、长寿命的吸尘器电机，转速提高了1万多转，体积却缩小1/3，效率指标则提高了30%，寿命更提高65%，并建成了10条世界先进的电机生产线，一举奠定了莱克吸尘器在业内的技术领先优势及领导地位。

2014年，莱克成功研发出国内首台8万转/分钟高性能无刷数码吸尘器电机，吸力达到同功率传统吸尘器的3倍，开创了国内吸尘器小型化、无线化新时代。

2015年，莱克自主研发国内首台10万转360W高速无刷数码电机，使其吸尘器销量跃居市场占有率全国第一。

2019年，莱克成功研发第5代450W高效数码电机吸入效率高达55%，带来了250AW强劲吸力。

2024年，莱克全球首创400W大吸力全封闭干湿两用电机，再次引领行业。

……

一步领先，步步领先，每一次电机转速的飞跃，都是“全国领先”！核心技术已成为莱克持续领先的源动力。而这绝不是历史的偶然，是基于莱克的持续创新，且绝不是一星半点所谓“领先半步”的创新。在技术性能上的领先上，倪祖根强调：“提高1%、3%的领先，用户是察觉不到的，只有做到提高20%、30%以上的遥遥领先，才能让客户感受到真正的领先。”

而技术性能上的遥遥领先，又决定了其品牌地位的一枝独秀。从2011年到2014年，莱克把自主品牌做到了19%的市场份额，位居第一名，而第二名和第三名的市场份额分别是17%和11%，但当时倪祖根觉得这个领先还没有绝对的优势。

2015年1月，莱克推出首创的立式吸尘器“魔洁M8”进入全国市场，仅用了9个月的时间，就从原来19%的市场份额提升到了27.8%，与原来并驾齐驱的国际知名品牌拉开了差距。由此，莱克不仅牢牢占据了市场第一的位置，而且实现了绝对优势，是名副其实的“领跑者”“先行者”。

别人做什么，莱克偏偏就不做什么，从不会去复制市场上已有的成熟产品，而是从一个细分品类切入做创新性的产品研发，开发出竞争对手和消费者都没有想到的细分品类。这样既解决了消费者的痛点，同时短时间内竞争对手来不及复制，就能够快速打开市场，实现遥遥领先。“我们公司比较早地确定了一个创新的根本理念，即要创造客户看得见的竞争优势，产品价值要可视化、显性化，用户能够一眼看得出产品的唯一性与领先性。看起来只是小改一点的就不能算创新。”倪祖根总结道。

这也是为什么当国内吸尘器市场还是外资高端品牌的天下时，莱克后来居上成为近年来自创高端家电品牌唯一成功企业的一大原因。

故事的哲理

可见可感的遥遥领先，是志在引领业界的高端品牌，必须追求的高目标。遥遥领先，是参数说话；可见可感，是用户说话。基于品牌附加值的技术创新，正是技术与市场的结合、契合与融合。品牌与品质的区别，就在于品质只是性能超群，仍是以自我为中心；而品牌是性能卓越与用户认知的高度复合，则是以用户为中心。（杨光）

第3章

诚信经营·合作共赢

做一个企业
不仅仅是做一个生意
利他共赢、立信树碑
是企业永续经营
的经商之道
一切良好的合作
都始于信用和利益共享
以利他思维
站在对方的立场
谈合作条件
一切问题便迎刃而解
——倪祖根

《繁花》里的“大方”，何以让倪祖根深深共鸣

诚信不是手段，而是目的，更是前提

哲理的故事

2024年3月12日，莱克电气正式宣布著名演员马伊琍成为莱克品牌代言人，借助其亲民且优雅的形象，进一步提升品牌形象与知名度。

数天后，马伊琍到访莱克集团会客厅，与莱克电气董事长倪祖根在袅袅茶香中进行了深入的对话，共同探讨彼此事业的初衷与成长之路。

随后，以这一对话为内容的莱克电气品牌宣传片《心有净界》在CCTV–1播出。《心有净界》在色调、场景方面颇有2024年开年大戏《繁花》的风格，莱克选择马伊琍，显然也考虑到了热度效应。

马伊琍饰演的每一个角色，都能给观众留下深刻印象，而她在《繁花》中饰演的玲子，更加展现了女性的智慧与坚韧。

《繁花》不仅仅是一部热播剧，它更像是时代的一面镜子，映照出那些在特定历史时期内个体与社会的互动、挣扎与突破，让观众们随着剧情的起伏共同感受1990年代的热情与活力，更激发了大家对于个人奋斗意义的深入思考。倪祖根，也是其中之一。他从头至尾观看了每一集，其间的共鸣和感悟可谓深长，专门写下了一篇“《繁花》观后感言”的文章。

作为一位“久经沙场”的企业家，倪祖根在剧中主角阿宝的故事中，看到了自己当年创业时的影子。从产品代工起家，到创立自主品牌

莱克，再到将公司打造成全球领先的小家电制造商，他的坚持和努力，与剧中人物的境遇有着异曲同工之妙。在这样的共鸣下，倪祖根与《繁花》之间形成了一种难以言喻的联系，让这部电视剧在他的心中拥有了更加独特和重要的地位。

而剧中玲子的一句话，给倪祖根留下了深刻的印象："还是你比我大方，我只是请你喝了一壶茶，所以你生意做得比我大。"

他为此感悟道："出来做生意，一开始最重要的是如何建立信用，要有人相信你。经营上要有利他思维，首先考虑别人的利益，如果客户赚钱了，这个时候你才能赚钱。玲子的这句话，意思就是做生意要有格局，才能做大，通俗点说就是有钱大家赚，利他共赢，而不是只考虑自己的利益。在这个过程中，信誉和口碑至关重要，无论是面对客户、供应商还是员工，都要信守诺言，宁愿自己吃亏，也要说到做到。让所有合作伙伴相信你是一言九鼎、讲信用的人，才能在竞争激烈的生意场上游刃有余、畅通无阻，否则就寸步难行。"

也因此，倪祖根当时在《心有净界》中就说："赚钱固然是事业成功的一种标志，但更为关键的是在追求这一结果的过程中，始终致力于为他人创造价值。"

在倪祖根看来，"信用是立命之本"，有信用万事容易，无信用寸步难行。因此，信守诺言是企业的"命根子"。商业上的一切合作，都必须基于利他共赢的思维方式，才能获得长久成功，而利己主义是成功的大敌。与他人合作需要换位思考，合作条件要充分考虑利益共享。

在莱克电气的各种业务合作中，他们都一诺千金，自觉履行各种承诺，如知识产权、市场包销、订单交付和产品质量责任等。与此同时，倪祖根也强调，自己守信，但也要防范合作中的风险。"创业者、管理者应该意识到，金钱是重要的，但不是万能的。没有钱可能什么都做不了，但仅靠钱也是不行的，'金钱至上'具有破坏性，比金钱更重要的，是信用、责任和名誉。"

诚信固然重要，然而，是把它挂在嘴边，还是真正去践行，当成"纪律"去遵守，结果自然是天壤之别。

为此，倪祖根专门制订了莱克的"三大诚信法则"：文化树诚信——保持诚信，坚守基本道德准

则；制度保诚信——以法务部作为诚信守法的指导监督部门；经营守诚信——高管以身作则，树立诚信榜样。

保持诚信方面，莱克要求员工对企业忠诚，洁身自好，珍惜自己一生的名誉。同时，对自己的言行负责，信守承诺，说到做到，决不食言。制度保诚信方面，莱克专门修订了《廉洁自律管理规定及举报激励措施》，在订单、质量、安全、采购、环境、合同、信息管理各个环节，也形成了完善的管理制度。经营守诚信方面，则主要考核合同、制度履行诚信、与供方合作诚信、产品服务诚信度等。

在倪祖根的带动下，重义又守信，在莱克电气这里也得到充分体现——这也是基业长青企业的共有特质之一，毕竟，凡事考虑长远，而非追求短期利益，才有稳健经营的根基。（辛国奇）

故事的哲理

不论是做人，还是经商，诚信意味着什么？有人说是手段，有人说是目的，也有人说是前提。认为诚信是手段，是大多数国人的真实认知。但也因此便透着不真诚、不坚定、不在乎，甚至不要脸，进而很快就会露出狐狸尾巴，自食其果。认为诚信是目的，则是中国传统文化的深刻认知。任何事业的精进与传承，最终都会超越物质而走向精神，能把诚信作为追求的终点，是立意高远的。而认为诚信是前提，或许才是关于诚信价值的真谛认知。

事实上，相比各种优良品质，诚信不仅可以毫不逊色地和任何一个价值观比肩，而且它更是实现所有优良文化的前提。只有有了诚信，我们才谈得上其他意义，而没有诚信一切说辞都全无意义！因此，诚信反而应该是起点。（杨光）

60 天结款，雷打不动

价值观“软实力”在决定产业链“硬实力”

哲理的故事

在莱克电气的供应链管理部，几乎每个月月底都需要做一项工作——催账，但不是催欠款，而是催着供应商来对账结算。

原来，莱克严格按照固定账期每个月25日准时给供应商对账结算。但供应商因忙碌一时疏忽或者人员变动等其他原因未能及时对账，莱克也会主动联系，提醒并催促供应商完成结算。

有供应商打趣："从来都是我们追着客户去要账，就这还要三催四邀的，很少有像莱克这样主动催我们去结算的客户。跟莱克合作，心里有底，夜里睡眠都睡得格外踏实。"

的确，拖欠中小企业货款的问题已成为司空见惯的现象，甚至是一种顽疾。

多少大企业常常以甲方客户自居，以市场竞争为由，对上游供应商不断挤压价格，还不断拉长账期，甚至拖欠结款。尤其在家电行业中，"3+6"的账期已是行业常态，即：3个月到期后，下游客户会再开一张6个月到期的商业承兑汇票。如此一来，本来供应商一年能周转4次的流水，生生被拉长为2次。在市场不景气时，这很可能会成为压死供应商的最后一根稻草。

但这种情况，在莱克从来不允许发生，因为从一创业他们就立下了固定账期的规定。

1990年代，买方市场还不像今天这么明显，大部分企业对于供应商还都是预付货款。后来随着供应商越来越多，竞争越来越激烈，预付款的做法逐渐取消，变成了30天固定账期，后来统一变成60天，自此，莱克便确立了60天的固定账期。即便后来行业内实行了强势的"3+6"账期，但莱克的"60天"依然雷打不动，一保持就是20多年。

为了提高付款效率，莱克在供应商账期付款制度中，通过ERP财务管理系统自动审批与统计，在没有异常的情况下，公司财务总监审核签字之后即可按期支付，不另设付款签字环节，这也有效防止了权利寻租与腐败滋生。

不仅如此，莱克还基于大宗材料的市场波动，形成了供应商定价模型，始终确保让供应商"有利可图"，又高枕无忧。所以，这也使供应商对莱克建立了非常高的忠诚度。

这背后彰显的是莱克创始人倪

祖根对于行业的生态发展思维。他不是孤立地从企业自身利益出发，而是站在利益相关者的立场，将各方利益统一起来进行考虑。如果供应商资金流出问题或者不能保证合理利润，那么势必导致要么拖延断供，影响交货期，要么在“缺斤少两”上下功夫，影响产品质量，最终损害的还是作为采购方本身的利益。

“做生意，信用口碑极其重要！无论对客户还是对供应商或者对员工，都要信守诺言，宁愿自己吃亏，也要说到做到，让所有合作伙伴相信你是一言九鼎、是讲信用的人，你才能在生意场上游刃有余畅通无阻，否则就寸步难行。”莱克电气董事长倪祖根如是说。

信用有了，供应商的忠诚度、支持力度以及积极性，也就都有了。赶上关键交货期，以莱克为中心的供应商链条可以做到一呼百应，全力以赴优先保障供货。尤其在疫情期间，多少厂家因为断掉的产业链抢不到原材料而欲哭无泪，莱克却能够一路绿灯，畅通无阻，最大程度上实现准时交付。

所谓“人无信不立，业无信不兴。”信任是企业经营的最大机会，也是面对市场竞争的最大底气。信任是企业最大的成本，也是最大的资产。

故事的哲理

个人之间的价值观可以云泥之别，因而做出的行为和选择，也就异如天壤。企业和企业间也是如此。产业链合作，除了要靠各自的硬实力，还有就是靠软实力：价值观。你是只顾自己，还是兼顾上下？你喜欢唯我独尊，还是协同共赢？正是你由衷信奉的这些价值观，而不仅仅是你自身的硬实力，决定了那些优质的产业资源，会不会始终牢牢地跟随你，支撑你，形成产业链的硬实力。(杨光)

拟上市的莱克，竟比已上市公司还规范

以终为始，在于终极目标与原点价值观的彼此呼应

哲理的故事

“我们辅导了这么多要上市的公司，莱克电气是尤其规范的一个，甚至比已经上市的公司还要规范。”

2014年，莱克电气上市前期，特地邀请知名券商机构来做辅导。他们在仔细审核了莱克的一系列情况之后，不禁发出了以上赞许。

也就是说，莱克虽然还没在证券交易所公开交易，但它们在内部管理和财务透明度方面，却超过了上市公司的标准。

众所周知，在上市之前，企业就像是赛前的运动员，需要一些辅导机构作为教练进行规范指导，包括促进公司治理、会计基础工作和内控，了解多层次市场特点，树立诚信自律法治意识，督促企业完善各项规章制度，乃至补缴税收等等一系列繁琐的工作。从而确保企业在上市过程中能够符合相关法律法规的要求，减少因为不规范操作带来的风险。

有道是“真金不怕火炼”，虽然审核事无巨细，莱克的表现却令人出乎意料，不仅所有数据都真实、可靠，并且经得起推敲。这足以证明其在内部管理、财务安全、法律规范等方面有着非常严格的要求和标准，确保了运营的规范与透明。对于已经目睹过无数企业在资本市场沉浮的券商来说，莱克的表现的确让他们眼前一亮。

而这，离不开莱克电气创始人倪祖根一以贯之的规范意识。当

初，在春花吸尘器厂任职时，产品销售走出国门，第一次按照国际标准进行生产，倪祖根便领略了欧洲市场和外商对产品质量的苛刻要求。也就是从那时开始，他便立下了要与国际市场接轨的决心。再到后来创立莱克电气，他也率先选择与国际一流客户合作。这从基因上决定了莱克电气由衷接受并严格按照国际标准进行规范经营与管理。

倪祖根始终认为，企业做大了，要从人治走向法治。要建立能够自动自发运转的组织、流程、标准和机制。

所以，莱克在创立之初，就树立了“文化树诚信、制度保诚信、经营守诚信”的诚信法则。人力资源部负责员工诚信承诺，入职签署《廉洁自律承诺书》。财务部负责规范核算、诚信纳税，严格供销合同的履约，长期坚持60天账期按时付款，从不拖欠。供应链管理部负责公平公正引入评价优化供应商，与供应商签署《反不正当竞争及反商业贿赂》协议，并要求供应商管理人员廉洁自律。销售部和质量部负责对客户履行质量承诺和质量责任。

尤其在财务规范上，倪祖根在创业之初时专门聘请了全球四大会计事务所来做审计，目的就在于做到依法纳税，合规合法经营。要知道，在1990年代，如此超前地聘请国际会计师事务所做审计的中国民营企业是屈指可数的，何况是初创企业。

如今，在订单、质量、安全、招标、财务、审计、法务、采购、环境、合同、信息、管理等各个方面，莱克已经形成了一套完善的管理制度。切实做到了决策程序化、考核定量化、组织系统化、权责明晰化、奖惩有据化、目标计划化、业务流程化、措施具体化、行为标准化、控制过程化、

“公司已经形成标准化、程序化的管理，我基本上不用太多过问，我主要在非标准化的地方花的心思更多。”倪祖根在创业30年后的今天如是说。

做企业就像练功夫，越练越舒服才是对的，要是越练越难受，那就麻烦大了。很显然，倪祖根已经深刻地理解了“现代管理之父”彼得·杜拉克说的那句精髓：“管理就是原则。”

无规矩，不方圆，企业规范化管理，是莱克在30年商业竞争的实

践中所形成的一套价值体系，更是莱克始终走在稳健可控道路上的一大保障。

毫无悬念，2015年5月13日，莱克电气在上海证券交易所成功上市。而这，不仅仅是莱克作为一家公司的成功上市，更是对规范经营的一次胜利宣言。

故事的哲理

古人云："以终为始"。别说很多人做不到，甚至很少有人真正领悟。所谓"以终为始"，首先在于对"终"，我们要有一个长远的"目标"，而绝非今朝有酒今朝醉。而目标之所以能长远，又在于目标本身要具有价值感，甚至具有美感，值得我们长期追求，而非粗俗肤浅，索性一锤子。反过来，"终"能作用到"始"，并相伴牵引，又在于在起点我们要先确立如何达成目标、如何做事的"价值观"，从而在利益尚不明晰涌现，目标尚未触手可及时，靠内在的原点力量去约束自己，去排除万难，去抵御诱惑，实现不徐不疾，不偏不倚，贯穿始终。因此，是具有价值感的目标，和具有约束力的价值观，共同作用，在起点决定了终点，又在终点点燃了起点。（杨光）

被央视“315”点赞的“无理由退货”

勇敢的承诺，是最大的诚意

哲理的故事

2021年之前，线上购物中“七日无理由退货”的制度早已司空见惯，这让消费者可以毫无顾忌地“买买买”。相比之下，没有实行此制度的线下实体店，弱势便凸显了出来。于是被“惯坏”了的消费者也开始期待“七日无理由退货制度”能够实现线上线下全覆盖。

“顾客就是上帝。”为了让消费者获得更好的购物体验，促进实体经济的发展，在2021年的“315”晚会上，国家市场监督管理总局与中央广播电视总台联合发出倡议——“七日线下购物无理由退货承诺”。

这一次，江苏又走在了前面。在此之前的2020年，一场“线下无理由”的裂变，就已经从苏州开始了。14家获得苏州市质量奖的生产企业承诺，在全国率先推行“厂商一体化”无理由退货制度，其中就包括莱克电气。

当时，莱克电气一接到这个号召，第一个做出响应，签署了无理由退货承诺书，保证“凡本企业线下所有零售门店销售的商品，包装无损且不影响二次销售情况下，保证不少于七天的无理由退货服务”。

不用说，这一举措实施之后，消费者对于商家的信任度大幅提升，并形成了示范效应，也一定程度上促进了当地实体经济的发展。苏州率先实行的“七天无理由退货”被央视“315”点赞，莱克也成了苏州

苏州首批无理由退货承诺生产企业
315
放
消费
LEXY莱克
无理由退货

“无理由退货”的标杆企业。

那么，莱克为什么会首先响应号召，做出“线下无理由退货”的举措呢？

其实还是品牌的价值观。莱克董事长倪祖根认为，莱克始终秉持“以客户为中心，持续为目标客户创造价值”的经营理念，满足消费者需求，为消费者创造价值是第一位的，当消费者遇到退货难的问题，就必须想办法解决。

而莱克电气产品品质过硬，也是莱克敢于首先实行“无理由退货”的底气所在。正如倪祖根所说：“无论进入什么行业，首先从客户需求出发，始终把做好产品放在第一位。”产品有过硬的品质不愁卖，也不担心发生退货。

不仅如此，莱克还承诺，只要在质保期内产品出现任何问题都会给予免费上门服务，让消费者没有后顾之忧。

对此，莱克还专门设立了“回访”岗位，对接受过维修服务的用户进行电话回访，了解客户对服务的满意度，并对售后服务的诚信情况进行考核。2020年之后的三年时间里，满意度持续改善，达到了99.99%。

敢于兑现承诺就是最大的诚意，过硬的品质就是最好的营销。莱克的承诺，受益的是消费者，但莱克又何尝不是因此进一步树立了品牌形象，增强了市场竞争力呢？

故事的哲理

承诺，是企业的自信也是担当。它向外承诺实现自己的诺言，同时对内也将自己的承诺视为一种行动准则。承诺的意义不仅在于实现自己的目标，更在于增强自己的信誉度以及为自己建立起一种责任和信任感。如此方能行稳致远。

供应商的“变革”和“成本”，谁来买单

打破幻觉，直面真相，是变革决策的核心

哲理的故事

一条产业链，环环相扣，谁都希望自己的上下游给力配合，所以优胜劣汰本是无可厚非的。然而，与常见的过度挤压、随意淘汰供应商不同的是，莱克电气反而提出对长期合作的主力供应商和老而不强的供应商进行帮扶提升。

2020年，莱克的一个产品项目进入试产阶段，其中的一个关键零部件电源线由K公司负责供货。K已经为莱克供应了近三十年的电源线，属于比较稳定的合作。然而，随着莱克电气产品向高端化不断升级，对关键零部件的质量可靠性要求越来越高，K公司现有的生产能力和工艺水平开始出现瓶颈，导致交付准时率出现波动，同时发现因铆接工序不稳定导致的质量问题。

莱克始终将产品质量视为第一位，对供应商的品控标准一向严苛。马上，莱克供应商管理部门的人员去了一趟K公司。实际上，作为K公司近30年的合作伙伴，莱克始终关注其发展，并在产品规范、精益生产等方面给予了持续的支持和帮助。这一次经过现场确认和深入分析，他们发现K公司出现质量问题的主要原因是部分工序仍采用传统人工作业方式，工艺不精确且效率低下。这引起了莱克的高度重视，很快他们针对K公司迅速组织成立了帮扶工作组，列出了自动化帮扶计划，一场自动化提升专项改善活动就此展开。

工作组首先明确了莱克对产品

本身的质量要求，实现这些质量要求的工艺要怎么改进，并指出应该定制什么样的自动化设备等，逐一在计划中列出。

其实，对于这类帮扶整改，也不乏有供应商是不理解的。理由是，他们早就习惯了这样，也没出什么太大问题，何况整改不得花钱啊！但K公司却痛定思痛，马上就表现出了跟进变革的决心。他们深知，

一家企业就相当于是一个生命体，整改就好比刮骨疗伤，过程注定不会很舒服，但只有这样才能避免后患，才能使肌体健康，迎接更大的挑战。而维持现状混日子，终会被客户淘汰，更会被时代所抛弃。

K公司明白，多少客户淘汰供应商时，连整改的机会都不给。莱克既然主动给予帮扶，并给出了非常具体的指导方案，说明自己还有机会，机不可失，于是不惜花重金购买了定制的自动化设备。

导入自动化生产，除了需要投入大量的资金购买设备，对于工厂的生产流程和管理系统也提出了更高的要求。所以，莱克帮扶工作组派去了不同的专家对于K公司启动自动化生产进行指导，包括管控设备关键参数，人工调试的要求等，逐一培训，直至能够熟练操作和维护。最终，经过半年多的时间，K公司生产的产品不只是铆接工序，其他功能性不良问题也一并得到了解决，生产效率大幅度提高，也大大降低了成本，一举数得。在莱克的帮助下，K公司走向了良性的运转轨道，焕发出更加稳健的活力，与莱克的合作也日益紧密，业务量持续增长。

基于对K公司的这一次帮扶，莱克接着又对其他老而不强的关键零部件供应商进行了梳理和排查，大范围地展开了一场自动化提升的专项帮扶与整改活动，使关键零部件供应商的生产效率和产品质量整体有了大幅度提升。

故事的哲理

B2B工业企业在持续成长中的最大风险之一，便是对下游产业链的过度依赖、路径依赖，在自我感觉良好的惰性与幻觉中，丧失了自我诊断、自我革新、自我涅槃的能力，乃至意愿，最终走向掉队、沉沦。

殊不知，配套企业对链主订单的安全感、对自我变革的恐惧感，往往都是来自主观的幻觉，而非基于现实。幻觉（不论好的还是坏的），是企业有效决策的首要敌人。诚如打针之痛，往往来自闭眼后的漫天想象，倒不如索性睁眼盯着针头，反而不过如此。

企业管理的核心责任，便是敢于、善于引导团队直面企业的经营真相。而作为链主企业，能够引导上游供应商联手与时俱进，吐故纳新，便是最为切实的企业生态责任与社会责任。（杨光）

不良率超过1%，我敢赔你一个整机

质量，是信仰

哲理的故事

2024年8月的一天，莱克电气质量副总裁马苏伟正在梳理一份表格，这是由莱克的客户世界某500强品牌发来的表格。这种表格每年都会发来一份，表中主要罗列了双方在上一年度合作的园林工具产品中所有的不良率统计，以及售后维修产生的所有费用明细。

其实，在这份表格的背后蕴含着莱克的一份承诺。

早在1990年代，也就是莱克初创时期，董事长倪祖根就率先提出了签订市场维修率的质量承诺——如产品在12个月内（后来延长为24个月）不良率超过1%，则按照整机的售价进行赔偿。也就是说，因一个或部分零部件故障导致出现不良，则按照一台新机的销售价格进行赔偿。

对于制造业来说，产品维修费用是一项必设的常规项，但大部分家电产品不良率低于5%就算质量合格，最多也就敢承诺不良率超过3%，折价赔偿。很少有挑战1%的，而且还是按照整机售价赔偿。莱克之所以敢于这样承诺，无疑是对自己产品的自信，让客户吃下一颗“定心丸”，没有后顾之忧。

当然，表格中罗列的明细，并不是莱克需要承担的所有维修费用。马苏伟需要根据表格梳理出产品产生维修费用的责任界定与剥离——比如，由客户提供的核心零部件或者用户使用不当等导致的维修，是不属于莱克责任的——但

如果界定清楚后确属莱克责任的，莱克责无旁贷。一般在总维修费用中，莱克只需要承担一部分费用，并且同一型号的产品维修费用在逐年减少，这就是莱克的持续改善在起作用。

其实，双方都不是为了赔偿而赔偿，根本目的还在于督促产品质量的不断改善与提升，进而达成持续合作。也有的客户，虽然列出了维修费用明细中的赔偿金额，但他们并不收这笔钱，而是将这笔钱留在莱克作为改善费用，促使后续生产出更加优质的产品。

正是在这项严苛的承诺下，促使莱克吸尘器、园林工具等50多个品类整机产品的平均年市场返修率低于1%，远远低于行业水平4%~6%。而对于其最强项的电机产品，这项承诺不仅不超过反而还有余量。30年来，莱克高速整流子电机年故障率水平一直处于0.1%左右，是行业水平的二十分之一，并且从未发生过单批次维修率超过0.5%或流行性质量事故。

而这项承诺，也正是莱克赢得诸多世界顶级客户信赖的一大“秘诀”，尤其被德国一家知名品牌评为“全球最佳供应商”，并且是唯一的整机供应商。要知道，获奖企业可是从全球4万家供应商中评出来的，仅有44家，莱克不仅是其一，且是“唯一”。

故事的哲理

质量，是能力，是自信，更是信仰。我们很多事之所以做得好，未必都是因为我们客观上能做好，而是我们主观上有强烈的愿望必须做好，乃至把必须做到什么程度，作为无条件的信仰，去无条件地兑现。信仰是什么？信仰就是绝不可以用利益去交换乃至打折的那些原则。因而，对质量的矢志信仰，也正是匠人精神的精髓之一。（杨光）

栽培出来的“国产替代”

以工业文明意识，共建产业链生态

哲理的故事

2003年春，一场突如其来的"非典"疫情打乱了各行各业的正常运转。其中，做吸尘器外贸出口的莱克电气需要从国外进口高速轴承。然而，国外的供应商却以疫情为由突然停止了供货。一时间，莱克被"卡"了脖子。

当时，不只是莱克，国内其他公司使用的高速轴承也几乎全都依赖进口，价格贵不说，交货期还特别长，非常被动。但又不能不用，谁让国产的轴承质量不稳定呢！但这一次，深深触动了莱克董事长倪祖根要改变的决心，因为长此下去也不是办法，企业要想不被掣肘，还是得寄希望于实现高质量的国产替代。

经过严格的筛选与测试，国内能够满足莱克要求的轴承企业寥寥无几，其中宁波倒是有一家D公司能自主研发吸尘器轴承，但该公司才刚成立三年，资历尚浅，许多大型企业对于采用初创企业的产品持谨慎态度——在竞争激烈的市场中，谁都承担不起失败的风险。

D公司了解到，莱克在外贸出口的苛刻条件下，对高速轴承的使用状态及专业要求积累了大量的国际经验。他们特别需要这份背书，更需要专业指导。他们迫切希望得到莱克的信任和支持，以便在技术和市场上取得更大的突破。

"为了打破国外轴承的垄断，我们愿意付出100万作为保证金，赠送100套质量要求能够满足4万转/分钟，使用寿命500小时以上的轴承给莱克试用。"D公司董事长主动上门拜访，并开门见山地表达了诚意。

倪祖根知道，要想持续获得质量稳定、价格合适、及时交付的产品，并且能在遇到困难时同舟共济，就必须有携手并进的国产优秀供应商。虽然D公司才"3岁"，但贵在他们从一开始就立足自主研发，志气可嘉。既然认定它是一颗种子，就不妨抱有一颗园丁的心——倪祖根最终下定了自主培养的决心。

"你们刚刚起步，经济上不宽裕，只用押50万保证金吧。"倪祖根在和D公司董事长达成了国产替代的共识和目标之后回答道。

就是这简单明了的一句话，令D公司深深地感受到了莱克的同理之情与栽培之心。"你既选择相信，我必不会辜负"，双方的一段合作之旅就此开启。

往后的时间里，莱克通过培训和帮扶不断推动着D公司在技术研发上大胆创新。随着莱克的产品优化，要求不断提高，也带动着D公司的轴承技术不断优化提升。包括在材料、结构与工艺的设计预防上，振动与噪声的高标准及其量化管控上等不断赋能。并且莱克还帮助D公司在产品制造上进行了精益智能化改造，进一步提升了其生产效率和产品质量。

最终，在双向奔赴的努力下，D公司终于成功实现了进口高速轴承的国产化替代，“卡脖子”问题得到解决。不仅莱克获得了更有竞争力的产品和良好的本土化服务，而且D公司也因莱克品牌的背书，带动了市场更广泛的认可与拓展，并逐步成为汽车、家电、工业电机、医疗设施、健康环保设备等领域的世界知名供应商。

2020年，莱克电气被工信部评选为“制造业单项冠军示范企业”。2021年，D公司也紧随其后，被工信部认定为“制造业单项冠军”。这时，莱克与D公司已经共同走过了近20个寒暑春秋。

不只是D公司，如今莱克已经培育了近700家供应商，有50多家已成功上市。莱克深知，企业的成功不仅仅是个体的成就，更是整个生态系统共同努力的结果。在商海的波涛与沉浮中，莱克与供应商同舟共济、合作共赢的故事仍在继续。

故事的哲理

产业链与供应链安全，本质是由集成商担当引领、供应商跟进自强的生态圈安全。生态，绝不是丛林。生态是共生，丛林是零和；生态求长远，丛林图眼前；生态志利他，丛林只利己。以全球500强为根基的西方国家经济之所以强大且稳健，不仅仅因为他们的产业技术强大，还在于他们的产业系统强健，也就是产业生态领先。

只有集成链主具有产业情怀与生态责任心，主动与供应商集群共建遵守契约、平等互利、长远利他、协同发展的“工业文明”，中国的产业链才能强大，供应链才会安全。

作为引领者，是格局而非仅仅实力，在决定共同的命运。（杨光）

对关键零部件，我拿什么去爱你

产业链竞争，拼的是“共创共赢”的凝聚力

哲理的故事

所谓关键零部件，顾名思义，其对于一个产品性能及质量的影响，是决定性的。所以，关键零部件一旦出现问题，后果不言而喻。

自1994年创业以来，莱克便立足于高端目标客户和高质量产品的市场定位，围绕产品高价值、高性能、高可靠性、高信赖的要求，立下了挑战“零缺陷”的高目标。因此，对关键零部件供应商实施严格的管理自然成为了公司首要且至关重要的一环。只不过，莱克的严格管理并不单单局限于选拔、监管、绩效评价乃至处罚的层面，更深刻地体现在对共同改善和提升的坚持上。

莱克供应链管理部及各工厂在每个季度针对主要关键品类供应商的质量状况，会分别召开专题会议。根据以往3个月的数据，对供应商的表现进行逐一审查和评估。表现优异的供应商分享他们的典型改善案例和成功的管理经验，而那些遇到问题的供应商则需要剖析问题所在，提出改进措施。最后，莱克供应链管理部会通过这些总结和反馈，针对存在的问题制定系统性的改善计划，以此促进整个供应链的优化和提升，确保供应商群体的整体实力得到加强。

2022年，在关键零部件电路板供应商的一次专题会议中，供应商E提出了电路板连锡不良导致频繁出现短路问题。面对这一挑战，E供应商面临两种改善方案：一是增加人工检查，逐个筛选出不良品，

LEXY莱克
RENAISSANC
LEXY

这种方法耗时耗力；二是投资购买更昂贵的设备，虽然能提高质量，但成本也随之大幅上升。无论哪种方案，最终都会导致电路板的生产成本增加。但莱克认为，电路板波峰焊点间的搭锡，主要是通过修改电路板设计、调整焊接工艺、加强质量控制等一系列措施来完成，莱克深知这些要求和标准，并且有能力为供应商提供直接的指导和支持。因此，本着互利共赢的合作精神，莱克组织了研发部门的专业人员与供应商E紧密合作，从设计和工艺两方面入手，共同推进改善措施的实施。这种方法不仅降低了成本，而且从源头上彻底解决了短路问题，实现了质量和效率的双赢。

之后，在下个季度的专题会议中，按照PDCA改善循环再进行新一轮的问题与经验的盘点总结。

同时，针对关键零部件长期得不到解决的关键质量问题，供应链管理部还会同供应商组织专项质量改善，每年组织开展约12个改善课题，并时刻关注行业的最新状态，包括新的技术突破、管理方式的创新、新的设备的推出等。

正是通过这种系统性的质量改善方式，莱克的十多家电路板供应商在不断进步与提升。电路板的不合格率实现了显著的下降，从原先的2000 PPM（百万分之2000）降低至300 PPM，这是一个巨大的飞跃。目前，莱克及其供应商改善团队正朝着更为严格的质量目标迈进，即挑战100PPM以下的不合格率，这一目标体现了莱克对产品质量持续追求卓越的决心和努力。

故事的哲理

管理领域，本最具有误导性的一句掷地有声之话是："只可以选择，而不可以培养。"之所以有误导性，就在于这句话在一定范围内确有道理，这个范围就是对于个体的能力乃至天赋，且但从经济效率的角度，是只可选而不可修的。但这句话的局限性同样致命，那就是：天才是可以选出来的，而团结绝不是选出来的。而今天产品的质量比拼，是指个体的质量？还是指体系的质量？进而企业的核心竞争，是天才间的竞争？还是链条间的竞争？产业链竞争力的形成，一定是链合与凝聚出来的。而凝聚力，一定来自身体力行，来自共创共赢，来自将心比心。（杨光）

请不要说你的供货最便宜

高标准，来自高度的综合素养

哲理的故事

2022年的一天，莱克公司供应链管理部接待了一家国产芯片公司。对方王婆卖瓜般介绍一番后，给出了一个非常有诱惑性的报价——比国内同类产品便宜了超过45%。单从价格角度来看，这样的报价无疑具有极大的竞争力。然而，之后经过调研却发现了问题。

这家公司供货的行业以玩具为主，货品的功能比较低端，寿命也只能满足玩具的需求。而且其中的晶圆厂和封测厂并不是这家公司自有，而是和上游厂家合作供货，很显然质量和交付的保障是受制于人的。这对于以“高价值、高性能、高可靠、高信赖”为目标的莱克来说，显然是不入流的。所以，莱克果断拒绝了这家公司，哪怕价格很便宜。

其实，很多企业在选拔供应商时，往往采用多个部门统一选拔，谓之综合考虑，但这往往会陷入本位主义，研发部门以技术为导向，总装部门以交付快为重点，财务部门则考虑价格便宜……于是，每个部门的出发点不一样，导致部门之间的意见难以统一，以至于对于供应商的管理，也无法形成系统。

但莱克深知，莱克的高端定位，不仅体现在产品设计和技术创新上，还贯穿于整个供应链管理过程中，特别是在供应商的选拔上，甚至有着决定性的影响。

为此，莱克对于供应商的选拔和判断有一套非常清晰的标准，其中就包括供应商选拔的五大原则。①质量第一原则。各品类供应商要选择该行业质量技术水平领先的厂家。②高性价比原则。在质量、交期等方面满足需求的情况下，优选综合价格有优势的供应商。③重要度分级管理原则。对零件部重要度进行分等分级，根据零部件重要度不同选择不同等级的供应商，生产设备类采购和产品的关键零部件采购以可靠性质量水平为第一优先，一般零部件在满足基本质量要求和交货能力要求前提下，价格优先。④就近供应原则。应尽最大努力开发本地化供应商，特别是低价值零部件供应商，以减少运输和沟通成本。⑤消除独家供应原则。除特种设备或高精尖设备外，每一类物料的采购应选择多家供应商。

可别小看这区区五大原则，这可是莱克供应商管理部门和董事长倪祖根一起再三权衡，浓缩了供应链管理的几十个文件，上千页的内容，修改了十多版才确定下来的。细看会发现这些原则之间也是有优先顺序的。首先质量是第一位的。即便是紧随其后的性价比原则，也是在质量、交期等方面满足需求的情况下，才去优选综合价格有优势的供应商。而重要度分级管理原则中，对生产设备类采购和产品的关键零部件采购，依然以可靠性质量水平为第一优先。

也就是说，如果供应商的产品质量没有保障，其他都免谈。哪怕价格很便宜，交付很神速也不行。

一般来说，质量和性价比往往是矛盾的，没办法做到完全兼顾。对此，莱克规定，在满足性价比的基础上，供应商的质量不一定是最好的，只要是行业领先并具有积极改善的意愿，能够随着莱克的目标要求进行逐步提升，就可以考虑。后期合作过程中，莱克还会在必要时给予帮扶。所以，那种单纯比价格的供应商，对于莱克来说是不存在优势的。

故事的哲理

所谓真正实力强的伙伴，一定是综合各方面都强，其本质是综合素养强。因为只有素养，是唯一一个会充分且自然表现在与产品相关方方面面的要素。日本丰田的“5S”管理，也把看起来最抽象的“素养”放在了最后“压轴”。供应链竞争力的提升，一定是基于综合素养的甄别、选拔与培养的提升。反之，“低价中标”思维恰是害人害己的社会公害。（杨光）

第4章

差异化定位 创民族（自主）品牌

获得竞争力的根本
要么构建一个
强大的品牌
要么能够持续创新
任何行业都存在
创新的极限
和产品被模仿的现象
品牌和设计创新
最终会成为
竞争力的唯一优势
——倪祖根

“产品控”倪祖根如何搞创新

有“差异化”，才有“企业家”

哲理的故事

在浩瀚的市场海洋中，每一款产品的诞生都承载着特定的使命与期待。一款产品的诞生又并非偶然，而是市场需求的深切呼唤与创始人内心梦想的完美融合。

在莱克，无论是吸尘器还是净水机，又或者是电风扇，每一款产品从萌生创意到面世，都要经历很多次修订和调整。仅一台吹风机，莱克的20多位研发工程师就先后设计了100多种技术方案，测试了近500台机器，经过10000多次试验！从风量大小、温度控制、头发养护多方面进行反复深入研究，直到两年后方才上市。

“价值、成本、特性，要跟市场上的产品有差异化，我的这个原则是根深蒂固的。但有的产品刚开始还是存在同质化，所以在开发过程中，我们就得不断地纠偏（直到展现出产品的独特性）。”倪祖根坚定地说。

在莱克，研发设计人员如想和倪祖根沟通，可以随时到办公室找他。倪祖根深知产品研发对于公司的重要性，所以即便工作再繁忙，他每次都要亲自接待。

莱克对于产品研发设计的重视，从“地理位置”上就可以看出——其工业设计部门，专门安排在了倪祖根办公室的同一楼层。在产品研发的一些重要节点或者团队遇到瓶颈时，倪祖根会给出指导性的关键意见，只要有时间他还会参与项目的评审。这也体现在倪祖根的头衔上——在董事长、总裁之后，他专门加上了“兼CTO（首席技术官）”。

倪祖根一直鼓励团队成员勇于尝试和创新。在这里，每一个员工都被尊重，每一个创意都被重视，每一个产品都被精心打磨。而莱克也在这样的文化中，不断创新，不断进步，成为行业佼佼者。

“创业难，难的在于要在一张白纸上绘出美丽的画卷，创始人既要是一个产品专家，又是一个组织体系的创造者、创建者。”在倪祖根看来，产品竞争力是企业竞争力的集中表现，也是企业能否生存和盈利最关键的因素。“所以我本人就是莱克的首席技术官、产品经理，亲自带头策划、定义产品，主导重大产品和技术创新。”

莱克产品的研发设计有一套严密而细致的流程。倪祖根认为，经营的成败得失，取决于一家企业提供的产品和服务是否满足了“目标客户未被满足的潜在需求”，各行各业无不如此。因此，第一件要做的事就是“确立谁是你的目标客户”，其次是研究“目标客户未被满足的潜在需求是什么”，进而“应该提供什么样的产品与服务”，从而实现“为目标客户的潜在需求定义和设计产品”。在此过程中，要始终把满足客户潜在需求和解决客户问题，作为一切工作的第一优先。

产品创新，显然不能停留于理念与口号，更重要的是要有具体的思路、方法。倪祖根总结归纳了莱克电气的五大创新原则：产品独特性、性能优越性、高端设计、用户便利性、成本创新。同时，抓住三大创新重点：设计创新创造视觉价值和新颖性、独创性；品类创新创造与众不同的唯一性；技术创新创造产品技术性能的领先性。

熟读“毛选”、写了10万字读书笔记的倪祖根，对于毛泽东思想在商战上的应用，熟稔于心：“毛泽东思想很重要的一点，就是‘你打你的、我打我的’，避开锋芒，走差异化道路。”

“先打弱的，后打强的；你打你的，我打我的”，这是1947年4月毛泽东给晋察冀军区的电报。在倪祖根看来，“你打你的，我打我的”，关键在于要有“我的”一套。首先是不与强敌纠缠，决不在敌人期待的时间、地点，以敌人期待的方式与敌人交锋；其次是以灵活的机动与作战，调动敌人，制约敌人，把战争完全导入对自己有利的轨道，按照自己的节奏、方式，完全主动地与敌人交战。因此，在产品设计上，与竞争对手形成差异化，至关重要。

“必须跟别人不一样，必须创新。我们不能简单地模仿成功的品牌，莱克要做与众不同的产品。我们要作为一个领导者，用创新来驱动发展。”倪祖根强调，莱克一方面用创新性的技术手段解决用户急需的，而未被同行解决的痛点问题，并带来不一样的体验；另一方面采取“与众不同、领先一步”的研发战略，开发出与国际主流品牌不同的差异化创新产品。

定价决定生死。显然，一家企业只有让产品的性能和体验遥遥领先于竞品，方能拥有定价权。“我们通过严把设计关，使产品获得了一定的定价权和溢价，也给企业提供了丰厚的利润，所以创新就是莱克电气30年持续盈利的根本保证。”倪祖根说，而不少互联网企业都是狂打“性价比”牌，通过低价进入市场，虽然短期能有一定的效果，但从长期来看，产品外观、功能极为雷同，除了“透支降价”外，没有任何出路。

在过去30年发展中，莱克以世界一流品牌为标杆，以高价值高质量为目标，创造了一系列市场上独一无二的产品，多项产品获得中国家电科技进步一等奖，从而让自己在行业内遥遥领先、一骑绝尘：中国第一款吸尘器无刷数码电机，第一款转速超3万转/分以上的吸尘器电机，全球第一款900W无刷涡扇电机，全球独创全铝合金全封闭500大功率干湿两用电机，首创能擦地板的吸尘器，首创立式无线吸尘器，发明三合一能洗地的无线吸尘器……（辛国奇）

故事的哲理

举世公认，企业家精神的核心，是创新。但是按这个标准，中国企业家里真正具备企业家精神的，凤毛麟角。因为太多的企业家，依然满足于复制他人，依然局限于内卷同类。殊不知，对“差异化”的追求，乃至绝对追求，正是创新绕不开的前提，抑或是创新者无条件的信仰。也因此，中国企业要想实现创新，依然任重道远；而已具备“差异化”信仰的中国企业家，则是弥足珍贵。（杨光）

甘于“隐形冠军”还是勇于“抛头露面”

危机意识，成就战略升级

哲理的故事

2008年，随着入世红利加速释放，中国外汇储备的急速增加，人民币开始进入升值周期，一年升值近13%。这也直接导致了中国的出口增长受到限制。有着敏锐洞察力的莱克电气董事长倪祖根，意识到这不是一次暂时的震荡，而是一个伴随中国崛起的中长期趋势，于是他开始对公司自成立以来持续做了14年的ODM（原始设计制造商）出口业务，重新做出思考。

莱克电气的主打产品之一吸尘器，属于舶来品，1990年代在中国家庭的普及率还很低。因此莱克首先瞄准了业务量庞大的国际市场，以实现公司的快速发展。一路走来，莱克凭着过硬的技术实力，顺利打开了欧洲、北美市场，攻城拔寨，拿下了一个又一个国际品牌客户。

到2004年，莱克电气吸尘器产销量已突破800万台，成为全球最大的吸尘器研发制造企业和“世界隐形冠军”，并连续13年保持全球第一。当时，全球每6台吸尘器中，就有1台是莱克生产制造的。

然而，华丽产销量数字的背后，却是“为他人作嫁衣裳”的事实。虽然莱克走的是ODM模式，具有一定的自主设计权，但其盈利方式依然是代加工，品牌商赚取高额的附加利润，而代加工企业不仅处处受到制约，而且只能获得价值链末端微薄的利润。明明自己无处不在，却因贴着国际品牌而被视而

明志博學践行

不见。

并且，倪祖根已非常前瞻地洞察到，产业一定会向低成本国家转移，因为最早的“亚洲四小龙”就是贴牌模式，但随着中国制造的崛起，很快就被取而代之了，同样的历史还会重演。

而这又何尝不是大多数为国际知名品牌做代工的中国企业家心中的隐痛？倪祖根不甘于此，他认为，“一个企业，要想赢得市场竞争，要想长远经营、永续发展，不能只做‘幕后英雄’，必须打造自己的品牌，让命运牢牢掌握在自己手中。”

可城头插满大王旗，在洋品牌和国产老牌居高临下的压力下，绝大多数中国品牌几乎全在追求性价比，即以比国外品牌更便宜的价格进入市场打着你死我活的价格战，小品牌和后进入的品牌很难胜出，以至于中国很少有高端民族品牌出现。

分析清楚形势之后，一个念头在倪祖根心中强烈萌动：要想赢得市场竞争，不仅要创立自主品牌，而且要打造高端自主品牌。当时莱克明明已经拥有服务欧美家庭需求多年的经验，技术又遥遥领先于国内同类企业，完全有能力创建自主品牌，去服务中国高端消费群体，何乐而不为？

于是在2009年，凭借庞大的生产能力、强大的研发团队和高效的营销策略，莱克电气以王者海外归来之势正式启用“LEXY莱克”商标品牌，开始自主研发、设计、生产和销售自主品牌系列小家电，抢占正蓬勃发展的国内高端家电市场，揭开了其发展史上又一新篇章。

十年后，莱克电气已“昭然于世”。如今在人流涌动的北京南站，一幅纵贯三层楼的巨大莱克电气广告，格外醒目。

但见证这一转折历程的莱克电气员工，每每回想起这段历史，既庆幸又心有余悸。要知道，2008年年底的全球金融海啸全面爆发，导致中国企业外贸订单骤然大幅度下降，令多少中小企业猝不及防而哀鸿遍野。

而莱克电气，恰恰因为“及时”调头补上了国内市场这一条腿，实现了逆势上扬。当年，莱克品牌仅吸尘器的销售额就突破了6000万元，上缴税收同比增长了近2倍。并且，只用了短短的五年时间，就在国内将莱克品牌从零做到了吸尘器领域的第一名。2021年，莱克电气成为清洁家电领域首个入选CCTV《大国品牌》的企业，进一步彰显了莱克作为“大国品牌”的硬核科技实力。

试想，波谲云诡中，作为掌舵者的倪祖根如果当初没有及时果断地调整船头呢?

故事的哲理

不谋万世者不足谋一时，不谋全局者不足谋一域。作为一个合格的战略统帅，预见力是非常重要的能力。所谓“小老板做事，中老板做市，大老板做势”。战略统帅的境界决定了企业的高度，战略统帅的远见决定了企业能走多远。而战略洞察与战略远见，又来自哪里? 来自战略统帅时刻盘旋的危机意识。是危机意识，在克服自我满足，在驱动迎难而上，在成就战略升级。也因此，海尔创始人张瑞敏将“自以为非”，作为企业能持续创新、不被时代淘汰的唯一法宝。(杨光)

“四辆车”里悟出的“一高两创”

联系产生价值

哲理的故事

2009年之后，莱克电气从国际出口业务“王者归来”，从最大的吸尘器生产企业到高端清洁家电引领者，在品牌价值上实现了华丽飞跃。直到现在，这一决策都被业内誉为是“神来之笔”。它既是中国家电制造业“由大到强”转型升级的缩影，也是中国家电行业打造自主品牌的一本教科书。

但起初，莱克董事长倪祖根却曾谨慎坦言：“我们这个行业是非常小的一个行业，创品牌对我们来讲压力非常大。”

放眼国内市场，那时小家电行业的竞争已然非常激烈。跨世纪前后的20多年里，只有早期先入为主的家电品牌，如美的、苏泊尔、九阳等存活了下来。在马太效应（即强者越强，弱者越弱）下，新创立的小家电品牌没有一个成功的。

吸尘器又是舶来品，所以在中国市场上占主导地位的主要是外国品牌。飞利浦占有35%的市场份额，再加上美的、松下、海尔，这4家总共占了80%的市场份额。倪祖根深知，莱克作为一个刚刚进入中国市场的新品牌，如果去搞同质化竞争，注定没有任何机会。

那么，莱克的机会在哪里？

颇具洞察力的倪祖根发现，占有80%市场份额的几个大牌：飞利浦、松下、美的、海尔，都是综合型大牌，是非常大的公司，但是，吸尘器这个领域并非他们的专业。

所以，莱克必须以一个吸尘器专家的身份出现，树立一个专业做吸尘器的品牌形象。毫无疑问，专家品牌的认知优势要想在综合型品牌之上，产品就一定要有高端的形象，要有充分的独特性。

如何才能做到既高端又独特呢？其中德国“四辆车”的品牌定位，对倪祖根有着很大启发。

众所周知，奔驰、宝马、奥迪、保时捷，都是高端定位。如果特性都一样的话，那可能就只有一个奔驰，其他后发品牌根本没有出头机会。然而，因为这四个品牌代表了不同的产品特性，因此最后都成为了顶级品牌，在全球比肩而立。比如：奔驰定位于老板坐的车，豪华、尊贵、舒适；宝马晚了30年出来，凭借制造飞机发动机的出身，聚焦的是年轻人的驾驶乐趣，所以围绕着驾驶的操控性来设计；保时捷则强调速度与激情，吸引的是热爱潮流和个性化的汽车发烧友，以及赛车爱好者；而奥迪则比较中庸低调，是经理人和公务人员的商务车首选——有趣的是，奥迪还持续投资了系列电影“007”，在邦德驾驶着奥迪车无所不能中，满足了一大批全球文化经理人的“武侠梦”。

这就是通过满足不同人的需求，进行品牌的个性化定位。

举一反三，莱克也要跟行业里的其他品牌做出区隔，建立自己的品牌特性。“只有不同于市场上已有的综合性大品牌，打造更专业、更高端的品牌形象，莱克电气才有被选择的机会。”倪祖根思索着。

以此为启发，莱克电气以“高端需求、错位竞争”为导向，以“高端定位”和“品类创新”“技术创新”的“一高两创”品牌战略，得以确立。它采取与大品牌差异化竞争的高端定位，并以解决消费者当前的痛点和未被满足的潜在需求为出发点，通过品类创新和技术创新切入一个没有直接竞争的细分市场来打造品牌。

由此，莱克从以设计创新为主导的“洁旋风”吸尘器，到以品类创新为特点的“碧云泉”净水机，再到和大牌竞争对立的“魔洁”吸尘器，几乎是打造一个便成功一个。无一不是在用实践证明“一高两创”品牌战略的正确与明智。

短短五年时间，莱克品牌的吸尘器就从零做到了市场占有率第一。而市场占有率的飙升，恰恰不是因为“内卷”价格战。这五年里，莱克畅销产品的平均单价反而从1500元提升到了2000元以上，是市场平均价的3倍——高端品牌的形象开始深入人心，逐渐站稳了脚跟。

故事的哲理

康德说：“每当理智缺乏可靠论证的思路时，类比这个方法往往能指引我们前进。”从一件事物中了解到道理所在，再引申到它本质道理的内在逻辑，通过精准类比实现触类旁通。就像鲁班看到锯齿草，发明了手锯；科学家研究鱼的特性，发明了潜水艇。通的不是局部精深的技巧，而是善于联系的头脑。在商业比拼中，联系产生价值。

旗开得胜，品牌元年的“洁旋中国风”

品牌，便是基于满足独特的需求

哲理的故事

2009年，“世界隐形冠军”莱克电气确定了从“只做外销”转变为“内外销并进”的发展战略，并正式启用“LEXY莱克”，开始打造自主品牌。自1994年成立以来，莱克已经做了15年的“幕后英雄”，中途转而走到台前，而且是进入一个不讲武德的“内卷”市场。这对任何企业来说都是一个重要转折点，也是一项挑战，或者进天堂，或者下地狱。

之前有人对中国人做过一个颇为黑色幽默的总结：外战外行，内战内行。作为一个崭新的品牌，莱克该如何快速切入已然全球化进而白热化的中国市场？董事长倪祖根需要做出审视与思考。

他发现，虽然国内当时已经有越来越多的人选择购买吸尘器进行家庭日常清扫，但吸尘器毕竟属于舶来品，市面上大部分的机型都是根据国外用户大房子中吸地毯的需求设计的。而中国家庭习惯铺地板，和地毯是完全不同的质感与场景，以至于用吸尘器吸完之后表面看是干净了，但地板黏附的细微灰尘吸不起来，一擦还是黑的。再加上吸尘器采用的是高速电机，噪声比较大，西方家庭的地毯具有吸音效果，且房间面积大，噪声感觉不明显。可中国家庭铺的是地板，加上房间面积又小，噪声感觉特别大。所以，西方人的需求用在国内消费者家里，势必是不匹配的。

倪祖根敏锐地抓住了“吸不干

LEXY莱克
LEXY莱克

净”和“噪声大”这两大用户痛点，他提出：要更专业，更高端，要专门为中国家庭设计出一款量身定制的吸尘器。

首先，他带领团队将功率从满足国外需求的1800瓦，降低到国内足够用的1200瓦。功率降低了，声音的分贝也随之降低了，从84分贝（长期会伤害听力并引发疾病）降到了74分贝（类似于在闹市逛街听到的声音，是可以忍受的），噪声问题得以缓解。

其次，是解决地板黏附问题。由于吸尘器中传统的风动地刷只能吸浮灰和垃圾，主要适用于地毯，而且个头太大并不适合中国人的身材。对此倪祖根提出，索性取消体积过大的叶轮，发明了一个“旋风动力滚刷”来代替。如此一来，只见滚刷在地板上飞速旋转，不但吸起了浮灰，还将地板擦了一遍。

最后，对外观设计进行优化，并对喷漆工艺和材料材质进行提升，增加了产品的显性价值。同时，莱克自主研发的龙卷风技术可以让灰尘旋转得更快，甩得更彻底，降低了海帕（高效空气净化纸，过滤空气细微颗粒）的堵塞概率，减少了清理次数。

2011年，这款为中国人量身定制的吸尘器，以“洁旋风”为名上市。它不仅轻便小巧，而且吸尘、擦地两不误，精准地满足了中国用户的清洁需求，被亲切地称为“能擦地去污的吸尘器”。一时间，这股呼啸而来的“洁旋风”快速席卷了整个国内吸尘器行业，引发了滚刷改革的浪潮。由于“洁旋风”避开了同质化竞争，率先解决了国内吸尘器用户的痛点，不仅把握住了价格主动权，而且仅上市后的第二年便在中国吸尘器市场取得了19%以上的占有率，仅次于第一名的飞利浦。四年后，莱克成为第一。由此，国内吸尘器市场随着莱克的入局颠覆了外资品牌垄断的局面。倪祖根将“洁旋风”的成功评价为“旗开得胜”——这为莱克电气打开内销市场的一个良好的开端。

故事的哲理

如果只是做产品，那么只需要保证品质。如果开始做品牌，那么仅仅有品质便不够了。品质，是生产者说了算。品牌，则是消费者说了算。前者基于专业，后者则基于需求。因此，任何品牌的铸就与崛起，都是基于满足特定的需求开始的。(杨光)

吸尘器的天花板——更好的，哪怕更贵的

在品牌创新时代，率先从“将就”到“讲究”

哲理的故事

“你这牌子我听都没听说过，飞利浦的吸尘器也就卖两三百块钱，你这么贵的东西怎么卖得掉？”

2011年的一天，莱克电气董事长倪祖根去和大润发超市渠道方谈吸尘器的入驻合作，结果对方一听说他要卖到1580块钱，便好一顿唏嘘与质疑。

“市场里面没有高价格的产品，并不是因为消费者不需要，而是没有引领消费升级的产品出现，现在市场上各种各样的客户都有，1000块钱的产品并不算贵，我们已经做了充分的准备工作。”倪祖根不卑不亢地回答道。

渠道方见惯了王婆卖瓜的桥段，所以对倪祖根的说法没有太认真。当时一个不争的事实是，在家电市场的渠道阵营中，无论是百货店，还是家电专卖店，排在第一位的全都是国际品牌，往往是飞利浦第一，松下第二，渠道商甚至不收他们的进场费。而既没知名度又没资源的国产品牌根本得不到重视。

所以那个时候，“国货”与“高单价”的确是很难挂钩的。

但倪祖根对“高单价”如此坦然自信的背后，自有他的道理。首先，自2009年开始，莱克电气在原有ODM的基础上做起了自主品牌（OBM），以期实现内外销并举，“两条腿走路”。当时倪祖根就明确提出：聚势打造专家品牌，跻身高端领域，大有要打破大佬格局的

莱克

决心。

其次，随着中国经济转型升级，人们逐渐从简单粗暴的排浪式消费转向强调品位、品质的新型消费，越来越多的家庭和个人愿意为高端产品买单。所以，当各家都在卷价格时，“价格更便宜”已经很难引起消费者的认同，毕竟吸尘器虽然是轻家电但仍属于非消耗品的大件，消费者比起“便宜的”更倾向于买“更好的，哪怕更贵的”。

那就是骡子是马拉出来遛遛。倪祖根趁热打铁，号召大润发60多名产品经理前去莱克电气的工厂体验了一番。宽敞明亮的厂房和高端智能的生产线，瞬间让那些经理们眼前一亮。

更重要的是，当时市场上大部分的吸尘器机型还都在迎合国外用户吸地毯的需求，而国内的使用场景以地板居多。莱克电气的吸尘器从国内消费者需求出发，是一款为中国人量身定制的“能擦地板的吸尘器”，这便是稀缺，定价定到天花板也是完全合理的。

不虚此行！大润发的经理们到莱克实地走访了一圈之后，态度来了个180度大转弯，从原来的质疑甚至不屑变成了愿意一试。就这样，莱克的吸尘器得以进入大润发，大润发也破天荒地第一次卖起了价位超过1000元的吸尘器，并由此开了“高档”的先河。

推出这款产品之后，莱克就马上升级产品，把吸尘器的风动地刷升级成电动地刷。把平均单价又一步拉升，从1580元到2199元，后续的升级再拉升到3999元。可以说没有任何一个品牌敢去定这种价格。虽然，这个产品的销量一开始也并不算高，但是，它带动了定价2199元产品的销售。半年时间，2199元的产品就成为了吸尘器单品销售额的第一名。

这就是大众消费者“爱买贵价品牌的便宜线”的心理因素，就如同在宝马的各车型销售占比里，NO.1是宝马3系，是一样的道理。

莱克一下子拉高了国民对于国产吸尘器价格接受度的天花板。产品在市场上有了好的表现以后，渠道就开始重视了，后面再进入苏宁、国美，阻力就小多了。

最终，仅仅用了两年时间，莱克电气被认为“曲高和寡”的高价吸尘器的市场占有率就从0火箭般地达到了15%以上。莱克产品在市场上有了优秀的表现以后，各渠道商也不敢再小觑，合作接踵而至。

又过了两年，莱克一举将飞利浦拉下神坛，取而代之，坐上了国内吸尘器领域的头把交椅，直到今天。

故事的哲理

中国市场经济走过的30年里，围绕创新可以大体以5年为单位，划分为“机制创新”“思维创新”“使命创新”“内功创新”“品牌创新”“逆境创新”六个阶段。而当入世走过大约10年，开放红利充分释放时，就意味着产品供给从局部紧缺走向了全面过剩，消费需求也一定会从“将就”转向“讲究”，进而个性化需求的“长尾”，已经可以支撑起新品类和新品牌——这时，就必然会催生大量的“品牌创新”。

里斯与特劳特的定位理论，在诞生几十年后，也就是在“这时”，才与中国企业、中国社会擦出了绚烂的火花。从一瓶几块钱的王老吉凉茶，到一辆十几万的哈弗SUV，都是殊途同归的“应运而生”。

因此，人生永远有两大学问：一个是分寸，一个就是时机。是做一件事的时机，而非一件事本身，在决定一件事的效果、成败，甚至决定性质。而莱克选择了在品牌创新“最火热的时机爆发前夕”，果断发力“高端自有品牌”，就意味着它抓住了最佳的战略升级时机，有机会赢得打造高端品牌的最大红利。(杨光)

可移动“水吧”，拿得上“台面”的碧云泉

打破领先者的局限，创造出新市场

哲理的故事

1945年，瑞士人曼洛顿·马克发明了第一台净水设备，被称为“净水设备之父”。自此影响人类传统饮水方式半个多世纪的净水巨头“曼洛顿”公司诞生。2014年，曼洛顿正式进军中国高端净水市场，这个时候，市场上的家用净水设备也还是清一色的厨下式——只能安装在厨房的水槽下面。

但很快，净水行业的一场颠覆式革命开始到来。

2012年，莱克电气决定进入净水机市场，但他们深知，如果跟着做技术和市场都已经非常成熟的厨下式净水机，是没有任何竞争优势的。但成熟不代表没有空白，他们发现，厨下式净水机只能固定在厨房的水槽下面，一些需要饮用水的公共区域无法安装。

能不能将净水机由固定不变的厨下式，搬到可移动的台面上？这是莱克电气的大胆设想。

起初，他们试着将净水机做成了可接入的台式，小巧的外形赢得了很多人喜欢。但它需要接入自来水管以保证供水，而很多家庭没有提前预留管路，基本上都要从厨房间水槽下引出管路，这致使台式净水机只能放置在厨房间台面上，取水不便。关键是安装比较复杂，需要增加角阀，废水管打孔固定，但用户是非专业人员，无法自行安装，而当时碧云泉售后团队尚没有组建。曾经一度他们还尝试在桌子下面放一个水桶，扯上一根软管来

95
268
007

供水，但一些办公场所的用户反馈“这样麻烦且不好看”。

另外，在使用过程中，只能选择常温水和开水，开水温度太高无法直接饮用，需要用户分别取常温水和开水进行混水，温度不好把控。由于需要不断加热来保证热水温度，在热罐里会产生“千滚水”，浪费电是一方面，关键是随着热罐内部的不断加热，还会向四周不断地散热，导致净水箱内的常温水温度不断地升高，产生“窜温”现象，特别在夏天的时候尤为明显。

针对以上痛点，碧云泉研发团队展开了攻坚。首先是水源及安装问题，虽然在装修时可以在客厅安装水管阀门，但是整机排出的废水还需要用水桶进行接水，若不及时倒废水的话会导致溢出，且这种方案受众群体太小，不可行。

那就匹配传统桶装水的水桶使用：研发团队将台式净水机放于桌面上，尝试将自来水灌入桶装水的水桶里，放于桌下，进水管插入水桶底部并固定。之后再将废水管插入另一个空桶内，然而桌下并不能放下两个桶，此方案也不可行。

最后，通过将废水管和进水管放入一个桶里，并给水桶增加液位控制和换水提示，使安装问题和水源问题得以解决，“移动水吧”的雏形概念也初步形成。

后续，碧云泉研发团队又确定了储水体积和滤芯的尺寸规格，并通过“ID”造型的外观整合美化，基本确定了新一代的台式免安装净水机的外形。

再接着就是内部功能的提升，解决“需求温度”“千滚水”和“窜温”的问题。研发团队通过思考和分析，找到了产生上述问题的原因是加热罐不能快速加热和循环加热。如果热水可以设定温度，随取随用，待机时不加热，那么以上的问题就可以得到解决。而根据能量守恒原理，解决这个问题需要提升加热功率和优化加热面积。巧合的是，当时市面上的厚膜即热加热管刚好出现，一下解决了快速加热的问题。

但要实现出水温度的可调节，还需要改变水流。研发团队通过对功率水流的计算与匹配，加上不断测试验证，选定恰当容量的可调节直流隔膜泵提供抽水输水动力来源。之后再经过对程序的反复调试，最终实现了即热多档取水功能。45度泡奶，55度冲蜂蜜，65度冲豆浆，75度冲咖啡，85度冲泡绿茶，98度冲泡红茶，满足了用户对各种温度水温的需求。

至此，莱克全新一代台式免安装净水机呼之欲出，它不仅打破了传统净水机接水管的局限性，实现了台式净水机的自由摆放，而且净水机也从一个工程过滤装置转变为智能家电。下得了厨房，上得了厅堂，拿得上“台面”，一举填补了办公室、客厅等净化饮水的空白。

2016年，莱克电气以“碧云泉”作为独立品牌将这款台式净水机推向市场，并率先通过东方电视台电视购物广而告之。结果大受欢迎，短短半小时即售出了4000多台。“碧云泉”净水机被用户亲切地称为“可移动的水吧”。

“碧云泉”一炮打响，迅速打开市场，进而掀起了一股行业热潮。自此，家用净水设备由原来的仅有厨下式的一枝独秀变成了厨下式和台式两种平分秋色。虽然后来的跟风者众多，但由于碧云泉起步早，占尽了先发优势，仅一年时间，碧云泉在国内台式净水器市场的占有率便一举达到了15%以上，后续持续攀升，很快成为了国内综合实力最强的净水器品牌和当之无愧的“国内台式净水器一哥”。

故事的哲理

最初的品类开创者往往都占有心智先机。但品类开创者也往往会昏昏然犯错误：以为自己已然验证的“道理”，就是普世未来的“真理”，从而把先机变成局限。所以，领先者往往陷于自我迷恋，也往往难以自我突破。这便是后来者的机会：开创和占领品牌领先者“视而不见”的那些潜在需求空间，独辟品类之外的又一新品类。(杨光)

中国人千年来，第一次“净水煮茶”

“先要想得到”，到了比拼场景需求洞察力的时代

哲理的故事

2024年的一个阳光柔和的午后，光线透过窗棂，洒在莱克电气董事长倪祖根的书房里，也洒在了书桌上那台精致的煮茶机上，映射出了生活的细腻与质感。

忙忙碌碌、操劳半生的倪祖根，自从他的新产品碧云泉台式煮茶净水机推出后，只要一有时间，他便会有意识地静享一段慢节奏下的煮茶时光。

嘀——，伴随着倪祖根摁下按键的一声轻响，煮茶机轻轻启动。

水质的好坏直接影响茶叶的口感与品质，碧云泉台式煮茶净水机采用先进的RO反渗透净水技术，并且过滤精度高达0.0001微米，能够有效去除水中的杂质和有害物质，确保每一滴水都如泉水般纯净甘甜。

最主要的是它还简化了煮茶过程，只需要一键轻松操作，就能够根据不同茶叶的特性，精准控制烹煮水温，确保每一片茶叶都能在最佳的温度下释放出最纯正的香气与口感。

在倪祖根眼中，任何习以为常的生活习惯，都有创新的空间。想当初，在莱克台式净水机发明不久之后的2019年，倪祖根又发现了饮水的新需求——喝茶，这一中国人传承了上千年的生活方式，也可以在新的时代背景下展现与时俱进的仪式感。

他敏锐地洞察到，喝茶原本是一种沉心静气的闲暇享受，但传统

的烦冗茶具和复杂的冲泡步骤并不完全契合当代人追求便捷的生活方式。他们更希望随时随地都能快速享受到优质水泡出的好茶。而碧云泉作为莱克旗下高端净水品牌，是台式智能净水机的开创者。在此基础上，如果将净水科技与中国传统茶文化相融合，开创出一个

全新品类，那么将会再一次填补市场空白。

于是，一款高端且具有智能泡茶功能的反渗透茶艺净水机成为莱克碧云泉研发团队新的攻关方向，主要包括水路切换的设计、智能切换功能的设计和智能泡茶功能应用。

这款茶艺净水机要集净水与泡茶为一体，做到全程智能。当执行取水时，根据所选择的出水温度进行出水，此时它就是一台完整的台式智能净水机，能够满足净水机的所有功能；当执行泡茶时，可以根据彩屏显示选择茶品，机器将水加热到最合适的泡茶水温注入泡茶杯中，等泡茶时间结束后，自动从上杯落到下杯中，做到茶水分离，防止茶叶长时间浸泡过浓。

由此，碧云泉台式茶艺净水机应运而生，它打破了传统的泡茶模式，无需动手，而是搭载创新智能算法从冲泡到滤汤一步到位，茶之浓淡、温度等皆可选择，被称为是“大师级的斟泡”，满足了品茶人的多种需求。

之后，随着对用户需求的不断挖掘，碧云泉净水机的体验和功能也在不断地升级，不仅发布了茶艺净水一体机，还发布了咖啡净水一体机，既得到了爱喝茶人士的喜爱，也满足了咖啡用户的需求。但需求不断，创新不止。依然有一些资深爱茶养生人士对茶饮的要求更高，其中黑茶、白茶、人参、虫草等诸多食材都需要高温浸煮，而传统冲泡无法有效将人参皂苷、虫草多糖以及其他营养物质充分析出。于是，用户的这一需求再一次为研发团队提供了新的研究方向。

为了再次开发茶艺净水的功能，碧云泉研发团队在泡茶杯底单独增加了加热单元，突破了传统净水机的温度上限，可达到100℃的真沸腾，确保食材的受热均匀，长效保温且可以再加热；同时它还融合了精炖养生设计，通过NTC（热敏电阻）智能温控算法匹配程序可以控制加热和阶梯加热。前段聚热升温，后段文火精炖，拿捏恰当火候，虫草、人参、灵芝……通过精炖让营养充分释放。于是，碧云泉智能煮茶净水机由此诞生，开创了煮茶养生需求中的又一新品类。

从碧云泉台式净水机，到茶艺净水一体机，到咖啡净水一体机，再到智能煮茶净水机，这背后是倪祖根对于消费者需求一次又一次的精准洞察，也是一步领先步步领先的“先发优势”积累。在他看来，创新不是坐在办公室里闭门造车，而是在长期的实践观察中积累起来的洞察力，最后转变为直觉和灵感。这需要专注，需要用心，甚至需要一定的天赋。

就好比当年摩托罗拉和诺基亚的高管在管理方面不见得有大问题的，只是没有一个人像乔布斯那样清晰地看到了智能手机的价值方向，导致一步落后就满盘皆输万劫不复。

“所以，有的时候，不是做不到，而是想不到，而领导者的洞察力就显得特别重要。”倪祖根总结道。

在满足便捷需求的基础上，倪祖根希望净水煮茶能走到更深的层次里去——让每一杯茶都因优质的水源而更显香醇，每一次品茗都沉淀着内心的宁静与深远。

一杯茶里，尽显净界与境界。

故事的哲理

在亦步亦趋跟随西方企业走过30年之后，中国企业基于中国式消费场景以创新中国式新品类的时机已然开启。这个创新的基础，是中国社会对于讲究与便捷兼顾的长尾需求已经积累足够，也是中国企业自身的生产制造水平已经积累足够。有了这两个基础，再往下就是需求洞察力与产品设计力。与并行者中依然延续营销造概念的投机取巧相比，真正基于满足场景需求的品类创新，才会更加行稳致远。(杨光)

"奔驰"之外，再造一个"宝马"

超车之道：与领先品牌保持对立

哲理的故事

在吸尘器的发展史上，从有线到无线，是一个重要转折。

用过有线吸尘器的人都知道，当拿起吸尘器操作时，却有一个长长的电线在后面牵绊着，难免给人一种尾大不掉的感觉，而且限制了使用距离。

其实早在2013年，莱克电气就已经开始研究无线吸尘器了。他们发现，当时市面上虽然已经有了无线吸尘器或充电吸尘器，但是跟有线吸尘器的功能差距实在太大——只有有线吸尘器20%的吸力！对此，莱克电气董事长倪祖根提出，开发一款能够“真正”替代有线吸尘器的国产无线吸尘器。

替代即意味着颠覆，这注定不会太容易。首先要突破的一个难点，就是要把无线吸尘器的吸力做到跟普通吸尘器一样大，并且要控制体积。其中的关键就是吸尘器的核心部件——电机。

当时，吸尘器中的有刷电机重量有1.5公斤，直径在12厘米以上，体积比较大。为此，莱克2014年自主研发出了国内首台8万转/分钟的三相无刷电机，转速同等，效率却比市面上的无刷电机提高了2%，吸力则达到了同功率传统吸尘器有刷电机的3倍，重量却只有300克，直径比可乐罐还要小。紧接着2015年，莱克又自主研发出了国内首台10万转/分钟的高速无刷数码电机。这为莱克电气在之后的无线吸尘器创新中取得了主动权。

接下来便是设计问题。就在这个时候，刚刚进入中国市场不久的一家国际知名品牌率先推出了大吸力的手持无线吸尘器，这在吸尘器行业引起了不小的关注。这时，向来喜欢不走寻常路的倪祖根，从德国“四辆车”中悟到的差异化定位理论开始奏效。在他看来，这就好比德国汽车品牌：奔驰车注重坐车的人舒服，得到了中年人青睐，而宝马车强调开车的乐趣，受年轻人喜欢。特性不同，各有千秋。所以莱克也必须跳出国际品牌的既有优势，做出具有自己品牌特性的差异化——在“奔驰”之外，造一个“宝马”。

倪祖根发现，当时市面上的手持无线吸尘器越做越大，重心又比较高，机身重量全部都在手上，使用和切换起来并不方便。敏锐捕捉到这一痛点之后，他提出在电机重量变轻、体积缩小的基础上，将吸尘器主机设计在了机身下方，降低了产品重心，不仅大大减轻了手持负重，而且巧妙地将杠杆原理用在了机身上面，用两根手指就能轻松推动吸尘器打扫房间，还能做到随立随停。比起人高马大的西方人使用的吸尘器，这款设计显然更适合中国人特别是中国女性使用。由此，莱克在手持吸尘器这一品类之外开创了立式吸尘器的先河。

2015年1月，莱克的这款大吸力无线多功能吸尘器被冠以“魔洁M8”之名进入全国市场，仅用了9个月时间就从19%的市场占有率飙升到了29%。使得莱克吸尘器从原来的行业第一，变成了遥遥领先，将一众竞争品牌远远地甩在了后面。

2019年，魔洁系列产品再度升级，“魔洁M12”成功上市。这款新品不仅比市场同类产品的效率高出近40%，而且手持功能独立设计，方便取下单独使用。首创的双尘杯设计，使清理变得更方便。也因此，莱克魔洁系列吸尘器先后荣获了中国家电科技进步一等奖、中国红顶奖、德国红点工业设计大奖和美国IDEA设计大奖等一系列的顶级奖项。自此之后，新的竞争格局开始形成，在无线充电吸尘器的品类中，跟风模仿者纷纷败下阵来，只剩下莱克和那家国际品牌，分别凭借立式和手持两大品类互相抗衡，这也让对方不得不开始重新审视莱克这个强劲的中国对手。

这就好比是手机品类中的苹果与华为，随着“洋品牌”的祛魅，国产品牌的崛起，一场全新的高端品牌战拉开了序幕。

故事的哲理

定位理论，说起来容易，做起来难。因为它本质上“反人性”。

鲁迅关于“走的人多了，也便有了路”，是人性的精妙再现。人从本质上，都是有路径依赖的，都愿意跟随和模仿已经被验证过的东西。习惯“述而不作”的中国人尤甚。但做品牌，要想在客户使用端“顺应人性”，就必须在企业开发端“悖逆人性”。因为品牌的本质呈现，就是成为与众不同的极少数，就是要做大多数人所不愿意、不敢做的“另辟蹊径”。否则，所谓商标就还真不如价签有实际益处。为此，所有立志实现品牌“求败”的企业和企业家，你真为“孤独”做好准备了吗？如果没有，就不要妄言做品牌，也就没有长远的出路。（杨光）

“魔净”提前干掉了雾霾和甲醛

没有标准，就在客户心智中创立标准

哲理的故事

2012年，中国由北到南、从西到东出现大范围雾霾天气，空气污染指数持续爆表。一时间，呼吸干净的空气，越来越成为人们重要的刚需，由此便催生出了空气净化器市场。

作为清洁家电行业的先行者莱克电气立即以此为切入点，开始了空气净化器的研发攻关。

当时，由于空气质量需求属于突然爆发，符合时代需要的行业国标还没来得及出台，整个空气净化市场还处于野蛮生长、鱼龙混杂的状态。结果，大部分的空气净化产品都在围绕原有的工厂环境中用到的海帕吸附技术做文章，但净化效果并不好。

而向来追求“与众不同，领先一步”的莱克电气，当然不会满足于此——既然没有标准，那就自我提高要求，“创立”自己的企业标准！

“我们要搞清楚，消费者究竟需要什么样的空气净化器？”莱克电气董事长倪祖根一语戳中要点，“现在遇到的污染问题，其实就集中表现在两个方面：一个是空气中的PM2.5颗粒污染，一个是家庭装修之后的甲醛和VOC（易挥发有机物质）污染。”

之后，倪祖根和研发团队一起商讨，并提出了几大关键思考：怎样才能让空气净化效果可量化呈现？又怎样在空气净化量上有所突破，使效率更高？净化过程中产生的噪

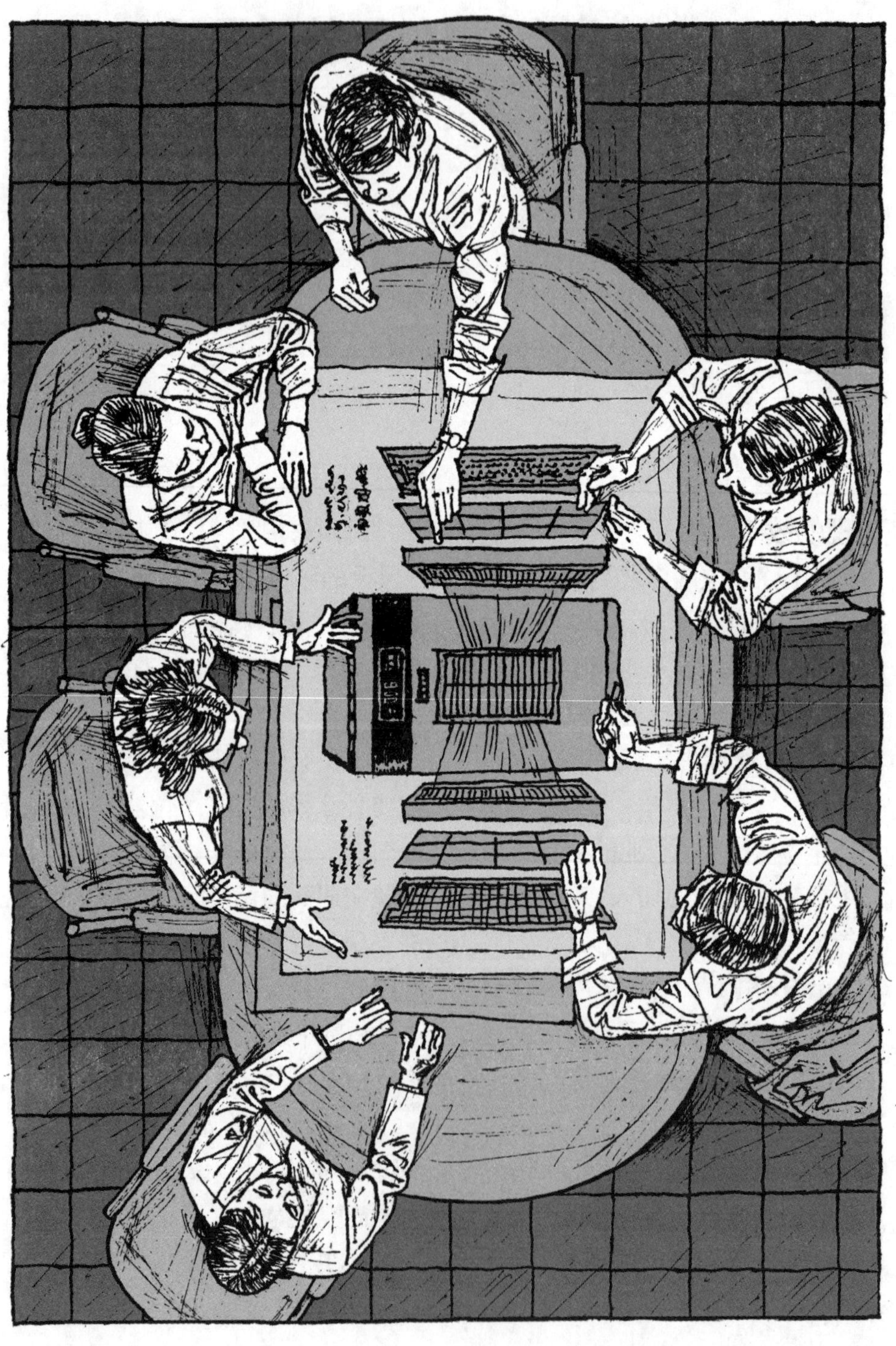

声,是不是还能再降低?

首先,空气净化量和马达的效率紧密相关,即马达的能耗要少,产生的风量幅度要高,还要噪声低。对此,研发团队查阅了大量的资料,包括风道风轮的设计和过滤材料的选择,需要掌握进出风量的大小和平衡,以及扇叶角度的设计,蜗壳出风角度与扇叶的间距,间距太小会产生“啸叫”,间距太大风量会被损失掉,需要精准地拿捏。在这个过程里,研发团队做了数百次试验才总结出了一套经验数据。

同时,市面上很多所谓除甲醛的空气净化器,都只是通过活性炭进行简单吸附,没有分解功能。但活性炭很容易饱和,反而导致二次泄漏和再污染。所以,在活性炭吸附的基础上将甲醛进行分解,也是研发团队要做的一项技术攻关。

经过两年多的努力,创新有了结果。2014年,莱克攻克了高效能大风量离心机、低风阻高过滤效率及创新甲醛分解三大核心技术,其中,研发团队还凭借高效能大风量离心机技术获得了“中国轻工业联合会技术进步奖”。

实现了技术突破之后,莱克很快就推出了快速除霾、长效除醛的超大洁净空气量净化器,命名为“魔净”。

直到一年后,空气净化行业的国家标准才出台,进而确定了固态物和甲醛洁净空气量、甲醛累计净化量、能效、噪声四大核心性能指标。当时,中国家电研究院据此标准测试了国内外所有的空气净化产品,结果魔净的四大指标全部占据第一名!尤其是空气净化量,比国外品牌的水平足足高出了30%,除甲醛能力更是达到了国外品牌的10倍!

为什么莱克的空气净化器能够“未卜先知”般地与国家标准一拍即合,且遥遥领先于国外品牌?

“其实还是用户导向,搞清楚用户究竟关心什么,需要什么。”倪祖根总结道。

魔净出场不到一年就将在中国市场的占有率提升到了14.3%,排名仅次于百年老牌飞利浦。由此,莱克电气又一次精准切中用户需求,以开创性的设计与创新,引领了空气净化行业的新风向。

故事的哲理

匠人精神,本质在于出于专

业情怀与专业能力，“向内”自求以精益求精，进而“向外”惠及客户与行业。乔布斯之所以能“凭空”绕过之前深入人心的功能手机，创立焕然一新的iPhone，从而开启智能手机的不二标准，开启全人类的移动互联网生存范式，乃至引爆了“互联网思维”——靠的恰恰不是看起来一直围着客户“迭代”的所谓“互联网思维”，而是向内求从而远远超越客户认知的匠人精神。

而匠人靠的是什么？是靠他的专业。但什么才叫专业？其实并不是专业能力本身，而是通过自身专业能力对客户内在与未来的需求，加以深刻洞察、通俗表述进而精确实现的能力。因此说，“专业匠人”绝非在自己的专业里固步自封、自娱自乐的人，而恰恰是能用自己的专业实现比客户更懂客户的人。

创立标准，不只是理工男笔下的冰冷技术参数，更是匠人心中对客户朦胧心智的前瞻素描。（杨光）

嘿，你看到甲醛了吗

品类创新离不开“可视化”

哲理的故事

2011年之后，空气污染指数持续爆表，引发了大众对空气质量和自身健康的空前关注。同时，随着房地产行业的兴起，房屋装修过程产生的甲醛，也成了被关注的焦点。

当时，莱克电气正在研发空气净化器，其中涉及除甲醛功能。过程中项目组发现，市场上的空气净化器虽然已有不少，却统统没有明确的数字量化标准，更多的只是通过灯光颜色的变化做一个模糊指示。也就是说，用户并不能实时精准判断空气污染和洁净情况。

他们便开始思考，如果机器里的除甲醛数值能够精准量化，就像电表、水表那样有数字直观显示，用户岂不是一目了然、心中有数了？

于是，让甲醛“可视化”，成为莱克继研发空气净化器之外的又一攻关目标。

由于当时市场还处于空白阶段，能够参考的样品少之又少，并且传感器的技术很有待进一步的突破，所以团队花了很长的时间研究甲醛传感器和酒精等物质反应的规律。

要想精准显示，必须先精准感应和识别。其中，传感器是感应空气的载体，但当时市面上的空气净化器中使用的都还是VOC（易挥发有机物质）传感器，即所有的气体混合在一起被感应。其中又分为可感应甲醛的传感器和不可感应甲醛的传感器。可即便是可感应甲醛的传感器也并不精准，往往发胶、

香水、化妆品等带气味的东西，都统统被当成了甲醛来“曝光”，好比连好坏细胞一并杀死的化疗。

一时间，项目组也没了思路。

莱克电气董事长倪祖根一直关注着项目的进展。当了解到这一问题后，他给出了一个很关键的启发：通过甲醛模组和VOC模组两种传感器进行有效的运算，可以把甲醛“找”出来。

这让项目组一下就有了方向，他们通过大量的试验，对家庭环境中常见的酒、醋、酱油、花露水、香水、香烟、榴梿等各种代表性的物质进行综合验证，不断对算法改进和修正。之后再经过第三方测试机构的专业评估。项目组足足用了两年多时间，终于确定了抗干扰甲醛可视化技术。

紧接着，这项抗干扰甲醛可视化技术便作为一大技术专利被植入到正在研发的空气净化器中，实现了甲醛检测数字显示功能，这在业内属于首创。莱克的空气净化器一经面世，除了性能优越之外，敏感而精确数字显示也成了一大亮点。

如果说设计创造价值，那么这不仅是一种价值，更是一种消费者看得见的价值。随后，便引起了整个空气净化行业纷纷跟风模仿，韩国的一家电子行业的知名企业甚至专门到莱克拜访取经。而莱克的抗干扰甲醛可视化技术专利壁垒，一直到现在也没人能够攻克。

故事的哲理

创新的本源，是对消费者需求的深刻洞察和前瞻满足。而在从0～1的市场创建期，市场对全新的产品品类普遍缺少价值共识，又特别是缺少体验依据。这时，可视化就是脱颖而出的重要创新。所有的需求，都需要量化地呈现；所有的满足，都需要量化地感知。因此，对于价值可视化的追求，永远都是创新者的本门功课。

比如，乔布斯在创造智能手机时，其创新的核心来自对于后工业时代人们对“简约”需求的深刻洞察。而其对于“简约”的最终满足，就是实现整个手机屏只有一个键——同时也由此，与黑莓手机、诺基亚功能机完全切割开，进而一举团灭。诺基亚CEO奥利拉曾流着泪说：“我们没做错什么，但我们就是输了。”——是的，等他“看到”的时候，一切已无可挽回。(杨光)

“既要又要还要”的“天狼星”

能啃下“最后一度”才有资格谈超车

哲理的故事

“懒人经济”风潮兴起，带火了智能清洁行业。尤其是作为后起之秀的洗地机，从零成长为百亿级市场只用了三年。2020年，市场上的洗地机品牌多达200家，平均每月至少有24款新品上市——也就是工作日里一天出一个新款。

作为清洁家电行业的佼佼者，莱克电气当然不能坐视不理。然而，竞争对手已先下手为强，同质化的产品更是如雨后春笋般涌现。是选择简单的顺势而为快速开发同类型的产品在市场上分得一杯羹，还是做一款别具一格的产品闯出一条新路？

一贯喜欢不走寻常路的莱克，义无反顾地选择了后者。

结合用户痛点，集思广益之后，倪祖根提出了未来市场的发展趋势——“全屋清洁”，也就是既可以对地板洗地也可以对地毯除尘又可以对床铺除螨，还可以平躺伸入床底、沙发底等低矮区域的清洁，并且推拉轻便。总之，要做一款“既要又要还要”的洗地机，这显然不会太容易。

首先，洗地机清洁地毯需要强大的吸力。当时市面上很多洗地机都存在吸尘能力不足的问题，原因有两个，第一是使用的是普通干湿电机，功率太低只有150W；第二是电机的性能效率低。

对此，莱克研发团队开始对电机进行进一步优化。在材料上，它采用了高性能、高磁能积的钕铁硼磁钢和全新的铁芯。这意味着在相同尺寸的电机中,可以实现更大的功率和扭矩输出,提高电机的功率密度,同时提高电机的能量转换效率。

在结构上,它利用空气动力学设计,提高了风机效率,主流手持吸尘器主机空气性能效率集中在30%左右,而莱克经过优化

的电机效率可达50%。于是，莱克400W大功率全封闭干湿两用电机应运而生。

解决了电机的大吸力问题，才只是第一步，当时的传统洗地机还存在三大问题。

第一是笨重，移动不便。这不仅在大面积清洁时让操作的难度大大增加，导致使用效率低下，还会增加使用者的体力负担，并且需要更大的放置空间。

第二是机器机身不能平躺，地刷不能深入床底、沙发底清洁，会有卫生死角。

第三是很多精装修的房间，大量使用了实木地板，实木地板怕水浸泡变形，传统洗地机洗完地，地板上会残留湿漉漉的水，时间一长，地板会变形发霉。

针对传统洗地机移动不便的问题，莱克研发团队做了双滚刷设计，前后滚刷的牵引力能够相抵消。操作时就像机器浮起来了一样，使用起来非常轻便。

轻便的同时还需要灵活，所以机身必须能够平躺。起初研发工程师认为实现完全平躺是不可能的，经过无数次的结构调整也只能达到170度，大家一致认为这个角度已经可以了，能基本实现平躺。然而倪祖根却有他的坚持："站在用户角度，170度还是不够低，设计不能将就，180度就是180度，少1度都不行，一定有办法实现，要坚持咬定青山不放松。"

为了实现了这"最后1度"的平躺，工程师想了很多办法都失败了。但功夫不负有心人，他们通过改变滚刷转轴的位置，终于完全实现了180度平躺。

实现平躺之后还有地板水渍滞留的问题，莱克研发团队通过控制水量，用雾化的水软化顽固污渍，并用双滚刷挤干擦拭，再通过大吸力吸干净水渍，让地板擦洗完也能保持干爽不留水渍，免遭发霉变形。

除螨，也是莱克对于洗地机的一大功能。莱克研发团队在除螨刷中采用专利螺旋皮条滚刷，可以对床褥进行强力拍打，将螨虫拍出来，配合400W的电机产生的200AW吸入功率，可以轻松吸走细菌和尘螨。同时，由于自身电机吸力大，吸入通道距离短，且密封性好，因此也更有利于螨虫的去除。

经过全体项目组人员历时8个

月的不懈努力，2021年10月，莱克电气“三合一大吸力吸尘除螨洗地机”——天狼星，闪耀上市。它集成了地毯吸尘、平躺洗地和床褥除螨三大场景全屋清洁的多种功能轻松切换，并且每个清洁场景都能清洁得干净彻底。作为吸尘器时，它吸得更深入，吸力是普通洗地机的3倍；作为洗地机时，它洗得更干净干爽；作为除螨机时，它除螨彻底高效。

双滚刷设计，让操作更方便；可平躺，让清洁无死角；能控水，不伤地板；能手持，操作轻松。原来家中需要的三四台清洁机器全部被一台“天狼星”取代了，天狼星被用户称为是洗地机中的“全能选手”。

其实，“天狼星”的出现并不是简单的产品迭代，如果说2017年研发的立式多功能无线吸尘器使莱克电气坐稳了行业第一的地位，那么，洗地、除尘和除螨三合一的天狼星，则为清洁家电行业拓开了一条全新的道路，开创了一个属于吸尘/洗地一体机的新时代。

这充分说明在洗地机这个品类中，莱克电气虽然没有先下手为强，却凭着与众不同的理念和一丝不苟的精神，超越了传统洗地机的“大水漫灌”方式，以后发制人的出其不意惊艳了整个行业。

天狼星颠覆传统的设计思路，是莱克“品类创新”战略的又一完美呈现。

故事的哲理

一马当先进入新市场的企业享有竞争优势吗？事实并不尽然！“既要又要还要”，源于用户本性中的“贪婪”，也就是后发制人创新者的机遇。而实现这一点，来自对需求精准的认知，对目标高远的设定，对参数坚韧的执着，以及对完成“最后一度”的坚持不懈。也只有在与众不同的道路上做到登峰造极，超越先发者才会最终实现。而这，也必将激发下一轮对与众不同的登峰造极的追求——如同谁来打破鸡蛋，就看下一轮是谁在引领，是自己？还是自己“看不到”的对手？（杨光）

谁说“中国制造”就低端

你的技术优势可以对接多少商业场景，就可以创造多大的创新优势

哲理的故事

2023年的一天，一位泰国家电代理商到亲戚家做客，聊起了彼此近况。这位代理商告诉亲戚，他最近刚开始代理一个中国家电品牌。“中国品牌太低端。我最近用的一个除螨机产品挺好的，你可以考虑代理。”亲戚说着转身拿出了自己正在用的那个除螨机。结果，当这位代理商看到亲戚拿出来的除螨机上的品牌标志时，不禁笑出声起来了。

原来，这正是这位代理商代理的中国品牌：莱克电气旗下子品牌“吉米”的除螨机！那位亲戚尴尬中又有些惊讶，由于他年纪比较大了，又不懂英文，便刻板地认为这就是欧洲品牌，压根儿没想到这是出自“中国制造”的中国品牌。

莱克旗下的吉米品牌，主要聚焦轻量化清洁产品，为年轻消费者提供时尚、科技的多品类生活家电产品，打造有格调的品质健康生活。

将时间拉回到2014年，莱克旗下的吉米品牌营销部在一次消费者需求的调研与讨论中，偶然间有一个思考：居家生活中，肉眼看得见的灰尘能够被清理掉，那看不到的灰尘又去了哪里呢？

而这恰恰就是消费者的一个潜在需求——彻底除螨。螨虫，作为一种微小的生物，悄悄地在被褥、沙发、地毯和衣物中繁衍生息，它们的体积小到能寄生在毛孔之中，让人不易察觉却又威胁着人类

健康。基于此，吉米研发部门开始了一场头脑风暴。螨虫的生物特性是紧紧抓在床单被褥的纤维上，必须靠拍打震动破坏其腿部抓力，然后吸出清理掉。当时，市面上虽然已经有了除螨仪，但由于受技术限制，更多的只是小幅度上下拍打，除螨效果并不理想。所以，如何彻底除螨便成了关键。

要知道，吸尘已是当时的莱克做了20多年的老本行，所以解决除螨的吸力，难度不大，关键是增强拍打力度。早在2009年，莱克推出洁旋风系列吸尘器时首创的滚刷毛条技术，对于清理地毯中深藏的灰尘就非常有效果。这一下给了研发组灵感，他们将滚刷技术借鉴到了除螨机中，为了保护被褥不被滚刷破坏，还使用了软毛和软皮条，再加上莱克电机的核心优势，从而让高频强拍打和大吸力得以实现。这两大关键因素直接决定了除螨吸尘器的强大性能，除螨杀菌率甚至可以高达99.99%。

2015年，吉米推出独特的滚刷强拍打除螨吸尘器，凭借软毛+软皮条拍打滚刷、斜置透明龙卷风尘杯的创新设计，在众多品牌的红海厮杀中脱颖而出，迅速占据顶端高位，成为国内除螨吸尘器第一品牌。

2019年，在莱克电气的几大自主品牌中，吉米打头阵出海，做起了跨境电商，吉米除螨吸尘器也随之走出国门，并很快打开了销路。2021年，在俄罗斯、意大利和以色列三国的市场，吉米甚至实现了150%的销售增长。吉米除螨吸尘器还一度成为德国亚马逊手持吸尘器类目销量前三名的单品，这也为莱克其他自主品牌的出海开了一个好头。

所以，谁说“中国制造”就一定低端呢？

故事的哲理

技术创新是不是必须是马斯克式地创造0到1？不是。绝大多数具有商业价值的技术创新，都不是绝对意义上的技术创新，而是将已有技术和各个商业场景进行了完美地、多样化地结合与交融，产生了全新的应用功能和商业价值。

因此，实现持续的技术创新，需要对于自身的技术积累有着深入的了解与自信，同时对市场的需求变化有着敏锐的洞察与分析。当企业可以将自身的技术优势不断对接新产生的商业需求形成品类创新时，市场领先就是可持续的。（杨光）

让老土电风扇重新抖起来的“魔力风”

创新，就是率先提出正确的问题

哲理的故事

1880年，美国人舒乐，首次将叶片装在电动机上，叶片飞速转动，阵阵凉风扑面而来，世界上第一台电风扇就此诞生。

之后的100多年里，虽然电风扇外形变来变去，但内涵大同小异，如今早已司空见惯，没有人想过这转了100多年的电风扇，还应该有什么改变。再后来随着空调的出现，电风扇就更加没有了创新的余地，只能将就卖个一两百元。尤其70后和80后都见证了中国社会从家家电扇到户户空调的全过程，看起来无可逆转。

直到2012年，出现了一款全新的高端款电风扇。它无扇叶，从环形的缝里吹出风来，就因为无扇叶的新奇加上品牌溢价，所以卖出了4000多元的高价！但实际体验起来，这款风扇不仅噪音大而且吹得皮肤发干，原理类似于洗手间里的烘干机。

向来喜欢另辟蹊径的莱克电气董事长倪祖根，却不认为这就是电风扇品类应有的定局。他发现，在所谓高端款和常规款之间还有一大段市场真空。那么，这是不是可以再开辟出一个新的风扇品类呢？

从来没有完美的产品，只有未被满足的需求，只是用户往往无法明确告诉你他真正需要的是什么。

那么，当大部分用户对风扇品类的认知都还只是“低端家电”时，该如何赋予风扇更大的附加价值？

细节中隐藏机遇，有心人总能够见微知著。倪祖根观察到自家的老人在炎炎夏日里并不喜欢吹空调，因为温度过高不够舒适，温度过低又容易使人感冒。可传统风扇又风感生硬，且夜晚噪声太明显，影响睡眠。“老吾老以及人之老”，别人家的老人是不是也存在这个困惑呢？

之后，莱克的风扇设计师通过竞品分析和用户体验进行了市场调研，分析发现，倪祖根家里的痛点也是家中有上了年纪的老年人或者小宝宝的中高端用户共同的痛点，他们对价格不敏感，也愿意为健康买单，却买不到那一缕舒适的柔风。于是，电风扇的一个基本雏形在设计师的大脑中很快确定——风要舒适，没有噪声。

与传统的“3叶”风扇吹出的漩涡型刚性气流不同，他们通过研究空气动力仿生学设计出了七片流线型羽翼形状的扇叶，让风随着轻盈的扇叶以散状轻柔的自然风输出，使人感到柔和与流动的凉爽。而莱克采用无刷电机技术，再加上流线型七片羽状扇叶采取高精度设计减少震动与噪声，做到了有风感而无声感。

于是，在2017年夏天，一个由七片羽翼状扇叶组成的碧蓝色“花朵”，飞入寻常百姓家，旋转着送去了片片清凉，这就是莱克电气设计研发出的“魔力风”电风扇，价格是普通电风扇的4倍以上，一举成为又一款热销产品。

“模拟自然柔和凉风，恍如林间清风拂面”“家里空调瞬间不香了”“骨骼清奇非俗流”……这是来自用户的中肯评价。“魔力风”电风扇迅速获得了目标人群的青睐。而随着高端无扇叶电风扇的消费者体验不好，火了几年后便销声匿迹了，“魔力风”开始取代无扇叶电风扇向着高端市场进军，也成就了莱克电气产品阵列中的又一经典。

故事的哲理

创新的根本，并不是技术——纵然创新往往离不开技术。那么，创新的根本是什么？是一个针对应用的“正确问题”，且往往独一无二。只要独一无二的“问题”找准了，就一定会有对应的技术能够给出答案，只是早晚的问题。而正确的独一无二的问题，则一定来自对“下一秒需求”的敏锐洞察。（杨光）

电风扇里的“韩风”

挑战最严苛的“讲究”，才是最高质量的试金石

哲理的故事

身姿婀娜，亭亭玉立，肤白貌美，超凡脱俗，就像是一个曼妙的女子……

这是对于莱克电气出品的一款电风扇的描述与评价。2024年夏季，不少韩国人的家里因为添了这么一款漂亮的电风扇，倾心又清新，而变得身心愉悦，甚至是走到哪儿带到哪儿，爱不释手。

但他们并不知道在这款风扇的背后，蕴含着怎样一种精益求精的精神，以及对于人性化设计的极致追求。

2023年8月，韩国客户向莱克电气提出，要在莱克之前推出的“魔力风”电风扇的基础上迭代升级出一款锂电池风扇。这时的韩国市场已然是非常之“卷”，没有最好只有更好。又加上韩国人一向喜欢追求完美，他们认为家电不应该只是个工具，还应该具有装饰美化的作用。所以这一单，注定不容易。

2019年前后，受明星综艺节目所推崇的露营生活的影响，韩国掀起了户外郊游热，且热度居高不下，短短几年的时间就已经形成为一种生活方式。所以客户要求这款风扇要方便户外郊游时携带，而且里面的锂电池要能够取出来，方便续航不够时及时更换电池。此外，韩国人喜欢简约风格，所以风扇要做成百搭的白色，因此也就不能有任何误差、瑕疵、杂质。

客户对于续航需求和方便携带的要求，其实从技术上来说挑

90°
40°
0°

战不是太大，经过结构设计师、线路板设计师、模具设计师的讨论和验证，在“魔力风”的整体结构设计和线路板的结构设计上做出一些改变，就顺利实现了锂电池的可取出。

之后他们将风扇设计为可拆卸成三节的款式，小到可以装进一个手提包里。这样一来，不仅便于携带，而且风扇也变成了高度、中高度和台式三种规格，以便根据需要随时变化，非常人性化。

接下来，是白色色差和瑕疵的问题。客户要求各个零部件组装起来不能有任何色差，这个可以理解，但比较有挑战的是每一批次之间也不能有任何色差。要知道，单单一个白色就可以分成乳白、纯白、米白、浅白、粉白、嫩白、青白、爵士白、雅士白等等不一而足。颜色又是由材料决定的，而材料要从不同的供应商那里采购，每家供应商的供货又为分不同的批次。所以要保证每个批次之间没有色差，属实不容易。

但爱美成性的韩国人要求就是要这么极致。别人检查产品色差都是距离至少一步之遥去对比，韩国人则拿到眼前360度查看，甚至拿到阳光下去对比着看。有任何色差和瑕疵都不行。当时莱克电风扇项目组的人为了保证没有色差，天天跑供应商那里定材料，甚至到供应商的供应商那里去调颜色。

好不容易搞定颜色，就在临近开模的时候，模具中需要一个特殊小设计，而这不可避免地会在注塑时出现一个印痕，但这个印痕浅到可以忽略不计，项目组原以为这不算是问题，即便客户360度地看，至少有300度都是看不到的，消费者更是根本不会注意到。结果，客户还偏偏就对那60度较起真来。没办法，模具厂人员只能重新调试，从下午一直调到凌晨4点多才算调好。

最后到了给电风扇贴LOGO环节，不能歪当然是底线，但什么才叫贴正了？或怎样才能确保贴正？光是肉眼看着正还不行，即便用激光照着贴也不行，因为激光也会晃动。为此，莱克专门做了三套能对LOGO准确定位的工装制具。无独有偶，日韩国家在艺术创作时甚至发明了能确保盖章盖正，乃至精准到可以重复盖章的器具！这就叫精益求精。

就这样，经过半年的精益求

精，这款完美无瑕的电风扇终于成功出货。不得不说，纯洁雅致的一袭白衣，加上玲珑有致的身段，只要往那儿一立，马上就会让人联想到一位含蓄婉约的女子，一见倾心。产品获得了韩国客户的高度满意，消费者爱不释手。

其实，莱克和这个韩国客户在过去5年时间里已经合作了12款产品，几乎每一款都是这样的要求。一般来说，莱克以往的客户都在性能、精度、效率等方面要求居多，像韩国人这样对于人性化、舒适性和细节控的精益求精真不多见，已称得上是登峰造极。

但这也让莱克意识到，对于产品品质的极致追求，不仅要体现在精湛的工艺和严苛的精度上，更要融入对消费者需求和感受的深刻理解与尊重。所以，在技术实力已经遥遥领先的基础上，莱克对于用户使用舒适性也在不断做着改进。

故事的哲理

日韩一直是很多中国企业想想都倒吸冷气的市场。因为这里对性能、对质量、对细节的严格乃至苛刻，近乎偏执到了“变态”的程度。但也因此，这才是对最优秀的企业及其最优秀的产品，到底是不是真的最优秀，最好的试金石。中国企业，只有到对各类市场的各种“讲究”，都拥有一种摩拳擦掌的兴奋与期待时，才说明中国企业真正具备了傲视世界、领先对手的底气与自信。古人云：闻过则喜。21世纪，中国企业需要“闻苛则喜”。(杨光)

产品降噪，从“柔声细语”到“如沐春风”

用“遥遥领先”让你的技术“被看到”

哲理的故事

精益求精是没有止境的。当莱克电气的吸尘器在转速、吸力、工艺精度等基础性能技术已经实现突破甚至遥遥领先之后，又开始更加注重用户使用舒适性的提升。

2021年，莱克即将推出天狼星三合一大吸力洗地吸尘器，它集洗地、吸尘、除螨于一体，不仅零部件的精度比以往提高了30%，而且采用莱克自主创新研发的400W大功率干湿两用电机，比普通的洗地机功率高出了250W以上，效率提高了10%，吸力提高了3倍。

然而，在做体验测试时，有的客户就提出，这么先进的产品应该有更舒适的静音体验。

其实，莱克对于噪声的攻关，从来没有停止过，一步步把吸尘器的噪声从“拖拉机”般的吵闹降低为如两人轻声交谈般的柔和，一直是走在行业前列的。但看来这还不够，依然有客户提出了更高的静音体验要求。

要降噪先要减震，吸尘器的震动和噪声主要来源于电机的机械振动和风声。研发团队需要对转动零部件的精度、转子的平衡量等几方面进行攻关。他们对每一个零件的尺寸、公差与配合进行精确计算和模拟，尤其是电机转子中的公差带（用于控制零件尺寸和形状的精度），甚至要从0.01毫米的丝米级降低到0.001毫米的微米级，这是一种非常极致的性能指标。

别看只是一个小小的性能指

标，不仅要对原有设备进行高精度改造，还要和供应商协商对工装夹具进行改造。当时，研发组召集不同的供应商进行头脑风暴的讨论，不乏有供应商一听这么高的精度和要求，直接就拒绝了，认为根本做不到。但研发组不死心，他们甚至帮着供应商去找对应的资源，并通过不同的供应商和不同加工方式进行大量的验证和测试。

功夫不负有心人，通过对电机的高精度设计、高精度生产、高质量控制以及高要求持续验证与改进，终于将天狼星吸尘器电机的震动值降到了3毫米/秒以下。噪声从原来的“轻声细语”降低为如同听到一阵春风吹过般舒适。而这个时候行业内的大多数洗地机的振动值都还徘徊在15毫米/秒!

2022年，天狼星系列洗地吸尘器推出上市，被用户称为是“能洗地的全能吸尘器”，甚至家中本来需要的三四台清洁电器全被一台“天狼星”取代了，开辟了全屋清洁新时代。关键是，它让干家务变成了一种愉悦身心的事。

放一个彩蛋：随后，天狼星里的减震降噪成果也被用在了其他吸尘器产品中，这让莱克在舒适性质量的优化上率先取得了优势。但研发组认为这还不是最终目标，下一步还要向更高的低振静音目标挺进。

故事的哲理

过去20年曾广为流行的两人与熊赛跑的故事，恰恰是中国企业在核心技术上取得新突破的思维障碍：在技术竞技场上，你绝不仅仅只需要比你的对手跑快一点，就足够能够获得生存机会的。

技术革新和外观设计最大的不同，或许在于外观设计你哪怕只改动一点，在用户眼中也会很显眼，而你在技术层面点灯熬油的渐变提升，用户却往往浑然不觉。唯一在技术上“被看到”的办法，就是通过精益求精的技术钻研，在性能表现上呈现出“遥遥领先”级质的突破。因为一旦形成这种突破，就意味着难以复制，也难以逾越。这就是所谓“难而正确的事”。(杨光)

第5章 追求卓越管理 探索模式创新

一个企业的创立初期
通常管理体系是一张白纸
企业一旦做大，就容易出现管理混乱
作为创始人，必须重视并亲自构建
和完善企业的组织管理体系
才能保证企业稳健发展、做大做强
回顾莱克电气股份有限公司
过去三十年高质量
可持续发展的经营成果
主要归结于“三个创新”
分别是产品创新
管理模式创新
经营模式创新
——倪祖根

莱克的感应门，为何多了一个按钮

幸福的企业家，心有猛虎、细嗅蔷薇

哲理的故事

当你准备走出坐落在苏州的莱克全球研发中心的大楼，站在感应门前，你需要多做一步：按一下门中央的开门按钮。这不是“画蛇添足”，而是为了减少无谓开门次数——如此不但能延长感应门的使用寿命，还可以大为降低能耗。

令人想不到的是，这样细致入微的设计，并非设计师的“原意”，而是在莱克电气董事长倪祖根的强烈要求下，补充上去的。

“我就观察到，很多感应门会无效开启。你不小心路过时，它也会开开合合的。室内空气不断与室外对流，在夏天和冬天显然会浪费大量的空调能耗，与国家现在提倡的低碳社会也不相符。”倪祖根洞察道。

其实，不只是感应门，莱克电气所有的建筑设计，乃至车间布局，大到生产流水线，小到该用什么颜色什么品牌的地砖，都是倪祖根深入研究后亲自指导设计的。

设计图纸出来后，倪祖根都要仔细研究一番，充分考虑到各种细节问题。

“这个中央空调的出风口，是我专门要求更改设计，调整到那个位置的。”倪祖根指了指天花板两侧隐蔽的出风口说，“现在空调开再大，只会感受到凉意，而感受不到凉风，真正做到了有凉感没风感，这也保护了办公室人员的肩颈免受空调的‘侵害’。”这样基于使用需求的敏锐洞察，背后是倪祖根一直信奉的一个理念：“战略决定生死，细节决定成败”。

可以说，倪祖根的用户需求思维，从未放在当下，他一直处于脑袋放空、眼睛放远的状态。而这也不代表粗枝大叶，宏观致远和极端细致，这两个看似矛盾的东西，在他身上似乎也能够随时分别调用。

在倪祖根看来，商业运营中，关注宏观趋势是至关重要的。社会、经济和市场环境的不断变化，要求管理者不能仅仅专注于日常细节而忽视这些重大变化。理解并适应这些变化，是经营战略的核心问题。经营战略涉及选择何种业务方向，决定哪些业务应当保留或放弃——这直接关系到企业的未来方向。在提升核心竞争力的同时，必须预见未来可能的发展方向并提前布局。这种布局可能需要数年时间才能见到成效，其间可能会面临亏损，但提前准备是极其必要的。如果管理者忽视这一点，当现有业务出现问题时，再想转变可能就为时已晚。

与此同时，管理的细节同样重要。作为领导者，如果不注重抓管理细节，组织不会主动执行。“组织要逐渐形成注重细节的习惯。比如，产品噪声涉及用户体验，也是一种‘软质量’，需要特别关注。只有明确提出高标准的要求，团队才会努力寻找解决方案。”倪祖根说。

“既要有远大的战略眼光，也要有对细节的极致追求。要打胜仗，指挥员必须站在前沿阵地亲自掌握敌情、亲自指挥。企业家在经营管理的方方面面都必须亲力亲为。”心有猛虎、细嗅蔷薇的倪祖根，正是通过这种细致入微的管理方式，将莱克电气带上了一个又一个新台阶。（辛国奇）

故事的哲理

细节，绝不意味着琐碎；战略，也绝不意味着粗犷。细节，意味着对战略的投射与落地，所谓见微知著；战略，则意味着对细节的升华与放远，所谓高屋建瓴。作为企业家，如能兼备两者，是个人的幸福、组织的幸运，可以充分享受创业的充实；如果只具其一，就意味着你需要找一个互补的搭档，好比乔布斯需要库克，张瑞敏需要杨绵绵。（杨光）

30年价值百亿，“四高十法”功不可没

企业家的眼界和格局，是企业持续成长的爆破口

哲理的故事

2024年5月11日，在由新华社、中国品牌建设促进会、中国资产评估协会等单位联合举办的世界品牌莫干山大会上，莱克电气以其卓越的业绩和持续的创新力量，吸引了全球目光。会上发布的权威报告显示，莱克电气2024年的品牌价值首次冲破百亿大关，同比提升高达27.69%！

这一来之不易的成就，不仅肯定了莱克电气长期以来坚持自主创新、追求卓越品质的努力，更彰显了其在市场上的领导地位和影响力。而莱克所坚持的创新，不只是技术、品类与品牌的创新，也包括经营的创新，管理的创新，乃至形成模式的创新。

2009年，莱克电气董事长倪祖根借鉴特劳特和里斯的品牌定位理论和德国四辆豪华车（奔驰、宝马、奥迪、保时捷）差异化特性定位实践，为打破高端市场国际品牌垄断的局面，坚持品牌的高端定位，通过“品类创新和技术创新”的双创研发模式打造品牌。通过针对消费群体和渠道的多元化，开发出与众不同的创新产品，莱克创立了LEXY莱克、JIMMY吉米、bewinch碧云泉、SieMatic西曼帝克、Lexcook莱小厨五大自主品牌矩阵。

高端品牌需要高端产品支撑。创业30年，倪祖根始终认为质量是企业的生命，也是企业经营管理的基础，更是获得客户信赖度和忠诚

lexcook莱小厨
莱克SieMatic西曼帝克
bewinch碧云泉
JIMMY莱克吉米
莱克

度的保证。

所以，他借鉴了美国汽车行业质量体系标准（IATF16949）和日本全面质量管理理论与实践，以及卓越绩效管理、零缺陷管理等管理理论和方法。围绕“质量是设计出来的”“用造汽车的理念造家电”的理念，提出了“零缺陷”目标和“高价值、高性能、高可靠、高信赖”的“四高”要求。

莱克围绕“四高”目标，创新了针对具体质量问题的十大质量管理方法，分别是：高价值创新法、高性能创新法、P图、DFMEA（设计潜在失效模式与影响分析）、PFMEA（生产潜在失效模式与影响分析）、QC工程图（产品质量特性与过程工艺参数量化与控制）、PQI（生产质量数字化分析与改进6步法）、MQI24（市场质量2年数字化连续跟踪分析与改进）、DQI（设计质量分析改进6步法）、8D（市场质量投诉处理法），并将这些方法覆盖到设计预防、量化控制及持续改善的全过程。

在此基础上，倪祖根将其总结为“四高十法”产品质量管理模式，以此为主导，又进一步构建了经营目标与战略、“与众不同，领先一步”双创研发管理、“一高两创”差异化品牌管理、12345”品牌驱动生态协同高质量可持续发展管理、“设计预防量化控制”质量管理创新、“双精智造 敏捷交付”精益生产管理、“销售最大化成本最低化”阿米巴自主经营管理模式、“文化驱动绩效导向”人力资源发展管理八大模式。2023年，倪祖根指导的莱克电气“四高十法双控”质量管理方法的运用案例入选“全国企业首席质量官变革创新典型案例”，全国共20个典型案例，江苏省有3家企业入选，莱克电气是苏州市唯一上榜的典型案例。

在“四高十法”这一主导模式的影响下，莱克电气秉承质量为先、创新引领的发展理念，不仅实现了产品质量全要素全面管理和有效控制，而且推动了产品质量的持续提升和企业的持续发展，使莱克从一个出口型小家电企业，转型为全球领先拥有高端小家电品牌国内/国外双循环驱动的高质量发展企业，也成了中国品牌高质量发展的典范。

故事的哲理

不论是质量，还是品牌，中国

企业在加入WTO后各行业的起步腾飞阶段，都下了很大功夫。在融入全球产业链后的前五年，中国企业最先意识到的差距，就是围绕质量提升的系统控制，进而在学习中苦练了内功。在随后金融海啸与移动互联大潮接踵而至后，中国企业进一步意识到的差距，则是围绕品牌提升的系统布局方面，进而在实践中开创品类。

但是，同样在这一波机遇大潮的推动下，企业进步的速度与幅度依然是差距巨大的。差距源自哪里？主要是源自企业家的眼光与格局，知识与素养。企业家既是企业成长的天花板，也是爆破口。（杨光）

12345：莱克的5根“定海神针”

逆境创新，方显强者本色

故事的哲理

在日益不确定的宏观形势之下，企业找到适合自己的增长路径，需要有敏锐的趋势洞察和提前布局的意识和行动。

2016年，房价一再快速上升，房地产市场趋之若鹜。然而，莱克电气董事长倪祖根却深谋远虑地坚信“大暑之后，必有大寒”。这个时候，他已然洞察到，高房价会遏制城市化的进一步推进，对中国经济的长远发展会是一个打击。而高房价、高教育成本还会影响中下阶层生育二胎、三胎的愿望，同时农村大学生进城买不起房……这些都会导致人口负增长。

随之带来的是家电、家居等与房子相关的消费都将会下滑，这也是摆在所有家电企业面前的一个严峻挑战。再加之互联网创业公司不断涌现，基本上都采用以更低价格来抢占市场的策略，这对正常的商业秩序造成了极大冲击，很多中小企业的经营越来越困难。

在倪祖根看来，企业要想长远发展，摆在眼前的就两方面：一方面要考虑产品如何进一步高端化，通过创新提升产品的附加价值来提高客单价，扩大销售；另一方面，就是在产品高端化的同时，通过品类延伸形成协同发展。但倪祖根也清楚，如果行业整体转入迅速下行周期，仅靠这两点在原有路线上的渐进式变革，依然不足以支持企业的长远发展。

所以，莱克需要在战略上有新

的突破。

过去，在围绕核心零部件进行垂直整合时，莱克已经培育了成熟的铝合金成型与加工、高速电机、精密模具、电池包等业务。只是这些业务原来服务于家电产业——如果跳出家电圈，或将会拓展出更大的市场！而那个“更大的市场”在哪里呢？

恰在那时，倪祖根注意到一个已被呼唤很久的新兴市场，终于日臻成熟开始井喷放量了——这就是新能源汽车！如果说1990年代的中国，正是家电行业放量的黄金时期，莱克在家电行业创业时抓住了第一个战略机遇期，那么，随着进入2010年代莱克在家电领域已然实现品牌化运营，且行业增长日渐乏力，势必转入存量内卷时，莱克可以抓住的第二个战略机遇期，正是新能源汽车。

想清楚了这个逻辑判断，倪祖根在果断出资自建工厂的同时，又收购了上海帕捷汽车配件有限公司，在新能源汽车铝合金成型与加工领域加大加快发展。

莱克以客户为中心，围绕高品质健康生活和双碳目标以品牌和创新驱动，走出了一条各业务生态化互相协同的高质量可持续发展之路。并于2020年，基于未来的发展，总结提炼出了切合自身的“12345”发展战略。

“1”是指一切以客户为中心，通过创新品类和技术创新来更好满足用户的需求。

“2”是开拓国内和海外两大市场，构建双循环体系。国内市场强化自主品牌建设，国外市场通过建厂、优化产品等方式实现战略升级。

“3”是发展自主品牌、ODM/OEM出口、核心零部件三大核心业务。

“4”是聚焦高端化、大健康、新能源、数字化四大方向，围绕未来技术发展的大趋势去发展产业。

“5”是构建五大消费品牌生态和五大核心零部件业务生态，规避单一产品或在单品类、单一市场所带来的高度不确定性。也就是说，高端清洁电器品牌“LEXY莱克”、互联网品牌“JIMMY吉米”、净水品牌“Bewinch碧云泉”、高端厨电品牌“SieMatic西曼帝克”、网红厨电品牌“Lexcook莱小厨”，以五大品牌生态充分满足不同目标消费群、不同消费场景下的用户需求。

5
4
3
2
1

同时以多年来培育起来的高速数码电机、精密压铸与加工、精密模具、锂电池包组件、PCBA电机线路板等核心零部件技术，瞄准新能源汽车、太阳能、5G通信、工业自动化、智能家电等高增长行业的新需求，开拓五大核心零部件新业务。

“2018年提出这个战略后，2019年我们的营收达到57亿元，2020年是64亿元，2021年是80亿元”，倪祖根回忆时充满自豪地盘点道。更值得一提的是，就在国内新冠疫情最为严重、国际经济形势变幻莫测的2022年，莱克电气营收依然高达89.10亿元，其中自主品牌业务净利润同比增长超过50%。

事实证明，“12345”战略的确立和执行，为莱克稳定业务大盘、提升盈利能力、提升抗风险能力起到了提纲挈领式的指引和推动效果，就好比在波谲云诡、变幻莫测中稳稳地立住了5根“定海神针”。

故事的哲理

恐龙能在中生代后期进化成鸟，反而实现海陆空无所不在，这一生物进化史上的“壮举”证明：一个物种即便在原有的发展曲线上再成功，也需要在环境即将发生重大改变之前，及时嗅到变天的味道，在原有优势基础上，及时选择新的“活法”。而宏观环境巨变，对微观看似是灾难，但却又是真正的强者脱颖而出，发现机会、明确方向、全力腾空的大好时机。

因此，中国企业在1992开启机制创新、1997开启市场创新、2002开启使命创新、2007开启内功创新、2012开启品牌创新之后，2017年至今正好又开启了逆境创新。（杨光）

四十年功勋：莱克何以比肩诸多龙头大哥

“与众不同，领先一步”的双创研发管理模式

哲理的故事

2018年11月20日，在庆祝中国家电行业发展40周年、中国家用电器协会成立30周年大会上，莱克电气股份有限公司董事长兼总裁倪祖根荣获“中国家用电器行业发展四十年功勋人物奖”。作为中国家电行业现阶段发展的核心力量，获得这一荣耀的还有美的集团的方洪波、海尔集团的周云杰和梁海山、格兰仕的梁昭贤等14位优秀企业家。

能够看出，所有获奖的企业品牌中，莱克是最为年轻的。这一年，距离莱克2009年开始创立自主品牌还不到10年时间。在这么短的时间里，莱克之所以能快速脱颖而出，离不开倪祖根所主张的一套创新原则。

回首近10年的创牌路，倪祖根在不断印证着自己的坚守与判断。

创牌伊始，他就非常笃定地提出，要趁虚而入！特别是小品牌、新品牌，要学会创造一个新品类，从一个细分市场找到突破口，从没有防守的市场做起。

“做产品就像打仗，就像攻城。如果这座城池有人防守，你会非常累。因为，防守可以‘以一当十’，而进攻要用至少五倍的力量。如果在没有防守的市场切入，就容易成功。”这便是倪祖根的品牌创新逻辑。

莱克历史上令倪祖根津津乐道的成功产品有不少，其中就包括莱克发明的碧云泉台式免安装智能净水机。2014年，莱克开始做净水机，如果像市面上大多数品牌那样也做厨下净水机当然是很简单的，但当时这种厨下净水机已经做了十几年，各种品牌竞争激烈，莱克再切入进去注定是一点机会都没有的。

“我有的机会，一定是别人没看到的市场，我看到了，相当于填补了一个空白，创造了一个新需求，这个时候是没有竞争的。只要满足了消费者的需求，消费者就会来购买，就会非常热销，别人再来跟随，永远是落后一拍的，这就是与众不同的创新。”倪祖根总结说。

事实再一次证明了倪祖根的判断，碧云泉台式免安装智能净水机通过不受水源限制、反渗透净化、即热即饮、水质和滤芯寿命智能监控等创新功能，把净水机从一个工程过滤装置转变为智能家电，填补了办公室、客厅净化饮水的空白。一经上市，仅一年时间便牢牢坐稳了行业头把交椅，且持续畅销。

在品类创新之外，莱克还有技术上的遥遥领先。

从2015年开始，针对日益严重的中国空气污染问题，市面上的空气净化器已有不少，但鱼龙混杂，更没有专门除雾霾和甲醛的产品。对此，莱克经过不断攻关，创新开发了超大洁净空气量净化器，不仅固态物洁净量、甲醛洁净空气量、能效、噪声四大核心性能指标遥遥领先于国家标准，而且空气净化量比国外品牌的水平足足高出了30%，除甲醛能力更是达到了国外品牌的10倍！这便是莱克在技术创新上的“领先一步”。

相反，如果做一个与别人类似的产品，大部分人只会记住已成熟的品牌，不会记住新品牌，也不太会给新品牌以生存发展的空间。所以，莱克的创新有两个方向，一个是洞察消费者潜在需求，创造新品类，引领消费趋势。另一个是提升性能，解决消费者已知的痛点。

倪祖根将其提炼为：全新品类创新（0→1）和技术创新（1→N），即追求与众不同的产品概念和性能指标上的遥遥领先。这是莱克电气在模式管理上的又一创新——“与众不同，领先一步”的双创研发管理模式。这也是莱克电气在行业诸多龙头既有强势地位中能够后来者居上站稳脚跟的一大法宝。

故事的哲理

真正持续做到“与众不同”，对于中国企业，是非常不容易的。难点在于我们的大一统文化基因，恰是倾向于趋同，乐见从众的。从先贤经书，到小学课堂，我们的习惯思维并不由衷认可与众不同的人和价值追求。但也正因为如此，当市场经济必然以创新为动力，当国家竞争必然以创新为保障时，中国社会中能够依然笃信且持续坚守“与众不同”价值观的企业和企业家，就成为更稀缺也更珍贵的资源，所谓物以稀为贵，因此也更应该成为被中国社会各界所推崇与学习的标杆对象。（杨光）

用造汽车的理念造家电

十倍级的质量优势，是“跳”出来的

哲理的故事

莱克电气成立之初，一贯喜欢深谋远虑的董事长倪祖根便意识到，发展新品类如果没有成熟的研发、生产、质量控制经验，就有可能造成在产品投产上市后出现早期质量失效，故障率高，甚至发生流行性质量事故。所以，必须有严格的质量控制体系和前期的预防策划。

因为生命无价、安全至上，而汽车制造涉及行车安全，所以它对于质量的要求之严格，众所周知。“预防为先”的思想更贯穿汽车制造行业新产品开发的全过程，并强调过程管控，分阶段确认落实，保证各个阶段质量受控。

一向对汽车有着浓厚兴趣的倪祖根，对于产品的研发设计便率先借鉴了美国汽车行业的质量管理体系IATF 16949，将汽车行业的P图（可靠性五大潜在失效原因分析）和DFMEA（设计失效模式及后果分析）质量工具导入进来，并就此提出“用造汽车的理念造家电”。可见在质量控制方面，莱克又一次走在了前头。

“质量的70%是由设计决定的，20%是由供应商零部件决定的，只有10%左右是由内部装配生产决定的。从设计质量出发进行质量控制，实际上就是要求‘第一次就把事情做对’，而不是出了问题再倒追责任。”倪祖根说。

在此基础上，倪祖根进一步总结提炼出了莱克电气质量管理模式——“设计预防，量化控制”，而

这也成了莱克对每一款产品进行质量把控的两大关键点。

首先是“设计预防”，通过定义关键质量控制因素，包括从需求、竞争和技术创新定义产品要求，进行可靠性分析、五大影响因素分析，以及潜在失效模式分析等，从设计阶段就把好质量关。

之后，产品从研发设计转入生产阶段，莱克对产品质量的把控也进入了另一重要阶段——“量化控制”。通过定义产品关键质量特性，包括零部件关键质量特性，组件、整机关键质量特性要求，以及关键工序、关键过程的质量控制要求，确保关键质量与关键控制因素不出问题。

这套质量管理模式保证了全新品类开发的成功率及上市质量的一致性，而不是新产品通过上市后大量试错，再改进提高产品质量。

在这一模式的指导下，莱克的电机故障率做到了0.1%，远远低于行业平均水平的2%。2019年，莱克电气凭借这一质量管理经验一举获得了“江苏省省长质量奖”的称号。之后，又于2021年被评定为“全国质量标杆”。

“质量是企业的生命线，想要实现高质量就必须靠高标准、严要求和技术手段来保证，要十倍于竞争对手的质量要求。”这是倪祖根反复强调的一个理念。莱克“用造汽车的理念造家电”，就好比“会当凌绝顶”之后“一览众山小”的卓然独立。不断挑战极限，才能成就更高的质量。

故事的哲理

任何产业的质量，如果仅仅停留于满足外部的要求，则一定是被动的，甚至是无趣的。唯有基于远见不断地对自己提出新的质量要求，满足内化的要求，才能主动地把控一切。这就是匠人精神。而时代化的匠人精神，就是能跳出既有的专业，再跳出既有的行业，来审视和改善自己的专业和行业，对自己提出全新的要求，从而引领业界乃至社会的质量和品位标准。跳不出来，你就只是匠；跳得出来，你才是大师。（杨光）

小工法，大作为

要勇于乐于向日本企业学习管理，提升质量

哲理的故事

高速电机技术，是莱克电气的看家本事，也是其在行业内独树一帜的一大关键。

1994年莱克初创时，国产吸尘器中的电机还是外部采购来的，然而高速整流子电机存在可靠性差、故障率高、寿命短的行业通病。当时莱克主要通过ODM的方式进行销售，进口国对于产品零部件和组成后的成品有着非常高的安规要求。于是，解决吸尘器电机的高可靠性问题，符合进口国的安规要求，成了莱克当时主要的质量管理要求。

在此之前，莱克董事长倪祖根在春花吸尘器厂工作时，接触过日本的全面质量管理理念，其中有一种工法叫做QC工程图，是确保产品或工程项目达到质量标准的一种工程图纸。在图纸上，可以找到零部件或产品的尺寸精度和公差要求，明确知道哪些步骤需要质量检验，以及用什么工具和方法来检查。同时其中还描绘了从原材料到成品的生产流程，列出了每一步的质量控制要点和潜在风险。

工欲善其事，必先利其器。于是，倪祖根决定将QC工程图借鉴过来研究一番。它首先对电机的各个工序进行了详细的分析，找出了影响电机性能的关键因素。根据这些关键因素制定了相应的质量控制点，包括换向器点焊、滴漆、焊接等，并将这些控制点标注在QC工程图上，实现对产品质量特性与过程

工艺参数的量化与控制。

渐渐地，越用越熟练。有了QC工程图的加持，电机的质量管理便有了抓手。1997年，莱克自主研发出了国内首台转速超过3.3万转/分1200W的高性能、低成本、长寿命吸尘器电机，把当时的电机转速提高了1万转，体积和成本减少1/3，性能提高了30%以上，成本下降了35%。从这个时候开始，莱克便开始投资建设电机厂，自主研发生产吸尘器电机。

在以后的几年里，莱克又率先从日本引进10多条世界上最先进的高速整流子电机生产线，一举奠定了莱克电机在国内外的技术优势。同时，莱克电机也以其优异的性能、可靠的质量成为莱克吸尘器最主要的竞争优势之一。而这，也是莱克能一举赢得大客户伊莱克斯青睐的一大资本。

这张QC工程图也是莱克总结提炼的十大质量工法的其中之一，并列入了“设计预防·量化控制”四高十法管理创新模式。

故事的哲理

不管我们主观上对日本的方方面面作何评价，我们客观上都必须理性承认并且虚心学习日本在企业管理和社会管理方面的独到经验与切实方法。事实上，中国制造业的一线优秀企业在起步阶段，特别是质量管理，几乎都曾经从日本企业身上获益匪浅。作为全球制造业强国，日本企业纵然也有自身短板和不足，但其管理经验与方法在现在与未来，都将长期值得我们借鉴。而且相信随着时间轴的延长，我们还会加深这种认知。中只有勇于乃至乐于向比我们强的一方学习，我们才能真正自信，才能真正的崛起，才能真正超越。（杨光）

一张遗漏的标牌

向日本人学精益，是长期必修课

哲理的故事

1999年的一天深夜，莱克电气总装一厂的一个车间里灯火通明，工作人员在不停地忙碌着。只是，他们不是忙着生产，也不是忙着发货，而是在忙着拆箱。

原来，莱克本来要给日本的一个客户交付一批吸尘器订单，可就在完成全部包装，即将装入集装箱时，生产车间的工人突然发现多出了1张铭牌，铭牌和产品本是应该一一对应的，多出1张即意味着这批产品有1台产品漏贴了铭牌！

要知道，日本企业作为产品精益化制造的代表，对于产品的要求在全世界都是最严格的——甚至是“变态”的。何况铭牌中有电压额度说明，是消费者使用电压的重要参考。如果漏了一张，在日本的产品标准中，属于重要缺陷。

这时候，集装箱就在外面等着装货，时间非常紧迫。但时任总装一厂厂长当即决定连夜返箱。1000多箱产品逐个打开，层层检查，直到找出了那台没有贴铭牌的产品，贴好后再逐个重新包装好。一番操作下来，天都快亮了。当他们看着集装箱迎着晨光开出厂门后，才总算松了一口气。

但是厂长并没有完全放松下来，她知道，虽然这只是区区一张铭牌，也只是个别情况，但背后反映的却是意识问题。如果不引起重视，这次遗漏的是铭牌，下次就有可能是零件。长此以往，不仅影响公司的声誉，也影响工作效率。所

LEXY

以，必须引以为戒。

一般来说，出现这种情况，大部分公司都会通过培训与惩罚的方式去避免失误的产生。但其实由于人为疏忽、忘记等所造成的失误是很难防止的，还是得从根本上解决问题。

于是，厂长带着这类问题和日本客户进行了沟通请教，客户当然非常乐见莱克积极解决问题的态度，特意派了专家过来帮扶。这个时候，莱克人第一次知道了“精益防呆（差错）”的概念，即防止呆笨的人做错事，或者说是连愚笨的人也不会做错事的设计方法。

在此理念的指导下，莱克采用了有效的“防呆措施”，比如通过用秤称重量或者单独分隔成零件包，再或者用仪器检测，通过扫码防漏、防错等，最终杜绝零部件遗漏和差错的问题。渐渐地，“精益防呆”理念开始深入人心，并将其运用到产品质量控制的其他环节中。

不难发现，“精益防呆”意味着“第一次就把事情做对”，乃至后来莱克所树立的“精益生产”理念，从这里已可见雏形。

故事的哲理

世界上大体有三类人：不需要管理的人，代表是日本人和德国人；怎么也管理不好的人，代表是拉丁人；如管不好，干得还不如拉丁人，但如管得好，干得比日本人还好——这就是我们中国人。所以，我们是最需要卓越的管理的。这里有两个内涵：中国人的潜质，世界一流；中国人的惰性，也是世界一流。

为此，虔心向日本人学管理，持续激发“人”的精益潜能，对于中国企业将是长期的必修课。（杨光）

一套 FMEA，让质量有了抓手

培养系统性思维从深究关键起点开始

哲理的故事

在莱克，有一个非常大的经验库叫做“FMEA经验库”，那里面动态管理着莱克自导入FMEA方法以来将近20年的所有FMEA。每完成一个产品，都会有一份FMEA存档和迭代。

那FMEA到底是什么？

当一个产品在制造完成投入市场后，又突然发现了致命缺陷，不用说，轻则影响客户体验，重则在使用过程中造成安全风险。为了预防这样的情形发生，或者至少减少发生的概率，一种产品可靠性分析方法FMEA（失效模式及后果分析）被设计出来，并从一开始的美国汽车行业，被推广到了世界各地的设计生产制造行业。

2005年，一向注重质量预防的莱克电气董事长倪祖根看到这一方法之后，不禁喜出望外，仿佛产品质量事故风险的预防与控制一下有了抓手，使他进一步坚信：“质量是设计出来的”。然而，这并非一蹴而就。FMEA是舶来品，起初团队对于这一理念的认知还比较弱，经验又少，搞不清逻辑，主设计甚至把生产环节的FMEA写到了设计环节里，混为一谈，所以接受起来是有难度的。

对此，倪祖根便带领大家学习，并亲自讲解。他抓住了关键的一点，就是一定要培养员工的系统性思维，即项目管理、新品开发、设计、工艺、生产管理等整个链条的活动被视为一个系统。否则就只会

FMEA

头疼医头，脚疼医脚，甚至顾此失彼，漏洞百出，更别谈风险预防。所以，他以新产品为案例，带领研发部、设计部、工艺部、生产部，甚至实验室、电控部等多个部门学习和研讨。

倪祖根还规定：在每个新产品开发之前，主设计师要像交作业那样提交FMEA，由研发总监把关后再提交给他审核。他再根据FMEA中存在的问题进行讲解，将问题逐一改掉。

就这样，在倪祖根的亲自带领和及时纠正下，不断培训、练习、运用、深化，两年后，FMEA已经能够在莱克熟练运用，并越来越优化。之后，莱克又导入了产品全生命周期数字化管理系统，对产品开发的16大研发质量控制节点进行全程管理，并将FMEA作为其中一个重要节点和模块嵌入这套系统。

凭着对产品质量的孜孜以求，莱克产品的质量稳定性、可靠性大幅提升，这背后离不开FMEA的一份功劳。

故事的哲理

质量，看起来是最后的结果，其实本质是一个系统的把控。而作为系统，每个关键节点都关乎最后的结果，其中起点更是决定性的。如果起点是失控的，那么整个系统都会是低效的，甚至会崩溃。那么产品的起点，自然是研发。研发的起点，理应是设计。而设计的起点，就是对设计的重视。再追问重视的起点呢？一定是企业家本人。这就是毛泽东一再强调的，有效做工作要学会抓主要矛盾和主要矛盾的主要方面。（杨光）

出厂后也要连续追踪24个月

高稳定性，才会有高质量

哲理的故事

2021年3月的一天，在莱克电气周运营会上，质量部负责人对净水机产品市场维修率24个月跟踪情况进行汇报和分析，过程中抛出了一款智能净水机产品不制水的问题。

接着，质量负责人分别从设计结构、原材料的使用、零部件的品控等方面进行了质量分析。

听完质量负责人发言之后，莱克电气董事长倪祖根指出："不制水问题影响了消费者使用，属于严重的质量问题，必须马上解决这个问题。"

这个以质量改进为重要目标的周例会，莱克电气已经坚持了20余年。基本上每次倪祖根都亲自参加，根据及时反映的质量情况部署和解决质量问题。这一次反映的质量情况，来自莱克电气针对自主品牌独创的一套市场质量跟踪体系——MQI24市场质量2年数字化连续跟踪分析与改进系统。

莱克对于质量管理提出的"设计预防，量化控制"的理念，除了通过产品设计研发过程的前期质量策划，潜在质量失效分析与预防，以及产品生产过程的质量特性量化与控制之外，还包括对进入市场的产品做全过程的数字化质量数据分析改善，也就是对出厂产品质量进行连续24个月的跟踪、分析与改进。

会议中讨论的这款净水机，是2021年1月1日正式推向市场的。从这一天开始，每一批次的每台净水

机的使用情况反馈，都会被计入莱克自主开发的客户服务系统。系统会持续跟踪收集两年内每台净水机销售、维修、退货的数据，其中，包括不良现象、不良数、不良率以及累计占比等。

莱克团队再根据“二八原则”分类统计分析，按不良率排序，找到前五位的问题进行分析与改进，这款净水机产品每个月的新生产批次的不良率都在大幅下降。到2022年12月份，再看这款产品市场反馈不良率已经下降了20%以上。这也为净水机下一步的更新迭代提供了质量改进的基础。

质量追踪，是国内外广泛使用的一种质量管理方法。莱克独创的24个月质量跟踪体系，为市场质量的持续改进提供了数据支持和系统方法。倪祖根一直认为，出了问题退换货不是最终目的，要有彻底解决问题的办法和意识，因而需要对产品质量持续跟踪，持续改进，直到实现理想的极致状态——零缺陷。

故事的哲理

售后服务，曾是市场经济初期的决斗场。但进入21世纪，通过质量保证使得服务不再被需要，已经是新的决斗场了。而质量竞争的重要指标，除了高性能，还有高稳定性，高一致性，同时低成本。其中高稳定性，就需要对产品在实际使用场景中的性能表现做足够长的时间验证和保证。没有时间，谈不上质量。没有足够长的时间，也就谈不上高质量。（杨光）

双精制造，敏捷交付

莱克生产管理的有效方法论

哲理的故事

2018年之后，随着业务板块的增多，莱克的业务生态逐渐形成，每年要为100多个国家地区200多个客户研发生产超过50多个产品品类和100多个新产品。平均每天要交付10万~15万台电机、5万~7万台吸尘器等小家电产品。

在这么多的品类和这么大的交付量面前，随之而来的是客户多、需求多、品类多、执行法规标准多、市场分散、订单分散、换线频繁……一系列的"千变万化"需要应对，这对保证产品质量和准时交付带来了极大的挑战和难度。

那么，该如何保障质量管控的一致性和稳定性，同时还要兼顾低成本生产和快速交货的要求？成为摆在莱克面前的一大难题。

2019年，由倪祖根带头正式成立了专题改善项目组，其中以制造革新部为主要落实部门，展开了一场改善行动。

1810米，将近2公里的长度，走路的话大概需要20分钟。

这也是莱克电气总装厂在每一个生产运输流程中，少走的一段弯路，少浪费的20分钟。这段被大幅缩短的路径背后，就是这次专题改善行动中首当其冲的一项变革。

在此之前，莱克总装厂的物料路径是：注塑零部件从注塑机生产出来之后要先搬运到注塑厂的仓库，再搬到总装厂的印刷车间做印刷，然后再从印刷车间搬到总装厂的仓库，最后到总装产线。这个过程中，一直在搬来搬去。

反复装卸、多次搬运、迂回取送，不仅不创造价值，而且隐含着周期长、周转率低、物流人员多、仓储占用大和质量损坏等大量的费用成本，更成为了敏捷交付的一大掣肘。

项目组先从细微处入手，推进“一个流”模式，即从材料投入到成品产出的整个制造加工过程，零部件始终处于不停滞、不堆积、不超越，按节拍一个一个地流动的生产方法。

通过供应商JIT（准时化）配送，外部供应商、内部注塑厂等物料直接配送生产线岗位，消除库存及搬运浪费，推进注塑岗位印刷和小件装配一体化。同时还取消了印刷车间，将印刷工作前移到注塑机台作业。这样一来，注塑生产出来的零部件物流路径，便可优化为从注塑机直接到总装产线，最大限度地减少过程中搬运浪费。在这个过程中，项目组还将人工手动搬运调整为电动车和AGV无人配送，实现了无人化物料搬运系统。这些举措使仓库面积减少了45%。

数据，是生产管理的重要抓手。莱克早在20年前就引进了ERP信息管理系统，之后又引进了PLM产品生命周期开发管理系统，并在生产管理方面自主研发了MES系统，对物料、产品信息和质量状况进行全程数字化监控。通过设备的互联互通，实现生产全过程的数字化管理，也成为了此次改善的重要依据。

接着，针对订单散和小订单的情况，项目组又对生产方式进行了改造，从大线制调整为小线制，培养多能工“一人会三岗，一岗三人会”。一人可以进行多工序装配，减少了来回切换的无效动作和搬运动作浪费，提高了有效作业时间。这一举措，将生产线体长度从原来的40米缩短为5米，人员则从77人减少为7人，生产效率却提升了36%。

之后是均衡化项目：遵循计划排产七大原则，包括主力型号、合并原则、连续生产、换线原则、交期原则、备单原则和满负荷生产等，实现单品多单合并连续生产，工厂与工厂，产线与产线均衡生产。

再接着是自动化项目，快速换线项目等。尤其是小线制项目，通过一人多工序装配，提高有效作业时间，减少无效动作和搬运动作浪费，实现工序平衡。同时培养多能工“一人会三岗，一岗三人会”。

经过三年的改善，以“一个流、供应链JIT、小线制、柔性化、自动化、数字化”等改善方法，形成了莱克“柔性制造，敏捷交付”的精益生产八大原则。还有精密电机的生产自动化、物流智能化、信息一体化、资源绿色化、人才专业化之

"五化"模式；精密模具的优质材料、精密设计、精密加工三要素；以及精密注塑满负荷、高产出、高效率、高质量"一满三高"，都在改善过程中逐一实行。

功夫不负有心人，改善效果是显著的，比如，莱克总装六厂三年劳动生产率提升了32%，而且在人工工资每年上涨10%的情况下，制造费用还下降了5.6%。为此，总装六厂荣获了江苏省"智能制造示范工厂"的称号。

对于一个产品而言，要实现"优质、高效、低成本"当然不止于一个总装厂。紧接着，项目组又将总装六厂的成功经验复制到各个总装厂，以及模具厂、注塑厂、电机厂、压铸厂等，打通了产品生产的各个环节，实现了流程全覆盖。

其实目的就在于通过"精益智造"和"精密制造"两大手段，打造"自动化、柔性化、数字化"双精智造示范工厂，实现"优质，高效，低成本"的敏捷交付，满足市场和客户的需求。

看似简短的几句话，却蕴含着一个非常周密的运行体系。如同一张画好的图纸装在倪祖根的脑子里。他将其总结提炼为"双精智造敏捷交付"的生产管理模式，进而形成了莱克电气的又一管理模式的创新。

而这，正是莱克面对广阔的全球市场，面对多品类、小批量，面对庞大的订单量，能够有条不紊和快速准时交货的根本保障。这也是莱克实现高质量发展的有效方法论。

故事的哲理

人类进入工业化时代，第一次生产管理革命，就是福特的标准化大批量的流水线生产；第二次生产管理革命，就是丰田的多品种小批量的柔性生产；那么第三次生产管理革命呢？一定是洞察、满足乃至创造极为个性化的用户需求，与充分智能化的研发、采购、生产与交付的深度结合。（杨光）

超前智能化，两次上了《新闻联播》

智能化，绝不是软件供应商的事

哲理的故事

“以智能制造为代表的一系列技术改造，正在改变企业的生产方式。在这家小家电制造企业，只要把物料从生产线的一端投进来，每9秒钟就会生产出一个检测合格的核心部件。智能化制造，让车间劳动生产效率提升了60%，主材报废率也降低了60%。”

这是2019年9月8日，央视《新闻联播》对莱克电气的报道。

两年后，2021年4月17日，《新闻联播》再次聚焦莱克电气的智能化生产线：

“在位于苏州高新区的莱克电气电机工厂，今年刚刚完成七条智能化生产线的改造，原本一条龙作业的超长生产流程被切分成七个更灵活的生产单元，生产线换型的时间大幅缩短，厂长张春晖介绍，以前换一条生产线要6小时左右，现在只要1个小时左右，时间只有原来的20%。”

两次上《新闻联播》，而且都是因为智能制造，可见莱克电气在这一领域的功底之深。

事实上，莱克电气对于智能化生产的超前布局，始于2010年。这背后，是董事长倪祖根长期以来信奉的“在没下雨的时候准备好伞”这一经营理念的体现。

那一年，中国制造业面临的招工难、材料上涨，以及欧美工业化竞争等诸多问题开始凸显。当时，劳动力成本也在加速增长，遍地大学生的时代，蓝领工人却越来越缺乏。大背景，则是中国人口红利时代的行将终结。

莱克也不例外，生产制造环节用人量大，人员流动性也大，这对于产品品质的稳定性有着非常大的影响。这种形势下，倪祖根下定决心要顺应趋势进行自动化转型，解放人的双手。

一时间，“机器换人”便成了重要抓手。

要知道，这个时候，距离中国版工业4.0纲领性政策文件“中国制造2025”战略颁布还有数年时间。莱克在自动化转型上，又一次走在了前头。

倪祖根首先带队前去日本著名的机器人生产企业发那科参访。当即就被震撼到了：从头到尾整个操作过程看不到一个人，数字化生产线一气呵成。只见那些机械臂辗转腾挪，上下挥舞，高效精准，一台又一台的机器人在它们手下诞生——“机器人造机器人”，这就是传说中的“无人工厂”了。

当机器人应用于生产，就意味着工业生产方式开始从机械化向自动化、智能化升级。回国之后，倪祖根便成立了自动化装备部，先从生产自动化转型开始，他提出，哪怕投入10万元能解放一双手，那就要毫不犹豫地去推动。背后的变革决心可见一斑。

当时，莱克电机厂除了直接引进新的自动化设备之外，还对现有设备进行改造。起初，先单独拿出产线上简单的环节进行场景试验。当时一个环节是3个工人，两班倒，自打机器人来了之后，便以一己之力让“3×2”个工人全部解放出来。

接着，第二台，第三台……从易到难对生产环节和动作进行逐步替换，越到后面动作越复杂，尤其一些柔性动作需要对机器人进行符合莱克应用场景的个性化改造。而机器人的生产者只懂制造机器人的技术，却缺少对电机生产工艺流程的了解，莱克智能化装备部针对其电机厂生产工艺特点进行研究和应用。

“我们也曾买过100台机器人用于日常的经营管理，但是围绕着机器人外围的所有设备，都是莱克内部的工程师研发团队自主生产的。”面对《新闻联播》的镜头，倪祖根不无自豪地说。

自己摸索，一方面是因为更加熟悉生产工艺，另一方面，则是能大幅缩减智能化改造的成本。

莱克电气超前智能化
CCTV 1
综 合

现在，走进莱克电气的电机生产车间，24小时作业的8条全自动生产线一片忙碌景象：不断挥舞的灵活机械臂将一个个零件精准抓取送上流水线；生产线间的过道，物流机器人熟练地将原材料和配件送至指定点位；负责车间清洁的智能扫地机器人也在勤恳工作。在车间监控屏幕上，一行行与生产相关的数据映入眼帘，车间内PM2.5、噪声及能耗的实时数据同样一目了然。

短短三年时间，莱克三个电机厂的80多条生产线及20多条电机装配线全部完成了自动化改造。三个电机厂产线上原来的2400人，缩减为1000人，人少了一半还多，生产成本下降了30%，生产效率却提升了40%以上。

与此同时，莱克电气立足自身战略发展需要，系统地制定了"生产自动化、物流智能化、信息一体化、资源绿色化、人才专业化"的智能制造五化管理模式，采用整体规划、分步实施、重点突破、以点带面的原则推进智能制造建设工作。2018年，莱克电机智能制造工厂被工信部认定为"智能制造试点示范项目"，2022年，被评为"智能制造示范工厂"。

故事的哲理

智能化，最大的误区是什么？至少其中之一，是认为智能化是企业自身专业之外的新事物，应该都交给智能化供应商去解决，自己只需要站在一旁提出需求。大谬！其实没有脱离行业的智能化，因而没有任何人或机器人，能够替代你去搞懂你的企业真正需要什么样的智能化，乃至如何实现这样的智能化。企业特别是决策层，必须排除掉畏难情绪和依赖思维，自己全程躬身入土，"以我为主"、供应商为辅地去实现属于你自己的智能化转型。难吗？难，但别无他途。（杨光）

独创“莱克”牌AGV小车

率先自主智能化，就是率先激活自己的大脑

哲理的故事

随着自动化技术的发展，AGV（自动导引车）的应用范围越来越广泛，功能越来越多样化。从最初的单个AGV到现在的AGV系统，现代AGV已经成为自动化物流中不可或缺的一部分。

如今，走进莱克电气的电机工厂，可以看到除了清一色辗转腾挪的机器人之外，还有产线间的过道上AGV物流运输小车在来回穿梭，运行自如。整个工厂内部已经实现了物料无人化运输。

而那些能干的物流运输小车，正是莱克自主创新打造的“莱克牌”AGV。如果说莱克的生产自动化解放了工人的双手，那么物流智能化改造，则解放了工人的双脚。“莱克牌”AGV小车正是莱克解放工人双脚的第一步。

2015年，莱克在进行生产自动化转型时，董事长倪祖根就已经将目光转向了物流运输层面的改造升级。彼时，国内的物流智能化尚处于初始阶段，AGV物流小车也才仅用于电商或电子行业。但倪祖根已然超前地意识到，AGV的应用将会带动莱克实现物流的智能化转型。

只是，当时的AGV载重还比较轻，只有几十公斤，且在调度信号方面也还比较迟钝。莱克所需要的反应灵敏、有数百公斤重载荷的AGV还没有出现。

既然市场上没有，那就自己制造。莱克在物流智能化方面又一次

决意“超前”。

电机厂团队自主实现零部件配套和组装，自主编写程序。仅用了4个月时间便攻克了AGV载重及运行信号干扰的技术难关，自主研制出了“莱克”牌的AGV，载重量500公斤，远远高出了市面上载重量几十公斤的AGV。这将莱克电机厂的运输设备成本一下降低了近50%。

紧接着，莱克电机厂团队又开发出了智能物流中央调度系统（DMS）。按照JIT（准时制生产方式）原则配套物料，拉动原材料供应商按照订单直接成套送料至物流配送AGV小车，之后生产线通过中央控制系统调度AGV进行物料配送及产品下线运输。

由此，电机厂50多名运输工人被解放出来，实现了整个电机厂内部物料的物流智能化运输和整个生产过程物流信息的全自动监测和控制。

故事的哲理

“人”的本质是什么？绝不是有手有脚的复杂生物，而在于独具创造力的大脑。但是在数字化与智能化技术出现之前，所有的工业化技术，只是将人的手和脚，做了更高效率的延伸。因此，如今不论是工业端还是消费端的“无人化”进程，本质上都是从延伸手脚转而替代手脚，从而彻底解放人脑创造力的过程。因此说，越是“无人化”的时代，越更需要“人”。

那么，企业自主研制数字化机器人的过程，就意味着是率先替代“自己”手脚，而激活“自己”大脑的过程。每一个企业，都要思考：我们是在雇佣“人”，还是依然在雇佣手脚？每一个企业人，也要思考：我是作为“人”在被雇用，还是只作为手脚在被雇用？（杨光）

如何让箱子自动旋转90度

管理，在于简单，在于一线

哲理的故事

2023年8月，针对莱克总装五厂的一个单元生产车间效率较低的问题，制造革新部提出给予帮扶改善。

革新部的负责人在检查可改善问题点的过程中，发现车间有一个环节是4条单元生产线装箱完成后要汇入一条皮带线，由提升机统一送到三楼封箱。可是，由于封箱方向要求和皮带线宽度限制，箱子需要人工旋转90度才能完成。

这不就是很明显的可改善的问题点嘛！如果将人工旋转通过自动化来实现，效率肯定能得到大幅提升。

于是，制造革新部的几名负责人和设备供应商的设计人员来到了现场，查看可改善的方案，结果围着设备转了好几圈，也没琢磨出个所以然来。一致结论是，由于空间的限制，没办法增加旋转结构，使用机械手成本又太高了。

正当无计可施时，一旁的作业员提示道："增加一个挡块就行了啊！"

这短短的一句话猛然点醒了陷入思维定势的几个人，要让箱子转向90度，不需要任何复杂的结构，只要在合适的位置加一个挡块，再利用皮带线的动力就完全可以"自动实现"。

很快，制造革新部的工程师就在4条单元生产线通向皮带线的位置加装了一个圆形挡块。箱子流过

LEXY

时，一边被挡块限位，再依靠流水线的动力很轻松地就实现了自动旋转90度。

通过这件事，让制造革新部的人认识到：工作中总会遇到类似盲点，最了解现场的员工往往可以提出最具可行性的方案。

从那儿开始，制造革新部的工程师们跑现场更勤了，和一线员工交流更多了。他们一起挖掘生产过程中的问题点并讨论改善措施。再后来，一线员工还会针对生产过程中遇到的现实问题主动提出改善方案。在莱克，全员自主改善的氛围更加浓厚起来。

故事的哲理

如同那个著名的“如何让生产线漏装肥皂的包装盒被检测出来？”——不是动用机械手，不是使用高科技检测，只需一台普通的电扇在旁一吹即可。

真正高效的管理，往往都是简单的。但科层制却在严谨规范中，使管理越来越复杂、越来越脱离实际，反而让组织失去了化繁为简、直击本质的能力。解决的办法，就是走出办公室，走出思维茧房，打破层级盲区，回归现场智慧，让一线更多、更充分地发挥解决实际问题的作用。（杨光）

机器换人，绝不是为了淘汰人

智能化，不是取代人，而是激发人

哲理的故事

2020年，在江苏苏州高新区举办的首届“高新匠领”技能大赛上，84位优秀技能人才脱颖而出摘得各类奖项。其中，机器人应用组的前五名，竟然全部由来自莱克电气“一家”的技工包圆了！

之后连着三届“高新匠领”技能大赛上，莱克的工人也都毫无悬念地位居机器人应用组的榜首。乃至再后来，莱克的一些技能工人直接成了大赛的评委！

而这，得益于莱克对专业化技能人才主动进行的自主培养。

早在2015年，莱克开始对电机厂进行智能化转型时，就立下了初心：将操作工人从产线上解放出来。

当一批灵活的机器人来到电机厂车间后，仿佛一切都被颠覆了，它们24小时持续工作不需要休息，本来需要6个工人干的活儿，结果仅1台机器人就给完成了。生产线上诸如焊接、滴漆等重复性工作逐渐由机器人代劳，工人们从那些繁重的岗位被上解放出来。

当时不乏工人如临大敌般担心：机器人会不会抢了自己的“饭碗”？

对此，莱克电气董事长倪祖根立意鲜明地指出：“机器换人，绝不是为了淘汰人，是为了提升生产效率，人员要更多地向技能型人才转型。”

因为工业机器人本身是比较专业的产品，无论研发还是应用，

都需要懂制造工艺，懂机器人编程，出故障了还要会维修，而且必要的时候还要根据现实需要进行自主研发。

当时，莱克电机厂在实行自动化改造的同时，也在推进物流搬运的智能化升级，其中莱克自主研发了能够实现智能搬运的AGV小车。从这个时候开始，倪祖根便提出要有意识地对从产线上解放出来的工人进行技能培养，将原来一线的普通工人变成会操控机械臂和调控AGV的专业化人才。

不久后，随着“生产自动化、物流智能化、信息一体化、资源绿色化、人才专业化”的智能制造“五化”模式的确立，人才队伍建设，特别是技术技能人才培养被纳入莱克发展的总体规划。为此，莱克专门成立了电机智能制造研究院。

于是，被解放出来的工人们开始了一次集体大升级。原来只懂得打螺丝，只会搞焊接的工人，也开始学起了机器人操作与维护，学起了计算机编程。逐渐地，一部分工人成为了机器人的监督者和操作员，负责监控机器人的工作状态，确保产线的正常运行。另一部分工人则转向了设备工艺部门。

那些一线工人们不仅没有因为机器人的到来而失业，反而通过技能提升找到了更适合自己的岗位，实现了个人价值的提升。

截至2023年，莱克电机厂已经培育出一支由150余人组成的智能制造专业化团队。之后，又由莱克牵头起草了《电机制作工》和《小型家用电器制造工》两项国家职业技能等级标准，为家电制造行业技能人才培养评价做出了突出贡献。

故事的哲理

越是黑灯“无人化”时代，其实反而越是需要“人”。因为当人与动物同源的“物性”逐渐被机器的性能乃至智能取代时，恰恰解放出来的就是“人”之所以作为“人”的“悟性”。因此，智能化时代的本质，不是取代人，而是激发人。（杨光）

千丝万缕一张网

数字化务必“以我为主”“以业务为核心”

哲理的故事

站在莱克成立30周年的节点，回看其数字化转型之路，已经走了将近10年。

想当初，随着制造业的竞争日益激烈，客户需求开始变得多样，市场对于产品质量和生产效率的要求也进一步升级。而莱克电气多客户、多品种、小批量、多订单的生产特性，更是面临着严峻的挑战。

当时，最为明显的一个棘手情况是，一方面仓库发错料和生产作业错漏而导致的产品返工防不胜防，另一方面检验实施及检验数据的可追溯性却并不给力，说白了就是，错了都不知道从哪里开始错的。不用说，这对于向来以快速响应、敏捷交付为优势的莱克来说是一大障碍。所以，针对生产和质量管理进行的数字化转型势在必行。

然而，这并非一片坦途。当时大部分企业在数字化转型方面都走了不少弯路，踩了不少坑。开头往往锣鼓喧天很热闹，有的花重金请知名数字化咨询团队介入，有的斥巨资购买世界级信息化软件，可惜等软件上线、咨询团队撤离后，因为系统与实际业务并不契合，导致人走茶凉，形同虚设，最后一地鸡毛，一切照旧。也有一些传统企业会高薪聘请互联网高管入驻，试图嫁接数字化基因，可惜也大多因为水土不服导致文化冲突不断，即便经理人来头资历再牛，也很难发挥威力，最后黯然下课。

正所谓：创始人的认知边界，

才是企业发展最大的边界。莱克电气董事长倪祖根对此有着他的哲学思考：数字化转型绝不是单点能力，而是系统性工程。外部软件和咨询团队更多导入的是“通用方法论”，而非“定制化解决方案”。虽然数字化转型不能没有方法论，但也不能只有方法论，要与企业的实际业务需要相结合。而自己的业务和自己的设备，只有自己最了解。

于是，从2017年开始，由董事长倪祖根牵头，组织IT、质量、生产、售后等部门对国内、海外、总装、注塑、电池包共19家工厂进行了MES数字化平台的打造。当时，倪祖根提出的目标非常明确，就是通过实现数字化、可追溯化、实时化、可视化、信息化、系统化的六化功能，达到两大目的——生产管理中的生产可视化、生产防呆、产品可追溯和质量管理中的数字化采集、数字化检验、数字化控制、数字化改进。

在推进实施过程中，他们构建了以系统管理、战情中心、计划管理、生产管理、质量管理、仓库管理、基础管理的7大模块。首当其冲的，就要打破企业内部的信息孤岛，实现信息的互联互通，确保信息能够实时、准确地传递。而这同样不能实行拿来主义。

倪祖根提出成立专门的IT部门来牵头负责，这和大多数中小企业上数字化时只是引进标准化系统的做法显然不一样。即便一些中小企业有IT部门，大多也只是“网管或者修电脑的”，对数字化管理缺少真正的主动性与专业性。倪祖根直接要求IT团队必须根据公司具体情况来自主开发信息化系统，进而自主更新，自主维护。这虽然比引进外部现成标准化系统的成本要高很多，但它足够灵活，可以根据场景需要随时开发模块，随时调整。

之后，经过项目组的不断改造与完善，信息孤岛逐一被打破，从产品生命周期的管理，到生产过程执行的管理，到供应链的管理再到客户关系的管理，逐步形成了协同一体化的信息管理系统。这相当于将莱克总共19个工厂的所有车间、产线的数据和信息都集中在了一张互联互通的大网中。

这张网不仅贯穿了工艺策划、计划排产、物料采购、生产制造、进出厂物流、内部生产物流等生产的全流程，同时，还覆盖了质量策划、质量标准、进货质量、过程质量、市

场质量的全过程。

在此过程中，项目组自主研发、专项定制开发的软件攻克了数字化转型的通用性、复杂性问题。并独创了产品按生产批次进行24个月质量连续跟踪的系统。

短短三年时间，莱克19个工厂数据自动采集的准确率从原来的83%提升到了100%。产线直通率从原来的97.5%，提高到99%以上。错漏装则从0.7%下降为0.04%，成品缺漏返工率下降了33%。

由此，当试图进行数字化转型的企业大多数还在踌躇徘徊无头绪时，一切从实际出发，反对拿来主义的莱克电气，已然自成一统成功实现了心中有“数”，让管理变得透明、可控起来。

故事的哲理

企业的数字化导入，从来都不是数字化自身的问题，而是一个组织管理系统如何全面变革，又同时如何切实契合业务需求的问题。因此，单纯依靠外部IT团队，或单纯交由内部IT部门负责，都注定前景凶多吉少。

数字化，本质上还是一个辅助自身业务发展的时代化工具，只有企业自己才知道自己需要什么样的数字化，甚至有时只有企业家自己才知道。虽然，很多人也知道数字化是“一把手工程”，但实际操作中往往是高层置身事外，随后相互推诿，导致不了了之者比比皆是。因此，企业又特别是企业决策层，必须秉承对外坚决“以我为主”、对内务必“以业务为核心”的意识和原则，数字化升级才可能在企业内真正生根发芽，并真正助力企业在时代大潮下如虎添翼。

这是众多中国企业过去20年“趟路”信息化、数字化转型的血泪心得。(杨光)

第6章

洞察产业规律 推动经营转型

“凡事预则立 不预则废”
“事成于谋 毁于随”
成功的民营企业家
应该是实干家
并且是不断学习
勇于变革的企业家
既要埋头干事
又要抬头看路
不仅要在自己的
优势产业里做强做大
更要未雨绸缪
不断开拓未来业务
“在雨天来临前备好雨伞”
——倪祖根

倪祖根的"进退方法论"：天气好时，就要备好雨伞

企业家决策是情怀与理性的完美融合

哲理的故事

2024年初，一部名为《繁花》的电视剧如一股清新的春风，成为人们热议的焦点。这部电视剧的故事背景，设定在1990年代初的上海，主要讲述了小人物阿宝在充满挑战的社会浪潮中勇敢迎难而上，通过坚韧不拔的努力逐步改变自己的命运并成功以"宝总"在上海大显身手的故事，引发了观众对于那个激情四射的时代和个人奋斗的深刻思考。

莱克电气董事长倪祖根对《繁花》赞赏有加，一集不落地从头看到了尾。因为他从中看到了自己当年创业奋斗的影子。

而剧中传奇人物爷叔的一句话："大暑之后必有大寒，天气不会一直好下去的"，也让倪祖根深有感悟："经济的发展规律，其实也遵守万事万物不断变化的哲学道理。流行的事物一定会过时，凡事来得快去得也快，发展到疯狂的时候就是灾难，盛极必衰。所以，做什么事'心可以热，但头一定要冷'，要用辩证法哲学思维看待人和事。"

对于一个产业的"进"与"退"，倪祖根都会反复论证，深思熟虑后再做出决定。

人们很好奇，以高性能电机为核心技术的莱克，为何始终没有切入以电钻为代表的电动工具领域——其使用场景，甚至要多于吸尘器。

"电动工具产业在国内其实起步很早，而我最开始聚焦于吸尘

器。两个产业可以说都在迅速发展，我如果同时去做的话，哪个都会做不好。等我们把吸尘器做到了世界第一时，电动工具产业已经完全饱和了，于是产品都很同质化，只能打价格战。对于这种产业，莱克肯定不会卷进去的。所以我们会选择做可以差异化的园林工具，而不是已经白热化竞争的电动工具。”倪祖根一板一眼地分析说。

因此，对于“进”，倪祖根的经验是：当机会出现时，要先人一步果断采取行动。只有第一个行动的人，才能获取更高的投资回报。

显然，一个新产业、一项新技术刚有苗头时，正是进入和布局的最佳时机。此时，如果预见到某个项目或产品具有潜在价值和良好前景，应提前介入并制定战略，从而建立竞争优势和市场壁垒。不能等到已经热火朝天，才去“凑热闹”。

同时倪祖根一直提醒自己：今天的成功经验，并不能保证未来的成功，因为这个世界一直在变——如果只是跟着过去自己得出的结论去走，未来也会慢一拍。因此，科技创造的新需求、新技术、新价值、新供求所衍生的新的变化趋势、行业竞争强度等，始终应该是企业经营和投资要研究的最重要因素。

倪祖根认为，以逆向思维判断形势，以哲学的观点看待万事万物的变化，极其重要。对于此，他有一套详细的方法论：

任何流行的事物一定会过时。凡事来得猛去得也快，热点一定会转变成冰点。企业家不能追高跟风，要想想潮水退去的时候如何生存；一切机会存在于别人没有发现的趋势之中，凡是全国上下都发动鼓励去做的一件事，往往不能做了。因为这时已经晚了，并且隐藏着变化和风险，要么成为接盘侠，要么出师未捷身先死。事物的本身可能是好事，但大家一哄而上就会发生踩踏，引发过度竞争，好事变坏事；当别人疯狂的时候保持冷静，乐极易生悲，要见好就收不冒进；当别人恐惧的时候保持乐观，天塌不下来，风雨过后是彩虹，要积极进取。

而对于“退”，倪祖根觉得：关键在于提前嗅到危机的气息，在“盛极之时”就要考虑退出，因为这往往预示着衰退和危机的到来。

显然，任何一种业务，都会经历从成长、成熟到衰退的过程，企

业要与时俱进、不断变革，等到拐点出现再调整就已经来不及了，已经是“马后炮”了。

2016年，倪祖根果断叫停了对房地产行业的投资，就是因为他提前觉察到了产业拐点的到来。显然，什么时候“退”，要比什么时候“进”，更难，也更重要。

纵观莱克电气30年来的战略转型，都是倪祖根在深刻剖析、洞察产业规律后做出的决策。

莱克最初专注于吸尘器领域，从事ODM出口业务。经过十年的发展，莱克成为全球最大的吸尘器研发生产企业。然而，这也意味着未来的发展空间有了天花板。

2008年全球金融危机爆发，导致出口增长明显减缓。倪祖根认为出口市场不会一直繁荣下去，因此在出口业务仍然良好的情况下，于2009年抓住中国城市化和工业化带来的内需市场机遇，及时创立自主品牌，并采取内外销并举的策略，构建国内外双循环体系。当时，倪祖根投入了大量时间研究品牌定位和发展战略问题，并做了一系列的产品品类创新，成功打造了莱克、碧云泉、吉米等品牌，才让今天的莱克成为中国小家电市场最高端的民族品牌，也成为出口型企业创立自主品牌少数成功的企业之一。

自2018年以来，倪祖根敏锐地意识到随着中国城市化和房地产产业的成熟以及房价的大幅上涨，高房价将导致人口下降和房屋销售困难，消费品市场也将出现下滑趋势。因此，莱克在2018年后及时调整发展战略方向，果断进军汽车零部件产业，发展汽车电机、汽车模塑、压铸等新业务，培育新的增长点，推动企业不断转型和可持续发展。

近年来，国内外消费市场面临巨大压力，莱克的出口业务也受到一定影响，然而，其汽车零部件业务却发展良好。

2024年，是莱克成立30周年和创牌15周年，其小家电出口业务已止跌回升，同时汽车零部件业务增长迅猛。预计莱克全年营收将超过百亿元，在普遍低迷的市场行情下，整体经营业绩有望再创新高。

“生意不是要比谁赚得多，而是要比谁活得长。”这是爷叔的至理名言。对此，倪祖根也说了一句“名言”回应：“（因为）天气不会一直好的，（所以）在天气好的时候就要备好雨伞。等有了问题，临时抱佛

脚，才想转型就晚了。所以要未雨绸缪。”（辛国奇）

故事的哲理

真正的企业家与职业经理人不同。虽然都在直接操盘，但经理人天生是在精致地追求“阶段性成果”，而企业家则注定要为自己的各项决策，用自己的毕生积累来承担起“终极责任”——两者负责的范围程度截然不同。

真正的企业家也与蒙眼赌徒不同。虽然都在承受风险，但赌徒注定会在纯粹的利益刺激下丧失理性判断，而企业家则始终着眼于社会创造、商业规律和风险控制而做出早人一步的决策——两者运行的底层逻辑截然不同。

因此，真正的企业家决策，不论进与退、缓与疾，都是同时基于价值情怀与商业理性所做出的。因此，企业家是社会上唯一从不抱幻想却又始终积极进取的人群。（杨光）

从吸尘到打草：莱克如何击穿“隐冠”天花板

同心多元化的核心，是同心

哲理的故事

2004年，莱克的吸尘器产销量达到800万台，一举成为全球最大的吸尘器研发制造商和“世界隐形冠军”。

身为聚焦“一米宽、万米深”领域的隐形冠军，便自然存在距离发展天花板“最近”的问题。如何破局？“隐形冠军之父”赫尔曼·西蒙的答案是：进军海外。中国市场虽然很大，但只占全球市场的17%。如不积极向海外扩张，就等于拒绝了83%的市场。

天生具有国际化基因的莱克，显然不存在这个问题。从1994年创业开始，莱克就注重实施全球化发展，征服了一个又一个国际大品牌，把吸尘器产品卖到了全世界。

是安守第一，还是做更多的第一？只实现吸尘器单品类的全球化，就够了吗？这成为莱克电气董事长倪祖根开始思考的问题。他觉得，要想长远发展，除了吸尘器要向高端化、无线化发展之外，还必须开拓新的行业和新的品类。

回望莱克10年路，自打倪祖根在创业初期率先研发出3万转/分钟的高速整流子电机之后，便一举奠定了莱克在吸尘器和高速整流子电机行业的领导地位，并一路将高速电机的各项核心技术都掌握在了自己手中，引领了高速电机行业的发展。

那么，围绕电机这一核心优势，探索吸尘器之外更多品类的可能性，自然就成了下一步的方向。

倪祖根深知，所谓行之有效的多元化，绝不是盲目多元化，而是要"同心多元化"，即沿着自身核心能力与资源进行复制或延展的多元化。能力涉及上游技术端，资源涉及下游客户端。当时，倪祖根洞察到，国内外发展尚不成熟的园林工具行业有着广阔的发展空间。而这一行业，既和莱克已有电机技术相关，又和莱克已有的客户渠道相关。再加上，吸尘器的生产有淡旺季之分，而园林工具正好可以平衡生产安排，弥补淡季空缺。

确定了方向之后，从2005年起，倪祖根便组建团队着手园林工具的技术攻关与探索。首当其冲的便是要解决"产品卖给谁"的问题。当时，倪祖根将所有具有园林工具业务的客户都拜访了一遍。找准客户需求，才能有的放矢。

莱克团队决定以园林工具中相对简单的打草机作为切入点。当时，虽然莱克有电机优势，但缺少园林工具在结构方面的技术积累，要实现从0到1的突破不容易。研发人员便买来别人的样机进行拆解，先从结构上分析，并上网查阅资料。虽然国外有现成的专利技术，但莱克绝不会抄袭，一项接着一项自行攻关。哪怕非常简单的一个磁场问题，都能困扰他们好长时间，为了解决磁场强度和磁力控制，研发人员跑去苏州大学请教物理教授，一本大学物理书都快被翻烂了。

经过两年多的钻研，莱克的第一款手持打草机终于诞生。解决了从无到有，便有了谈合作的基础。莱克将打草机产品送到世界园林工具行业的标杆H企业做测试，获得了初步认可。双方抱着试试的态度，先签下了5款打草机共14万台的订单。

一开始为了防止出现偏差，H公司事先把外观造型、结构设计和测试要求定义好，莱克研发部再照此去实现。在此过程中，莱克和H每天保持着远程联系，互相切磋。本来一年的交付期，莱克只用了短短半年时间就将5款打草机的订单全部完成了。

H不免有些惊讶，称赞他们不仅高效，而且质量和性能都超出了预期。接着，又签了第二批、第三批订单。仅那一年，就合作了20款打草机，莱克园林工具业务的年销售额从起初的30多万元，一举增长到了2000万元。那一年，整个园林工具板块从销售到研发

到生产的提升全部都有了一个质的飞跃。

在手持打草机的基础上，双方又进行四轮割草机、绿篱机等一系列园林工具的合作。莱克也从之前的侧重生产逐渐开始发力研发和设计，并不断创新。三年过后的2009年，莱克电气被H公司评为“全球最佳供应商”。又过了三年，其他世界知名品牌园林工具业务的合作也接踵而来。

由此，莱克电气不仅顺利打开了园林工具这一新行业，随即又开始了对更多以电机为核心部件的领域扩张。

这其实与华为的多元化异曲同工，都是围绕企业的核心能力展开。华为将其称为同心圆发展战略，即在华为的核心能力生长点上，孵化新业务。华为用了20多年的时间，聚焦网络通信领域，在网络通信发展到一定规模之后，于2009年衍生出企业业务和消费者业务，华为后来又发展了车BU（业务单元），以及云计算、大数据等业务。

可以说，莱克的电机技术，就是华为的信息与通信技术。人们也常说腾讯的多元化毫无章法，什么都做，其实腾讯的聚焦定位恰恰就是社交——莱克的电机，也如是。

故事的哲理

持续10年专注主业，是“中国造隐形冠军”评选的限制性硬指标，也是全球隐形冠军企业取得成功的普世规律。但10年触得行业天花板之后，隐形冠军企业不同的认知与抉择，将决定企业是继续成为冠军乃至传代，还是进而成为更多的冠军，抑或开始魂不守舍丢失冠军。

如果，隐形冠军是想成为更多的冠军，最有效的方法论，就是围绕自身的核心技术优势，进行应用场景的拓展，哪怕看起来风马牛不相及。比如日本的富士胶片，在主业被数字技术颠覆取代之后，转去了看似毫不相干的美容化妆品业，却一举获得了比资深化妆品牌SKⅡ更高端的市场形象——因为胶原蛋白的本质，还是胶！

因此，同心多元化的核心，不在多元，而在同心，进而站在心的高峰上，打开自己，放眼看世界。（杨光）

“拦截”与反“拦截”，1小时争取来“全球最佳供应商”

好机会，都是从指缝里争取来的

哲理的故事

2017年7月12日，在德国斯图加特市举办的B集团全球最佳供应商评选和授奖大会上，来自中国的莱克电气，荣获15/16年度“全球最佳供应商”大奖。

这是很了不起的。

B集团是“德国制造”的代表性企业之一，在多个产业的创新尖端产品及系统解决方案闻名于世，而且是全球第一大汽车技术供应商，仅仅在中国的销售额就超过千亿人民币。

此次的获奖者，则是从B集团内包括汽车零部件、电动工具、家用电器各板块4万多个来自全球的供应商中严格选拔出来的，仅有44家获此殊荣。其中整机供应商仅有莱克电气一家。

这意味着，莱克电气已进入了B集团全球最优秀供应商的行列。这不仅是国际顶流客户对莱克电气多年在信誉、质量、交付、创新、服务和可持续性等综合指标上表现出色的肯定，而且进一步证明了莱克电气核心研发技术与制造品质达到了国际先进水准。

但没有人会想到，莱克当初打动B集团，只用了反“拦截”争取来的短短一个小时。

将时间倒回到2007年3月7日，B集团的高层领导到中国来考察。莱克电气海外营业部本来与之约定好了于3月9日到公司来参观园林工具业务。

结果头一天下午，突然被通知第二天的参观取消了！

时任海外营业部团队在措手不及的同时，也做了冷静分析，感到事出突然，必有蹊跷——因为这完全不像严谨守时的德国人做派。经过多方打听，才知道原来是B集团的另一家苏州供应商得知了这位高层要到莱克的行程，“醋意之下”便借故将他们本应该3月8日结束的会议，硬是拖延到了3月9日。这么一来，本属于莱克的会面时间便被拦截了。

但海外营业部团队不甘心。要知道，此次来的可是B集团的全球采购副总裁！这个级别的领导一年最多来苏州一次，机会难得啊！必须反“拦截”。于是，他们打听到采购副总裁所住的酒店位置，并让园林工具销售经理带着业务员，于3月9日一大早到酒店大堂等候。

看到那位采购副总裁吃完早饭从大堂经过，销售经理见缝插针上前表达了莱克董事长倪祖根的诚挚邀请，希望他到莱克公司看一看，哪怕是1小时也行。

副总裁毕竟是爽约在前，心有歉意，便答应挤出1小时时间前去参观莱克公司。

倪祖根亲自接待了这位B集团的采购副总裁，并高效利用了这1小时时间。在这之前的三年前，创业十年的莱克就已经成为吸尘器行业“全球最大研发制造商”。是怎么做到的？倪祖根分别从莱克的电机研发体系，工业设计理念，以及高质量准交货能力方面做了展示。包括产品外形到产品试产各个关键环节的评审制度，以及产品试产后的安全、性能测试验证，乃至后续生产等全过程质量管理体系等——倪祖根如数家珍。

世界级客户最重视供应商的专业素养与系统化、制度化的管理水准。莱克的专业实力加上倪祖根的一番专业介绍，恰恰正中靶心。

果然，B集团的采购副总裁当即就表示了赞赏。就如同十年前的1997年，倪祖根就是靠着过硬的专业自信赢得了伊莱克斯全球小家电总裁的赞赏，进而展开了深度而又长远的合作。

毫无悬念，这位B集团的采购副总裁回德国后的第二周就发来了采购意向，双方合作的那条线就此算是搭上了。随着时间的推移，莱克与B集团的合作越来越紧密，越来越深入，最终“链合”到了篇首的那一幕高光时刻。

两边都太值了！

故事的哲理

真正伟大的企业，没有一家是在“理所当然”或“众望所归”之下被捧出来的。之所以能实现伟大，除了正确的初心和过硬的实力，还在于这些企业总能抓住稍纵即逝的关键机会。

很多时候，即使遭到拒绝也不一定意味着完全没有机会。如果你可以不断地尝试和争取，并且站在对方的立场上为他去思考，而最终很可能会峰回路转。要谨记，自助者天助。（杨光）

五年"局外人",一朝成为"最佳人选"

"链合",源自持续不断地"联系"

哲理的故事

2012年，莱克电气销售团队在参加国际展会时，接触到了世界知名的德国园林工具制造商S公司的奥地利业务团队，并与其采购总监互留了联系方式。

当时，园林工具制造商和电动工具制造商在一个展区，吸尘器则在另一个展区，严格来说并不是一个行业。毕竟隔行如隔山，S公司的团队从没想过会和吸尘器制造商有什么瓜葛。因此，S的采购总监起初也并未对做吸尘器的莱克留下很深的印象。

但S是园林工具行业的标杆企业，莱克又刚开始涉足园林工具业务，如果双方能够达成合作，那么这对于莱克的影响与加持，不言而喻。于是，莱克的园林工具销售团队到奥地利专程拜访了S的分公司。那位采购总监也接待了他们。但彼此交流了一番后，对方认为莱克只是做吸尘器的，园林工具不是主攻方向，并表达了在苏州旁边的常州已建有合资公司，零部件业务只与合资公司合作。言外之意，作为局外人的莱克，是切入不进去的。

局外人就注定只能甘心做旁观者吗？莱克团队并不沮丧，他们认为一时没达成合作没关系，但至少先建立了联络基础。同时他们也不忘积极创造条件，在技术上不断精进。

从那之后，他们便保持着一年两次拜访S公司的频率。每次他们都将莱克在技术研发、电机性能、品类拓展等方面新的进展与突破加以介绍，同时关注S公司的新动向。

两年后，那位采购总监有机会到常州考察他们合资公司的零部件工厂，莱克团队趁机把他邀请到了莱克电气。实地看过之后，莱克在园林工具方面的实力，让那位采购总监对于莱克只会做“吸尘器”的刻板印象，有所改观。

之后的两年时间里，S公司采购总监开始主动和莱克团队保持着有来有往的互相拜访。这期间，S的品类和规模不断增加，莱克的园林工具研发技术也更加成熟。到了2016年，那位采购总监第三次拜访莱克，董事长倪祖根亲自做了接待。他站在对方的角度，围绕莱克的产品质量、交付速度、成本优势、电机技术等方面进行了利好分析，并做了行业展望。这一次，对方对于莱克的优势和实力彻底认可了，并表示未来可期。

想不到没过几个月，“未来”便翩然而至。

原来，S公司和常州合资公司的供应商突然闹掰了。这意味着供应商将会马上更换——这不是天赐良机吗？当时莱克在园林工具方面已然逐渐稳健成熟，是S既熟悉又能够顶上来的最佳人选。又加上莱克刚刚研发生产出来的一款梳草机，是S的产品目录里没有却又正好需要的。很快，S公司就看了样机，做了测试，对效果十分满意，签订首单水到渠成。

机会一旦来临时，总会伪装得更像是运气，但之所以能够稳稳地接住机会，恰恰是因为之前的充分准备。

趁热打铁，这次合作完成之后，倪祖根很快就带着团队前去S的德国总部拜访。与以往去分公司拜访只出来一个采购总监接待不同的是，这次S公司从采购副总裁到技术副总裁，再到质量相关人员，派出了一个庞大的团队接待倪祖根团队。倪祖根分别从现有优势到合作契机再到如何做大做强，进行了有理有据地介绍。对方一众人听了颇为赞许，并且表示愿意将现有技术积累进行匹配与分享，期待合作愉快。

由此，莱克电气与S公司的战略合作正式建立。五年的念念不忘，终于迎来了回响。回过头来说，如果莱克团队在当初对S的第一次拜访时就铩羽而归了，那么相信故事早在五年前就“安于现状”地结束了，当然也就错过了后来的这份天赐良机。

故事的哲理

良好的国际合作，绝非“整合”，而是“链合”。“链合”，意味着彼此独立，各具优势，却又彼此咬合，而牢不可破。中国2B企业要想融入全球高端产业链，实现强强“链合”，第一要自己“强”，第二要有耐心，通过持续的接触联系，建立彼此的了解与信任，让对方感知和认可到我们的“强”，并“强”到了什么程度，直到“强”到了它所不强，甚至空缺时，一切“链合”便水到渠成。这就像高端粤菜，讲究的是温火慢炖，追求的是彼此衬托，原味芳香。（杨光）

精密压铸厂的新活法儿

越是感觉不行的时候，越是工作的开始

哲理的故事

2005年，莱克电气以高速电机为核心，开始了相关多元化发展。

首先，莱克电气进入了园林工具项目，包括割草机、绿篱机、吹吸机、高压清洗机等产品的研发和生产。其中，高压清洗机要用到的一种泵体，对零部件的性能要求非常高，当时国内的一些配套零部件故障非常频繁，而进口的成本又太高，这促使莱克只能自主解决这一问题。

于是，从2006年开始，莱克在苏州建厂8万多平方米，扩大园林工具生产规模；同年从日本东芝、东洋引进精密压铸机，投资兴建了精密铝压铸厂，为高压清洗机配套生产精密零部件。

本来这是一个起点高并被寄予厚望的压铸厂，没承想却出师不利，连着亏损了三年都不见起色。当时精密机械厂属于莱克电气的内部供应商，只对莱克电气供货。不用竞争却还一直亏损，在旁人眼中多少有些烂泥扶不上墙的意味。于是，作为董事长的倪祖根，开始重新审视精密压铸厂的管理问题。

首先就是换帅！当时考虑到莱克模具厂的潘厂长对机加工比较熟悉，又曾经是模具厂的编程工程师，和精密压铸多少有一定相关性。为此，2008年3月，倪祖根亲自下达调任命令，派潘厂长前去“救火”，担任精密压铸厂厂长。

这样一个“烫手山芋”，怎么样才能改变现状？潘厂长开始带领精密压铸厂团队寻找新的活法儿。当时，精密压铸厂的6台机器并不能做到完全饱和运转，于是他们便提出，与其“闲置”着去“等靠要”内部的订单，不如到市场上去历练一番，去证明自己。

这一脚迈出去注定不会太容易——没有竞争都是连年亏损，何况还要跟外界去竞争？但是不逼自己一把，结局谁又知道呢？

精密压铸厂团队经过好几个月的不断联络与开拓，好不容易才通过朋友关系联系到了一笔加工电视机底座的业务。只不过，这一单着实烫手：只有22天的开模时间和1天的试模打样时间。如果完不成，不仅订单转走，客户还要索赔损失，而且模具费也要由精密压铸厂自己承担。

团队一致认为这绝不可能完成。按当时厂里的工艺水平，模具的开模时间需要两个月以上，试模打样需要至少一周。就在两年前，也有个市场订单要求35天交样，可最后都要签合同了，时任厂领导考虑到根本完不成，又临时拒绝了。这次则要求23天完成，更是想都别想!

过去不行，就一定说明这次也不行吗？如果一直因循守旧，就不可能有新的突破。潘厂长不相信没有解决办法，竟一咬牙答应了下来。并留下了一句话："逢山开路，遇水架桥！"

随即，他们辗转找到了附近的一家模具厂。但由于受2008年全球金融危机的影响，模具厂没有什么生意，都准备要关厂了，所以老板也不想再接单——何况还是这么急的单。潘厂长便跟他分析：这可是一个100万套的大订单，得需要10套模具呢。只要前面1套模具做好了，后面是可以持续复制的，这样以后大家就都有饭吃了。

一听这些，本来生无可恋的模具厂老板有些心动了。毕竟彼此都是遇到经营困境的厂子，同病相怜，这一单如做好了，没准儿真能枯木逢春。于是，他便死马当活马医地答应了下来。紧接着，他们连夜把模具设计方案定了下来，把材料清单列出来，并排好了进度表。

然而三天过去了，当模具厂老板被问到进度时，却一脸颓废，支支吾吾地说出一句令人崩溃的话："根本就没有定料。"原来，这种小模具厂必须现金定料，而老板又没有收到预付款，便只好自己去筹钱，结果还差4万。如果再筹不到钱，他就准备撂挑子了。

潘厂长不禁倒吸一口凉气，时间本来就紧，这要再出了岔子，不擎等着泡汤嘛！当时再走财务流程去申请预付款已经来不及了，于是，为了不耽误交付，她先自掏腰包垫付了余下的差额，和老板一起把材料买了回来。

模具厂老板很受感动，于是开足马力，启动了"5+2""白+黑"且全线支援模式。终于在第22天，实现了模具的交付!

当同事们得知真的在22天内把模具开好时，不禁"喜大普奔"，如同打了一针强心剂："看来真的没有不可能！"于是，全员齐心配合用一个通宵的时间就完成了试模打样，按时交付了样品，并顺利签订了订单合同!

这是精密机械厂的第一个市场化订单。

就是这笔订单，激发了全员的斗志，重新树立了信心，变得有了拼劲儿与奔头。还主动解决了很多之前安于现状或熟视无睹的问题，比如产品不良率的提升，人员的奖惩刺激，市场进一步开拓等。一年后，亏损了三年的精密厂，奇迹般扭亏为盈！不仅原有的6台压铸机满负荷运转，还添了新设备。之后，精密机械厂又逐步开拓出了国际知名大客户的电动工具业务，甚至发展成了莱克电气的一大事业部和利润增长点！

这个时候，好戏才刚开始。他们还不知道，有关核心零部件的一片更加广阔的天地，正在不远处向他们招手。

故事的哲理

日本"经营之圣"稻盛和夫曾说过："当你觉得已经不行了的时候，才是工作真正的开始。"

这是对所有面对困境的企业团队最重要的一句话。为什么稻盛先生会有这样惊世骇俗的警句？不仅仅因为他用自己的一生证明了此言绝非虚妄，还在于它内在放之四海的深刻道理：潜力，就是未迸发的实力。人或组织，不逼自己一把，你都不知道你其实可以有多优秀！而不濒临绝境，人的潜力是轻易逼不出来的。

而逼出来的潜力，不仅是九死一生的蛮力，更是打破自我的智力和咬定青山的耐力。所谓急中生智，所谓破釜沉舟，所谓置死后生。人，只要有信念，没有什么是不可能的。越是看似四面楚歌，就越是成就自己、超越自我的时候！作为管理者，你必须无条件这样去"想"，无杂念这样去"干"！（杨光）

2018“跳出家电”：闯荡新行业里的新本事

跨界：基于专业化，并非多元化

哲理的故事

物极必反，盛极必衰。任何行业发展到一定极限，都会朝相反的方向去发展。在莱克电气董事长倪祖根看来，做企业必须居安思危，未雨绸缪，不断与时俱进。只有这样，企业才能长久保持繁荣，立于不败之地。

众所周知，中国改革开放40年，经济增长主要靠出口、投资、消费三驾马车拉动。但出口不可能始终如一地持续高速增长。特别是当全球需要的增量减缓时，消费品业务很容易陷入增长的瓶颈。

作为小家电出口佼佼者的莱克，在2018年之后自然也不能独善其身。所以，除了将现有主业进行高端化升级之外，还必须与时俱进，探索新的发展空间。事实上，整个中国企业，在这个阶段都面临着“逆境创新”的考验。

放眼世界，当时正在涌现出从单一产品、单一服务，走向产品和服务生态化的优秀经营模式。“苹果”有智能手机、个人穿戴手表耳机、内容等。“迪士尼”有主题公园、影视、米老鼠授权IP商品等；“谷歌”有搜索、地图、云服务、无人驾驶、智能眼镜、广告等；“LV集团”有路易威登、迪奥、芬迪、宝格丽、Tiffany、轩尼诗等；“维珍”有航空、旅游、酒店、可乐饮料、电信、游戏、金融服务等。

“如果莱克也跳出家电的圈子，会不会是一片更大的市场？”受到启发的倪祖根大胆思索着。

就在2018年，莱克的精密机械厂与美国的一家知名汽车零部件供应商达成了汽车零部件的业务合作。这也是莱克在家电行业之外的汽车行业达成的第一笔零部件业务。这便更加证明了倪祖根的想法，进而促使他将目光瞄准了比家电产业更为庞大、市场更广阔且势头正劲的新能源汽车产业。

其实早在2007年，莱克电气就已经进入汽车电机业务，为福特、丰田、尼桑、马自达等知名传统油车品牌提供暖风机和冷凝器电机，但还只是电机。与此同时，在围绕核心零部件进行垂直整合时，莱克也已经培育了成熟的精密铝合金成型与加工、高速数码电机、精密模具、电池包等业务，但那时只服务于家电行业。而这些业务，其实在新能源汽车，乃至在太阳能产业中也是急需的产品。

一方面是到新产业里干老本

行，一方面是在老产业里长新本事，那么再结合一下：闯闯新产业里的新本事，如何？明明拥有技术积累的莱克，若不能或不敢在其中分一杯羹，难免有“入宝山而空回”的遗憾，这可不是莱克的气质。

于是，从2018年之后，莱克电气及时调整发展战略方向，开始在智能家电、电动工具的零部件业务基础上果断向势头正劲的新能源汽车、太阳能的零部件产业进军。2022年，汽车核心零部件业务销售便实现了翻番增长，占比达到公司整体营收的三成，成为莱克电气继家电ODM、自主品牌之后的又一增长极业务。

在此基础上，莱克提出了业务多元化、生态化协同发展的战略，把多年来培育出来的零部件业务作为重要的发展产业，提出了以客户为中心，面向国内、国外两个市场，构建国内及国外双循环制造体系；重点发展自主品牌、ODM/OEM贴牌出口和汽车及新能源等零部件B2B三大业务，推动产业链协同发展。

由此，增速放缓的困境得以成功突破，莱克在新的赛道上跑出了新的动力和速度。

莱克电气就好比是大海中的一艘航船，如果说在电机核心优势基础上延伸到园林工具、厨电的同心多元化，是一种激流勇进，那么跳出小家电的圈子，则是“见风使舵”，驶入了一片更广阔的新大洋。

故事的哲理

跨界和多元化的区别在哪里？区别在于，多元化只是基于市场潜力的机会判断而选择跨行业进军，而跨界是首先基于自身核心竞争力的底蕴判断从而进入更能充分释放自身核心优势的行业空间。因此，多元化是观外的，而跨界首先是观己，然后再观外的。

那么跨界和专业化又区别在哪里？两者都是基于对自身核心竞争力有深刻认知，但专业化是基于自身核心竞争力仍存在较大提升空间，或已有市场仍存在较大成长空间的聚焦选择。而跨界则是前者空间有限，但后者的外面反而拥有较大空间的腾挪选择。

好的文学作品被总结为：紧扣人性，源于生活，又高于生活。而好的企业战略也可以总结为：紧扣核心竞争力，源于既有市场，而不囿于既有市场。（杨光）

模具厂：开出一片“野外”新天地

在“白垩纪末”之前，就跳出你的“舒适区”

哲理的故事

2019年的一天深夜，从莱克电气注塑模具厂开出了一辆白色的商务轿车，车上坐着莱克注塑模具厂的几个团队成员，他们要赶往2000公里以外的广西柳州。因为，那里有他们的一张意向订单——如果真成了，这可是他们从内部配套走向市场化自营道路的第一张订单！也是拓展加工汽车零部件模具的第一张订单！

为了这张订单，他们已翘首以盼了5年之久。

坐在车里，回想一路走来的点点滴滴，几位成员心里此起彼伏，思绪也回到了2014年。当时，在莱克电气的多元化战略中，开始向核心零部件拓展。再加上，莱克电气做内部配套的精密压铸厂本来已经濒临倒闭，却由于转型市场化自营而转危为安并越来越红火。作为同样是内部配套的模具厂自然羡慕不已。

其实当时的模具厂，并没有深陷困境，反而是公司的重要投资板块，设备和产线都是国内顶级水平。但是，只满足内部业务，并不能真正发挥出价值。他们就想着，只赚莱克的钱，那不叫本事，去赚市场的钱，才能证明产品有竞争力。而外部的业务量进来，也会让生产更饱和。于是，他们做出了一个决定——模具厂也开始进行市场化自营。

他们没有选择虽然熟悉但已高度内卷的小家电模具，而是把目光瞄向了当时正蒸蒸日上的汽车零部件，并开始有意识地接触外部汽车零部件的模具注塑市场。

然而，没有谁能随随便便成功。模具厂团队去拜访外部客户，虽然客户都知道莱克模具厂的硬件是顶级的配置，但人家一听是做内部配套的，态度马上就变得犹豫甚至冷淡。在他们看来，做内部配套的模具厂就好比是动物园里饲养的小动物，完全不是市场化优胜劣汰的“野生”节奏。

“一次次拜访，一次次冷落，一次次审厂，一次次不通过，对我们信心的打击还是比较大的。”时任模具厂厂长后来回忆时坦言。他们感觉自己就像一个原本充满气的气球，打击一次就泄气一次，次次打击次次泄气，直到气球越来越瘪。甚至开始自我怀疑：是不是根本就不适合做外部订单？

但细想下来，其实也不能怪那些人的“另眼相看”，毕竟没有人愿意去当“小白鼠”。从专注做内部供应，到接受市场的洗礼和同行的竞争，就好比圈养的小动物要去野外生存，必须先适应野外的环境，积累野外生存的经验和技能。

然而，长年“圈养”的自己，真的已具备“野生”的所有条件了吗？比如，做家电零部件模具自己是专家，但如何改做汽车零部件模具呢？自己的内功修炼已万事俱备了吗？确实还没有。

意识到了这些之后，模具厂团队也就不再焦躁了，而是沉下心来，开始招兵买马。他们下决心引入了一批汽车模具专业的人才，组建了专门针对汽车零部件模具市场的团队。同时他们还进行了组织优化，几年时间里，单是人员方面就换了三分之一以上。一步步铺垫，一步步成熟，直到只欠一股能让他们一展风采的东风。

终于，2019年的一天，机会来敲门了。一个熟人向厂长提起了柳州一家老牌汽车生产企业的业务意向。这样的一个企业，如果能甘当一回莱克模具厂的“小白鼠”，那将会是一个关键性的突破。模具厂团队仿佛看到了一束光，机不可失，他们要立马去拜访。所以等不到第二天的飞机了，而是连夜驱车出发。一路上他们兴奋得谁也不困，到兴头上时还吹起了口哨。

经过一夜的奔赴，第二天一早便来到了汽车生产企业。这首先就给对方留下了一个好印象，有了进一步了解彼此的机会。所以，即便知道他们是做内部模具配套的，也没有冷眼相待。在探讨业务的过程中，模具厂团队在汽车模具上表现出的专业水平反而令对方高看了一眼。很自然地谈到了进一步的计划，这也让团队进一步看到了希望。趁热打铁，接下来的一个月时间里，他们几次三番地前往柳州拜访，研究细节。

最终，对方被这份执着与专业彻底打动，愿意一试。签合同时，时任厂长激动得手有些发抖。他知道，虽然这只是区区30万的一张订单，但总算有了显身手的机会。

硬件的实力加上团队的专业，让模具厂如鱼得水，这张订单只用了一个月便顺利完成了，客户验收非常满意。由此，莱克模具厂总算在汽车模具领域撬开了一条缝。接着，第二张，第三张……订单开始源源不断。一系列高端汽车零部件客户的合作也渐渐多了起来。并已经在模具的基础上开始涉足汽车零部件的注塑业务。

就这样，模具厂在那条缝隙中完全打开了一片广阔天地，营收业绩年年攀升，从2022年的3000万，到2023年的6000万，再到2024年一举突破1个亿，且后劲十足。

“他们只要来审厂，就没有不通过的，就怕不来审。”模具厂的底气早已今非昔比。他们说，走向市场化自营道路，赚钱是一方面，更重要的是证明了模具厂的“野外生存”能力。原来别人眼中动物园里靠“投喂”的小动物，也可以自己去抓捕食物填饱肚子了。接下来，他们还要抓得更快，吃得更好。

故事的哲理

在上亿年前，硕大无朋的恐龙中，有一些不起眼儿的小家伙，最终进化成了天上飞翔的鸟类——不仅逃过了白垩纪末的灭顶之灾，反而雏鹰展翅，大放异彩。一眼可见的是，这些小个子恐龙身上长出了羽毛，又把前肢变成了翅膀，最终得以翱翔天际。殊不知，在这之前，这些恐龙率先完成的是看不见的改造：将自己从冷血变温动物，变成了热血恒温动物。

可见，实现任何转型重生，内部组织的适应性变革，都是第一位的。有了内部热血支撑，你的羽毛和翅膀才有用武之地，也必会有一股东风吹拂你徐徐向上。

谁是消逝了的恐龙？谁是飞上天的鸟？并不取决于白垩纪之末，而取决于在之前的“大好时光”中，不同的恐龙们已经各自选择了什么，并坚持做了什么。命运，由此迥异。（杨光）

收购帕捷，切入新能源车道

用产业前瞻判断力，驾驭一切

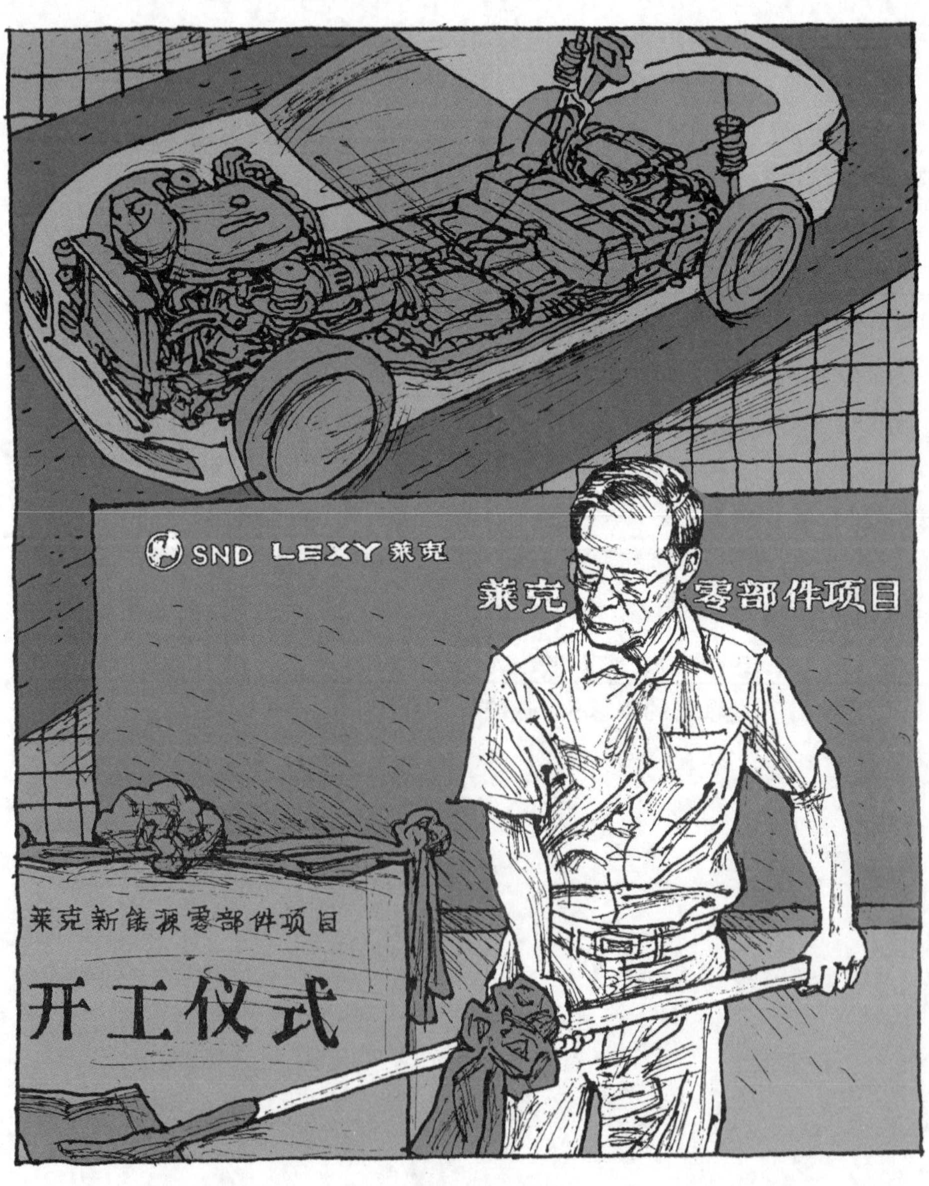

哲理的故事

2021年12月2日，已经在上交所上市6年的莱克电气发布公告：上海帕捷汽车配件有限公司（包含其全资子公司昆山帕捷）已完成工商变更登记手续，莱克电气成为上海帕捷唯一股东。

由此，莱克电气在新能源汽车上游供应链系统布局的大幕，正式拉开。

其实早在三年前的2018年，莱克便开启了新一轮转型，在原有优势基础上，形成了以核心零部件为主并向外延伸的产业链业务协同。

短短三年时间，莱克的核心零部件业务持续增长，其中精密压铸业务更是实现了突破性增长，而该业务的主要增长则来自于新能源汽车零部件。只是，莱克原有的铝合金精密零部件业务产能已经饱和，无法满足新订单对产能的需求。

彼时，一度是中国制造业骄傲的上海帕捷和其全资子公司昆山帕捷正在发生一些变化。

成立于2004年的上海帕捷，主要从事汽车铝合金及铁制品精密铸件的研发、生产及销售。产品包括电驱动件、底盘零件、传动零件及其他铝制汽车零配件。曾因其创新的产品和卓越的质量而备受瞩目，不仅在国内市场取得了巨大成功，而且远销海外市场。

2020年，因上海帕捷美国投资方实控人年纪渐长，老人便有了隐退或者至少退出中国业务的打算。又加上在中美贸易战的影响下，全球汽车产业供应链加速重构，庞大的中国汽车零部件进出口业务，遇到严峻挑战。不堪重负的上海帕捷汽车配件有限公司便有了出售的意向。

莱克电气董事长倪祖根在得知帕捷的出售意向后，不禁萌生了收购念头。于是他和公司董事会一起对帕捷进行了一番深入分析。

当时，铝合金精密压铸已是莱克电气的核心零部件业务，新能源汽车零部件又是其中的主要增长点。而上海帕捷的铝合金零部件业务积淀深厚，如果能够成功收购，通过业务整合，将有助于莱克新能源汽车零部件业务的快速发展。

同时，上海帕捷无论在国际上还是在国内都算得上是行业内的领先企业，主要客户为宝马、福特、克莱斯勒等全球知名的整车制造厂商。如果能形成协同效应，将有助于莱克电气加快进入知名整车厂商一级供应商体系。

于是收购上海帕捷被提上了公司议程，并在2021年以12.15亿元将上海帕捷收入麾下。而就在这一年的一开年，莱克还投资建设了新能源板块的全资子公司和厂房，建成后预计每年将生产8000万件的核心零部件，其中新能源汽车零部件占据一半之多。频频大手笔之下，使莱克电气在新赛道中快速实现了再一次的焕新升级。而就在收购帕捷之后的第二年，莱克铝合金精密零部件的业务竞争力便如虎添翼，营收同比增长近700%。

到了三年后的2024年，莱克电气已经成为福特、奔驰、宝马等知名汽车企业的配套服务商，开启了在新能源汽车领域的持续扩张。

故事的哲理

作为中国的隐形冠军企业，一定迟早要面临两大战略抉择：第一，在产业天花板碰头之前，我要不要延伸进入其他产业，以获得新空间？第二，在实验室和车间“任性”地专注打磨十年以上后，我要不要借助资本的力量，变成公众公司？前者可以说不可避免，而后者则可谓利弊参半。但有一点非常现实：公司在上市后，面对解决第一个问题，进行产业延伸及整合时手中可用的路径和资源，会多很多。关键并不是资本——资本只应是个被驾驭的工具，最关键的永远是：企业家对于产业发展的前瞻判断力，进而以此驾驭一切，特别是未来。（杨光）

咖博士：珊珊来迟的王牌咖啡机

商业王道：发现本质，洞察趋势

哲理的故事

仅用十几秒，一杯浓香四溢的拿铁，便从一台精致的咖啡机里完美呈现。浓郁的咖啡与绵密的牛奶泡沫交织在一起，散发出令人陶醉的香气，瞬间飘遍了苏州某五星级酒店的早餐厅。

莱克电气的供应商王总经理，拿起咖啡杯，顺便记下了咖啡机名字——咖博士。只见咖啡的表面覆盖着一层细腻的奶泡，与咖啡的颜色形成鲜明的对比，宛如一幅美丽的画卷。王总经理在享用之前，拿起手机，记录下这美好的瞬间，发到了朋友圈。

一小时后，王总经理来到莱克总部的办公室，招待人员问他要不要来杯咖啡，他欣然答应。不经意间，他注意到咖啡机的品牌——也是咖博士。“这款咖啡机很畅销啊，你们也在用啊。”王总经理说道。“这就是我们生产的啊！”招待人员笑道，“慢慢品尝，这里面的故事我给你慢慢讲。”

原来，莱克电气董事长倪祖根很爱喝咖啡。对于咖啡机产品，他也一直在找合适的机会切入。这源于倪祖根对于产业背景和行业趋势的精准预判。

首先，咖啡机市场“长尾效应”显著，因为喜好咖啡的人会为此持续消费；其次，在中国，咖啡店越开越多，喝咖啡的人也逐年增长；再次，伴随着广大消费者在接受了现磨咖啡的市场教育后，早期的速溶咖啡已不能满足对咖啡“新鲜、健康、浓郁”的需求。因此，中国人对咖啡需求的品质化、精品化升级，将使上游的咖啡机产业保持超高速增长。不能忽视的另一个看似无关的因素是，在经济下行期，含咖啡因饮料（咖啡、碳酸饮料、茶饮）等产业，往往会逆势崛起。

总之，即便竞争激烈，但中国的咖啡机产业仍然大有可为，尤其是高端咖啡机领域市场空间巨大。

在此背景下，2014年，在得知创始于1853年的德国高端厨具及小家电品牌WMF，欲出售其出现资金链问题的咖啡机业务时，倪祖根便专程前去洽谈。不过，由于信息不对称，去了之后倪祖根才知道，WMF和美国的金融投资机构KKR集团已经谈好收购了。

到了2016年，经过几年的资产运作，KKR集团准备出手走向正轨的WMF，这次的报价已涨到了16亿欧元，比数年前多了好几亿欧元。

收还是不收？认准了咖啡机产业的倪祖根，果断决定：报名！

于是，在全球并购舞台上“首秀”的莱克电气，为WMF开出了约16.7亿欧元的报价。与莱克电气一同竞标的，还有松下、伊莱克斯、SEB、九阳等10余家中外企业。几轮角逐下来，最后只剩下莱克电气和发明世界上第一个高压锅而著称的小家电企业集团——法国赛博集团（SEB）。

当时，莱克为收购做足了功课，有英国媒体报道说：莱克电气的收购提案可靠而且融资条件很好。

凡事讲究天时地利人和，就在莱克电气准备通过收购WMF切入咖啡机市场时，2016年下半年，国家实施新一轮的外汇管制，对境外投资及外商投资企业的利润汇出严加审核。万般无奈下，莱克电气终止了此次做足了准备的收购。

但倪祖根没有轻言放弃，心中割舍不断的咖啡情，加上对于咖啡机市场潜力的充分看好，他开始将视线转向国内。一次偶然的机会，倪祖根结识了对咖啡机行业有深入理解的王严飞。收购不成，干脆自己干！于是，2016年年底，莱克与王严飞合资创办了苏州咖博士咖啡系统科技有限公司，王严飞为总经理。

“咖博士”作为咖啡机行业的后起之秀，显然毫无先发优势。面对环伺的海内外竞争对手，如何后发制人，并一招制胜，成为关键！

Dr.coffee
咖博士
咖博士

要么不做，要做就要做到最好！这一直是倪祖根的经营信条。他觉得，做任何产品，首先要想清楚方向，不能稀里糊涂地去做。

究竟什么才是一台高品质的咖啡机？倪祖根带领团队没日没夜地深入研究、探讨，大家一致认为：一杯上好的咖啡，制作过程要遵循完美咖啡的黄金法则，与萃取压力、咖啡粉、温度、流量、流速及冲泡时间密切相关。

集思广益后，倪祖根总结出4个研发方向：

第一，超前的、独特的工业设计与传统欧洲品牌区别开来。

要做出一杯浓郁的好咖啡。咖啡豆的品质虽然至关重要，但不正确的研磨也一样会破坏咖啡的风味，而稳定且精细配比好的磨豆系统，有助于出品的表现力。

第二，高低压萃取技术。高压萃取系统，可以尽最大可能地萃取咖啡的芳香，制作出纯正的意式浓缩咖啡。而低压萃取则可以做出更纯正的美式咖啡，达到真正的滴滤式美式咖啡风味。

第三，要经久耐用，要达到商用使用的长寿命要求。寿命是家用的20倍以上并且故障率更低，尤其是在连续使用的商用环境下，要确保机器的稳定可靠。

第四，人机交互智能化操作——打欧洲产品的“七寸”。

在莱克电气严谨、成熟的产品开发路径下，倪祖根要求的这四点，咖博士的产品最后都完美实现了。全金属机身的高性能冲泡器，配以强力的传动和泵压系统，再加上搭载了提供基于大数据的运营解决方案的智慧物联网系统，低噪高效——让咖博士的咖啡机一鸣惊人，所向披靡，一经面世便成为爆款。

成立第二年，定位中高端市场的咖博士便开始盈利。2020年后，咖博士已成为中国商用咖啡机行业的第一民族品牌，市场占有率高达60%以上。因为产品销售火爆，咖博士的生产车间为了不断扩大产能，搬了好几次家。

一直以“最大程度地为消费者创造美好的咖啡体验”为使命的咖博士，已成为国内连锁经营业年出货量最大的品牌。2023年，其国内市场出货量超过3万台，海外出口更超过7万台——一年就卖了10万台！且业务范围已遍布全球100多个国家和地区。

为何很多创业公司在咖啡机市场费尽九牛二虎之力，最后也没搞出名堂来，而倪祖根与王严飞“姗姗来迟”的“二次创业”，却能稳赢？

倪祖根对此“解密”说：“一些创业公司首先没有去研究目标客户是谁，目标客户最关注的产品特征是什么，如何竞争和差异化定位。往往就是照着市场上的产品简单模仿，没有创新，同时缺乏严格的质量管理。所以，要做好一个产品，首先要了解目标客户的需求，从哪些地方着手创新，以及严格的质量控制。”

君子生非异也，善假于物也。要想成功，方法论很重要，顺势而为更重要。倪祖根多年前的预判没有错：2023年，中国咖啡店的连锁门店数量首次超越美国，以近5万家的庞大规模跃居全球首位。而据相关机构测算，预计2025年中国咖啡产业规模将达到3693亿元人民币。在此大背景下，一出生就精准锚定了四大应用场景（商业连锁、酒店餐饮、商务办公、家庭应用）的咖博士，前景一片光明。（辛国奇）

故事的哲理

毛泽东为什么“干革命”最成功？他并不是最根红苗正的，也不是最早揭竿行动的，他甚至长期游离于敌友各自的“主流”之外。但他就是无可争议的终极王者。他在革命上的成功，在于他比他的敌人，更透彻地明白事业的成败，不取决于暂时一城一地的得失；在于他比他的战友，更透彻地明白事业的成败，取决于对事物本质及其长期趋势的洞察。企业家与政治家、科学家的共通之处，就在于：发现本质，掌握规律，洞察趋势。（杨光）

“逆袭”厨电电机的关键“一点”

卓越，必须用方法论跳出来

哲理的故事

2016年，莱克电气开始为国外客户立项开发厨房小家电中的烹饪机品类。

其中莱克要实现破壁功能的高转速和和面功能的低转速，但传统的电机无法实现，只有开关磁阻电机可以。可在当时，国内尚没有这种电机。

客户推荐进口葡萄牙的开关磁阻电机，可莱克测试之后发现，葡萄牙的电机不仅结构设计有问题，而且噪声大，成本也更高，并不能满足莱克的要求。

"产品的高技术、高品质，不能依靠供应商来实现。只有靠自己攻克难关来掌握核心技术及工艺秘诀，才能形成差异化优势。"莱克电气董事长倪祖根要求电机研发部自主开发这种开关磁阻电机。

一开始，电机研发部还真没信心。因为他们比较擅长的是永磁同步和直流有刷电机，之前从没有涉足过磁阻电机，这个电机难度在控制技术。一度认为国内一些公司研究了三年都没有做出来，莱克至少也得用两年时间。其实，就连倪祖根自己之前也没研究过这类电机，但这丝毫不影响他自主攻关的决心。

虽然开关磁阻电机和之前的永磁同步电机，在工作原理和控制方式上不一样，但在基本的电磁电路原理方面还是大同小异的。于是，倪祖根首先从原理和控制方案的确定上，给出了指导性意见。在此基础上，研发团队再从结构设计、专利壁垒、理论支撑等方面进行攻关。与此同时，倪祖根也在自学开关磁阻电机方面的知识。

只是，技术攻关从来都不是一蹴而就的。一段时间之后，研发部将电机和控制器按期出了样，然而在装机测试时却发现还存在启动不良、运转不平稳、电机振动大等问题。研发部试图找原因，却只在原地打转不见进展，陷入了死循环的盲区，结果来来回回用了四个多月时间都还没有结果。最后，只好尴尬地把情况汇报给了倪祖根。

倪祖根了解之后，便一针见血地指出了问题在于电路控制技术。而问题的症结就在于：懂软件编程的人不懂电机原理，懂电机原理的人又不懂软件编程。

"不能按照表面问题去处理，要从电机运行的原理、特性和逻辑入手找原因。辨证施治，对症下药才能治病救人。倘若头痛医头、脚痛医脚，不仅不能解决根本问题，反而会越治越糟。”倪祖根说着便将电机旋转一圈的磁场变化圈进行展开，从原理上进行分析讲解电机360度旋转一圈，每个极的磁场方向变化，然后确定如何进行电流控制。

研发组马上茅塞顿开。顺着倪祖根的思路和方案，不到一个月时间问题就全部解决了！团队坦言，做这件事之前觉得很难，当真正做出来了才知道，其实一点就通。而其中的关键，就在于那个“一点”——一切从基础的物理学原理出发，才能找到解决问题的途径和方法。

2017年，莱克自主研发的开关磁阻电机被成功运用到厨师机中，不仅各项性能指标和可靠性超越了从葡萄牙进口的电机，而且成本足足降了一半。比较戏剧性的是，葡萄牙那个客户反过来又开始从莱克进口这种新型开关磁阻电机和厨师机产品。

由此，莱克电气又牢牢掌握了一项电机核心技术。后来，在厨电之外，这项技术还运用到了莱克的吸尘器和园林工具中，实现了一举多得。

故事的哲理

解决难题，需要的不仅仅是专业和意志，更重要的是掌握正确的思维方式。思维方式，也就是方法论，是比任何具体的方法，也就是任何专业，都要重要得多的关键。它决定我们原有的专业，通过举一反三、触类旁通，能被升华和被放大到多宽广的高度和范围里。所以说：要通过专业成为专家，必须有方法能钻进去。但要通过卓越成为大师，更必须有方法论能跳出来。（杨光）

无刷电机：驶入白电，“换道超车”

在蓝海中构建后发优势

哲理的故事

2016年之前，电机作为国内白电行业洗衣机品类的核心部件，所使用的还是有刷电机。直到莱克电气第一个攻克了白电行业的无刷电机技术，国内洗衣机中的电机才实现了从有刷向无刷的转型。

这事儿还得从2012年说起。

彼时，在以零部件业务为核心向相关行业拓展的思路下，莱克电机事业部了解到在与德国某品牌进行电机业务的合作中，除了吸尘器这个单品类之外，白电板块也可以纳入其业务范围内。这让他们看到了更加广阔的机会。接着，他们便对整个欧洲市场做了一番调研，发现大部分客户都是有白电业务的。也就是说，在已有的渠道基础上，除了吸尘器之外，白电行业也是个可以切入的领域。

但当时他们也面临一个选择：是做市场上已有的传统有刷电机，还是迎难而上研发行业空白的无刷电机？按道理说，白电市场上已有的传统有刷电机，虽然和吸尘器中的有刷电机不一样，但莱克毕竟有一定基础，所以做有刷电机是最容易攻关的。但这么一来，成本和技术肯定是跑在前面的人占优势，且竞争依然激烈，那莱克卷入红海后的优势又体现在哪里呢？所以，要着眼未来，他们开始向国内白电行业尚且无人问津的无刷电机技术发起了挑战。

一往无前，锐不可当。经过两年的技术攻关，莱克电气终于成功

研发出了白电领域的无刷电机，与市场上的有刷电机相比，效率提高了20%，且寿命延长了3倍。

结果，事实再次证明了莱克深度洞察市场趋势与行业动态的敏锐与精准。

当时正好赶上国内白电领域产品升级，高端洗衣机中也开始使用无刷电机，只是他们尚不知莱克研发无刷电机的这一举动。包括首屈一指的家电头牌H，也只能依靠进口解决无刷电机的供应。所以，属于莱克的机会就在眼前。

为了快速打开市场，莱克电机事业部首先找到H毛遂自荐。当H得知“同胞”莱克也掌握了无刷电机技术之后，自然是喜不自胜，因为这意味着可以以更高的性价比实现进口替代。于是莱克的无刷电机很快就送去了H做测试。

但这个过程，并不是一帆风顺的。首次测试，只运转了500多个小时就失败了。经过对失败原因进行分析才发现，一个接线端子的材料与精度有问题，于是，项目组马上换成进口的高精度接线端子，并对端子的工装和夹具进行了工艺改进，再次测试，经过4个多月成功通过了2500个小时的测试！

由此，莱克白色家电的无刷电机率先帮助H实现了洗衣机无刷电机的国产化替代。紧接着，一众国内外大品牌的合作也被提上了日程。莱克电气通过无刷电机顺利切入白电领域，并实现了换道超车。

故事的哲理

“弯道超车”，曾被国内热炒过多年。实则证明，这不仅不科学，甚至不安全。当你落后于对手想追上去，又没有足够的后发引擎在原有路径上实现直道超越时，最可行的超越思路，其实是“换道超车”——也就是不要懒惰地一味红海搏命，而应该动脑子另辟蹊径，实现后来居上。只有在蓝海的新路径上早走一步，你才有可能超越身前的老对手，构建后发优势。（杨光）

引爆锂电的一“芯”多用

打破认知，就是创新

哲理的故事

随着锂电池的迅猛发展，电池组的运用也越来越普及，尤其是广泛适用于移动电源、电动汽车、电动工具、无人机等领域。在这些领域，电池组往往需要进行高速充放电和长时间使用。

然而，由于锂电池本身的材料特性，决定了它充电不足会导致使用时间短，过充又容易发生爆炸。这其中的关键在于控制板，它需要用到一种芯片。可当时市面上并没有专用的芯片，大部分企业只能依靠进口通用的芯片，成本又高，可靠性又差。这种被动局面一度令很多企业束手无策。他们多希望有一种芯片能够既保证锂电池的安全问题，又能控制成本。

直到2018年，莱克电气为了吸尘器中电池包的安全与稳定，率先做出突破。

莱克智能控制研发团队着手对电池包控制板芯片进行研究。他们深知，既然要解决芯片的成本和可靠性问题，就要有一套最优化的电池控制板管理解决方案。而芯片的集成度越高，所占空间越小，便越有利于电池组的整体设计，成本和可靠性也就更可控。

所以，一开始研发团队就从结构上动了脑筋，将原有的MCU（即微控制器，是控制各个设备完成动作的关键芯片）和锂电池保护芯片合二为一，并将外围电路也收进去，相当于身兼两职，这在国内属于首创。

AI
LEXY

带着这种创新思路，研发团队找到国内的一家芯片厂家，共同进行设计与研发。一年后，合二为一的思路得以落地实现。如此一来，控制板上的元器件数量立马减少了一半，不仅每个线路板的成本节省了1美元，故障率也随之大大降低了，可靠性当然也就大幅提高了。

在芯片二合一的基础上，研发团队又将软件进行了标准化，与芯片形成配合。在精简与统一中，将软硬件组合成了一个通用的标准件，最先用在莱克经典的魔洁系列吸尘器的智能控制中，后来其他无线吸尘器、洗地吸尘器的智能控制也都使用了这套通用的组合。

这意味着，通用的标准件只要在一个产品上面可行了，再整体植入到其他产品中时就不需要再逐个去做测试，大大节省了时间和人力。莱克每年要开发100多种产品，如果按照常规来算，至少需要80个智能控制方面的人员，而莱克的智能控制研发部只用40多人就把这事儿搞定了。

现在，莱克已经生产了几千万个电池包，芯片实现"零缺陷"，更没有发生一起安全事故。倪祖根说："其实，控制板集成芯片的创新，不见得技术有多难，只不过没有人想到，莱克是打破思维第一个想到的。"

莱克的这项技术已在业内形成了芯片集成的专利壁垒，一直也没有被突破。

故事的哲理

当我们习惯了"习惯"，就会慢慢固化心智中的认知边界，而忽略了内在的本质。创新，未必是无中生有，而只是要打破固化认知，哪怕是一点点形式上的改变，就可能带来巨大的收益。（杨光）

第7章

滚动发展·稳健经营

企业不仅要活得好
还要活得久
不仅要走得快
还要走得稳
走得远
——倪祖根

让稻盛和夫顿悟的“蓄水池”，正是莱克行稳致远的“秘密”

企业家总是为未来做足准备的人

哲理的故事

“你们知道什么是松下的蓄水池理论？”

在莱克电气的一间宽敞明亮的会议室里，公司中高管齐聚一堂。这一天，他们准备讨论公司的未来发展战略。但在会议开始前，董事长倪祖根却抛出这个颇有些游离的话题。

现场微有波澜，但很快归于茫然。倪祖根微微一笑，清了清嗓子，接着讲起了故事：

“稻盛和夫年轻的时候，就仰慕松下幸之助已久。有一次专程参加松下先生作为嘉宾的企业家论坛。当时很多日本企业家慕名而来，以期一睹松下先生的风采，求取经营真经。当时大家最关心的一个问题，就是怎么能将企业做好？

“松下先生说，需要构建企业的‘蓄水池’，无论天气如何变化都能保证有水喝。参会的人又问如何建造企业的蓄水池，松下先生回答说他也不知道怎么构建，只是知道一定要构建‘蓄水池’。众人哗然，对这个回答非常失望，觉得等于什么都没说。但就是这个回答，像黑夜中的一道闪电，击中了众多企业家中的稻盛和夫。

“稻盛和夫领悟到：其实，企业应急资金即内部储蓄金，就是‘蓄水池’，这一直是优秀日本企业坚持的一个法则。日本企业之所以饱尝危机，还能够延续千年，很重要的一个原因就是给自己留有足够的应急资金，同时不盲目扩大规模。

危机期间，有些难以为继的企业会从银行等处贷款度日，而优秀企业则会取出之前在盈利期间积累的内部保留金，从而让企业免于陷入倒闭或债台高筑的境地。在日本，那些真正有实力的企业，基本上能持有员工一年所有薪酬5倍的资金。有了这样一笔内部保留金，在漫长的危机期间，即使销售额为零，企业还是可以保障员工的生活，并能为企业在冬去春来时做好准备。”

“我想通过这个问题，引导我们思考。”倪祖根最后点题，“不只是日本企业，莱克在经营中也要有储备，而且不仅仅是财务上的，还包括技术、人才等多方面的资源，也要有储备。快速前进只是一方面，还必须能够稳健地应对各种挑战。如此，在市场或行业出现变化时，莱克就能迅速响应，保持竞争力。”

莱克电气一直以来都是以创新为驱动，追求快速发展的公司。但对松下幸之助崇拜有加，通读了其传记的倪祖根，也一直在强调“滚动发展，稳健经营”：“有十分力气只使八分劲，吃饭要吃七成饱。银行账户上始终要留有闲钱，万事要留有余地。手中有钱心里不慌，活得长久比活得潇洒更重要。企业发展量力而行，依靠积累循序渐进，抓住机会滚动发展，把握趋势避免冒进。”

因此，倪祖根与资本之间，也始终保持着一定的距离，既合理利用，也从不被资本所左右。自从倪祖根研究透了“蓄水池”理论后，莱克电气的资金运作，都符合这个理论，十分稳健。

在倪祖根看来，企业的“滚动发展，稳健经营”体现在三个方面。

首先，企业经营一定要有好的利润才能良性发展。高利润、低投入才能有滚滚的现金流，通过产品创新、高效低成本运营和合理定价获取高利润。

其次，企业必须始终坚持靠自身积累的现金流滚雪球去发展。全球经济危机的历史经验告诉我们，所有遇到经济危机而破产的企业，都是因为负债过高，资金链断裂。

最后，要按市场经济学原理理解商品价格规律：供求关系决定产品价格，价格反作用于供求关系。而价格是不断变化的，不能以当前的利润率来判断未来的投资回报

LEXY莱克

率。“所以依靠高负债去投资，当产业供大于求时，价格下降，利润率急速下滑，负债就成为架在企业脖子上的一把利剑。”

发展30年来，莱克电气坚持不借钱、少借钱，没有银行存/贷款净负债，即便面对新冠肺炎疫情这样的“黑天鹅”时，也相当坦然。

倪祖根的做法，也很像日本众多百年企业的“等身高经营”理念——日本作为全球百年企业最多（达2万家以上）的国家，这些百年老店从不做超出自身控制能力的激进经营。说白了，就是有多少金刚钻才揽多少瓷器活，他们能够“长寿”，就在于他们不相信超常规的火箭式经营具有可持续性。

从不盲目扩张、盲目多元化，有多少资本做多少事，任凭风浪起，稳坐钓鱼船。倪祖根带领莱克电气行稳致远的背后，饱含着大智慧。（辛国奇）

故事的哲理

有人说，中国更多的是商人，而日本更多的企业家。商人的特点是：短期，逐利，多变，犹如逐水草而居的牧人。与之相反，企业家的特点是：长期，创新，执着，犹如聚焦精耕细作的农人。长期，或长期主义，绝不是标榜说说，而是需要时刻为未来注定会发生或不定会发生的各种变化，做出切实而充分的准备，并为此能毅然抵御眼前的诱惑。日本企业家多，是因为他们经历的多，总结的多，恪守的多。中国企业家不能完全重踏一遍雷区之后再流着血彻底明白，而需要借力博览中外，形成自己未卜先知的独到悟性。（杨光）

外行是死不光的

用战略定力来打造中国高端品牌

哲理的故事

一部《繁花》，几多品读，表面是饮食男女，实则是山河岁月，是时代变迁的真实写照。在这部时代感十足的电视剧中，也蕴含着许多关于成功之道的启示和生意场上的智慧与深意。

“外行是死不光的。”《繁花》中的这句台词让正在追剧的莱克电气董事长倪祖根，再一次产生了深深的共鸣。

“很多人认为，通过价格战可以洗牌，可以把别人干掉。但我认为，一家企业的核心竞争力，还是两个方向：一个是消费者导向，解决顾客痛点，创造潜在需求；另一个则是差异化竞争导向，研发的产品一定要和竞争对手在技术上有显著的差异，充分发挥出自己的独特性。”倪祖根说，“现在一些电商拼命鼓励低价，往往造成产品品质的下降。从长远看，铺天盖地的低价产品，只会摧毁价值、摧毁税收、摧毁就业。一些平台的所谓生态链企业，最后存活下来的，不到5%！”

的确，中国很多产业的发展路径，往往陷入这样的恶性循环：一哄而上——同质化经营，低成本低价竞争，导致劣币驱逐良币——一地鸡毛。进而导致许多行业亏损，对社会、企业都造成极大的资源浪费，破坏了企业生态。

早在1994年，倪祖根开始创业时就很“早熟”地认定：竞争的市场上，通过价格战清理对手是没有赢家的，清理完一茬新的一茬又出来了。价格没有最低只有更低。打价格战的企业，往往没有把对手打死，先把自己干死了。只有以价值为导向，分析用户痛点，用差异化满足用户需求，才有自己的定价权，才是制胜正道。

纵观莱克一路走来，从研发的第一台吸尘器产品（JC801）捷豹系列爆卖150万台大获成功，到2004年掌握吸尘器核心技术的莱克年出货量达到800万台，成为全球最大的吸尘器制造商，背后无一不是找准用户痛点以“为客户创造价值”为核心经营理念和以差异化、专业化为创新原则。

当然，在国内近乎白热化的价格战中莱克不是没有吃过亏。曾经他们和某国内品牌的合作过程中，品牌方坚持认为去“小厂子”采购，成本低，价格可以卖得更便宜，就会更有销路，更能赚钱。结果，低价路线影响了自身的品牌形象，价格贵一点的产品卖不掉了，最终把一个本来很挣钱的品类变成了亏损的品类。

莱克自己做品牌，依然遵守价值导向的竞争法则。2009年，吸尘器代工业务利润下降，国内又出现大批跟随者，价格竞争越来越激烈。于是，莱克推出了自有品牌“LEXY”，锁定高端市场。当时，他们并没有选择去复制市场上已有的成熟产品，而是经过市场调研，然后发现当时吸尘器存在的两个消费者最重要的痛点，即噪音大和地板上的污垢粘灰吸不干净。

于是，莱克推出了“能擦地板的静音吸尘器”，迅速打开了市场，此后独创立式无线吸尘器、台式免安装智能净水机等一系列差异化的产品，依靠创新驱动发展，使莱克品牌打响了知名度，快速占领了市场。

至于外行——之所以是外行，未必从业时间短，而是不去研究消费者真正的痛点和未被满足的需求，整天研究的是低成本、低价格，热衷于价格战，最后被消费者抛弃，或者自己支撑不下去。

倪祖根曾不止一次地说：“中国最缺的是品牌，特别是高端品牌，令人信服认可的品牌，而民营企业受限于种种因素，在中国创立品牌难，创一个高端品牌更难。但我始终有一个梦想，不忘自己的目标，那就是凭借我们自主研发的创新技术，打造出具有长期生命力的中国高端品牌。我知道这条路很难很

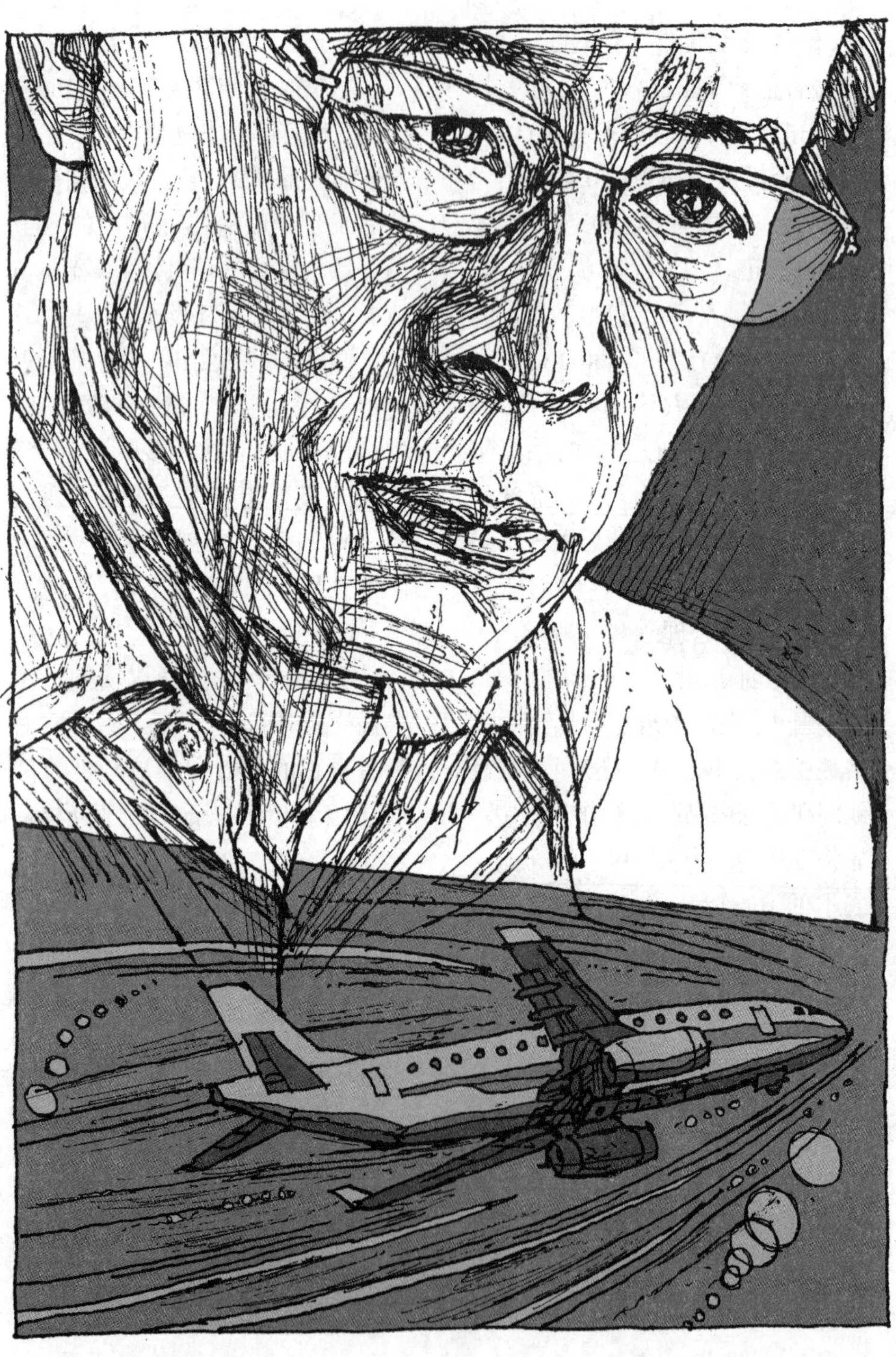

漫长，但只要坚持以客户为导向的产品技术创新，创造独特性与领先性，一步一脚印，不好高骛远，不妄自菲薄，假以时日，一定会实现。”

显然，只有不断创新、坚守品质、脚踏实地，才能打造出具有持久生命力的品牌。

故事的哲理

为什么说倪祖根在1990年代初的差异化竞争意识，是绝对“早熟”？因为即便在创业者“倪总”豁然开朗之后，当时中国家电业的另一位名头更大的“倪总”倪润峰，在掌舵“巨无霸”长虹时，依然在雄心万丈地企图以垄断资源，来清理门户。而很黑色幽默的事实也证明，即便在当时，“同质化垄断”也已经完全走不通了——倪润峰时代就此终结，倪祖根时代已然开启。

价值而非价格，这么浅显的道理，为什么从倪润峰到现在，我们身边执迷不悟者依然大有人在？就在于我们是不是只追求短期的利益。如果是，我们就会只顾眼前，其结果是往往连短期的利益都未必能得到，而长远必死。如果能立足追求长远，你就自然能看清竞争的本质，并拥有超人的定力。因此，长度在决定深度。

这也是很多经理人担纲的公司，总是竞争不过创始人率领的公司的原因之一。（杨光）

倪祖根对银行橄榄枝说“不”

储好“蓄水池”，保持独立与心性

哲理的故事

1998年的一天，莱克电气财务人员去银行办理业务时，对于银行推销的低利率贷款有些心动，于是回到公司后把这事儿向董事长倪祖根做了汇报。

“我们有足够的现金流，公司现在没有资金需求！”倪祖根听完直接婉拒了。

这是因为，1929年的那次美国大萧条对他的触动就像一个警钟那样一直长鸣着。

1929年10月24日，美国股市狂跌，一场席卷全球的经济大萧条拉开了序幕。当时的一首儿歌颇具代表性：梅隆拉响汽笛，胡佛敲起钟。华尔街发出信号，美国往地狱里冲！

正如歌中所唱，美国就像一头疯牛，向“地狱”冲去。从1929年到1933年之间，有5500多家银行倒闭，全国有1/3以上的人失业，企业倒闭了13万家之多。有一本《光荣与梦想》的书中直接对那个时代写道：千百万人只因像牲畜那样生活，才免于死亡！

那是美国的至暗时刻，人人自危。

其中的主要原因，就包括美国当时采取的所谓“先进”的做法——放开大量贷款。先借后还，让穷人变“阔”。可经济是有周期的，在经济形势一片大好的情况下，还钱没有问题。只要经济情况剧烈地“咳嗽”两声，就会有很多人招架不住。

倪祖根深知，企业发展也是一样，谁也不能保证一直顺风顺水。所谓战略，也应包括安全经营。

“万事万物有因必有果，企业为什么会破产？一定有深层的原因，产业过剩，竞争对手过多是外因，举债冒进才是内因。依靠高负债去投资，当产业供大于求时，价格下降，利润率急速下滑，负债就成为架在企业脖子上的一把利剑。”

倪祖根说，银行账户上始终要留有闲钱，量入为出，不靠杠杆。步子不要迈得太大，不要盲目扩张。

30年一路走来，莱克已经成为中国出口型家电企业从中国制造到中国品牌极少数成功转型的企业，更是唯一一个突破国际品牌垄断，成功创建小家电高端品牌的民族企业。

面对莱克的这一傲人成绩，再回望过去，虽然似有波澜，却看不出什么大风大浪，反倒是给人一种从容淡定、运筹帷幄的掌控感。这也是令倪祖根颇为自豪的一点。

“无论是2008年的金融危机，还是2015的经济波动，又或者是2020年之后的经济低迷，莱克的确没有感受到太大压力，反而都能从容应对。主要就是因为不靠金融杠杆，不乱投资，始终保持充裕的现金流。坚决靠着自身积累滚动而稳步发展。”倪祖根总结道。

这和日本著名的“蓄水池理论”讲的是同一个道理。即经营企业，在景气的时候不要认为会一直景气下去，在资金宽裕时要做好储备，就像蓄水的池子一样，为不景气时做好准备，做到家有余粮，心中不慌。

放眼国内，大部分企业尤其中小企业是很难做到这一点的。每当出现经济转热，货币宽松，就会大肆扩张、收购，甚至不惜举债完成生产任务。然而，过度迷恋扩张，往往会对突然变化的市场波动来不及反应，一旦出现行情下行，问题就会接连暴露。又由于已然积重难返，后遗症就像滚雪球一般，难再回头。

故事的哲理

全世界隐形冠军企业的共同选择是：尽量不依靠金融机构，确保自身独立发展。金融是翅膀，也是双刃剑。作为隐形冠军企业，要立足聚焦和长期主义，比起发展和扩张，更重要的是独立和心性。心性，是根本。如果心性浮躁甚至扭曲，一切健康发展乃至持续生存，都将无从谈起。

而保持良好的心性，就是要通过抵制诱惑，专心做好自己本分应该做好的事来修炼——特别是当企业将宏观行市周期注定的起伏和诸多不可预测的震荡，都考虑进来做经营决策时。日本和德国隐形冠军企业的稳健经营，并不是保守，更不是傻，他们只是已经经历得“足够多”。（杨光）

大国品牌的“99 度+1 度”

坚守长期主义打“持久战”

哲理的故事

2021年在3月23日，在全球瞩目的中国家电及消费电子博览会上，莱克电气成为唯一一家入选“CCTV大国品牌”的清洁类家电企业。

这意味着莱克未来将以“大国品牌”的身份，向全球消费者传递一个来自大国高端品牌的形象、价值观和文化输出。

莱克电气董事长倪祖根接过了“CCTV大国品牌”的证书，在谈到感受时却非常理智清醒地表示，目前中国品牌的口碑在整个国际市场仍普遍处于下游，给人留下的印象仍然以低端品牌和贴牌制造为主，十分缺乏能够叫得响的大品牌。因此，中国在世界上的经济地位需要高端民族品牌来衬托，打造高端品牌也是中国当代企业家的使命和责任。中国人要有这个志气。

莱克从0开始创立自主品牌，短短十几年的时间，品牌价值、影响力越来越强，用户的认知度也越来越高，但倪祖根认为声量还应该更大。

但他并不急于一时一刻：“打造民族品牌是一场持久战，好的品牌不会一蹴而就，不能急于求成，都需要一步步发展才能历久弥坚，需要的是时间和耐心。”

毛泽东《论持久战》的辩证思想再一次引领了倪祖根的决策。

1938年，日军侵华已近7年，前方失守、失败、沦陷、危急的消息不断传来，抗日战争形势十分严峻。中国能否取得最后的胜利，怎样才能取得胜利？一时众说纷纭，“亡国论”“速胜论”各持所见，甚嚣尘上。他们或是认为“中国武器不如人，战必败”“再战必亡”，主张妥协投降；或者盲目乐观地把抗战胜利的希望寄托在外国迅速全面援助上，认为可以迅速扭转被动局面，日本马上会败。

对此，毛泽东从战略高度系统论述了中日双方存在着相互矛盾的四个基本特点，即敌强我弱、敌退步我进步、敌小我大、敌寡助我多助，提出了“打持久战”的战略方针。也就是说，日军虽强，但不可持久，只要坚持抗战，运用正确的军事和政治策略，不犯原则性错误，就会越打越强，敌人就会越打越弱，最终实现抗战胜利。此后的走势发展，证实了毛泽东的判断。

毛泽东提出的“打持久战”战略方针，也使倪祖根深受启发。在他看来，中国品牌虽然现在的力量相对较弱，但是在不断成长发展，力量在此消彼长中发生变化，消费者也逐渐会有一个认知觉醒的过程。

比如，吸尘器行业的洋品牌在30多年的发展过程中，品牌、创新和营销都是强项，值得中国品牌学习。但任何品牌的产品总有好的一面和不好的一面。洋品牌的手持吸尘器，依然会有许多用户使用起来感觉拎着太重而不满意。

如果剔除品牌积累因素，只对产品进行用户体验方面的比较，莱克吸尘器的品类代表立式吸尘器巧妙地把杠杆原理用在了机身上面，用两根手指就能轻松推动吸尘器打扫房间，还能做到随立随停，其实是更轻便、更适合中国人特别是中国女性使用的。诸如此类，莱克的产品优势需要时间的积累来不断被越来越多的国内消费者认可。

倪祖根始终坚信，做一款高端产品，缺的不是方法论，而是心无旁骛的长期坚持。对比那些不断“追风口”的企业，莱克的“长期主义”，本身就是一种战略。只有拒绝诱惑，专注在一个领域内深耕，才有可能做出真正的高端产品和大国品牌。

“这是个从量变到质变的过程，就是99度+1度，相信这个100度一定会到来。”倪祖根对不远的未来充满了信心。

故事的哲理

品牌是必由之路，但品牌又不存在速成之道。打造真正的高端品牌，需要技术的积累，需要文化的积累，需要定位的积累，需要传播的积累。中国企业在发展中的最大误区，就是战略上迷恋风口与机会，战术上依赖爆点与流量，总是试图一炮打响，一夜成名，一蹴而就。于是，我们看到最多的，只是昙花一现，大起大落，一地鸡毛。做品牌绝不等于营销策划，而是注定需要全方位地持久耕耘、持久发力。抗日救国可以坚持八年而成，高端品牌则需要若干个八年才能锻造。（杨光）

当一款吸尘器卖到了“5000+”

经营的本质是为客户创造价值

哲理的故事

曾经一度，薄利多销、低成本、低价格，被视作是一种商业价值观上的“理应如此”。

然而，莱克电气董事长倪祖根对此却不以为然。他自有他的一套企业经营逻辑：企业经营一定要有良好的利润才能良性发展。也只有实现高利润，才能有源源不断的现金流。所以，说一千道一万，企业必须通过产品创新、降本增效运营和合理定价获取足够的利润。

莱克，在中国吸尘器行业是一个别具一格的品牌。不仅产品设计与同类其他品牌大相径庭，价格更是比普通吸尘器产品贵上不止一个档次。而产品价格恰恰是价值的体现。

到2017年吸尘器魔洁M9系列上市，这一现象已经发展到极致——不仅产品设计独创立式吸尘器先河，产品价格更是进入到“5000+”的高端价格段。之后，随着魔洁M9、M85Plus、M12等具有颠覆性设计的系列产品陆续面市，价格也随之“水涨船高”，甚至到了“6000+”。就因为它既做到了人无我有，又做到了物有所值。也因此，莱克在中国高端吸尘器市场，已经牢牢占据市场份额前三名的位置，不逊于任何外资高端品牌。

其实，莱克的这一产品定价原则是一脉相承的，从一开始做出口业务的时候就是行业里价格比较高的。倪祖根深知，一个产品，不满足用户的需求肯定是不行的，但只满足用户的基本需求是远远不够的，好的产品要能创造溢价，要能使用户愿意购买，客户或者经销商赚钱。“我们希望用户用了我们的产品以后还想买，同时客户（经销商）通过销售我们的产品也能赚到钱。”

以技术创新为主导的莱克，显然不属于成本领先型企业，那么就需要去思考如何为客户创造差异化的价值，从而让产品在小幅度增加成本的同时，获得更高的零售定价。对于产品而言，倪祖根非常注重三个方面，第一是工业设计。就如同人的外貌，初次见面第一印象很重要，产品的设计一定是要有美感、时代感和未来感，才能吸引人：第二是功能、性能。通过技术创新，创造功能上的独特性和性能上的领先性，解决用户痛点，满足用户的潜在需求。第三是优良的产品品质。维修率要低，让客户放心。

“我们的理念就是为客户创造

价值。以中国的成本价格，生产出来接近欧洲高水平的产品，这就是为客户创造价值——差价足够，产品性能接近，质量却高出一大截，让客户觉得物有所值。这样，生意自然就会来了。”倪祖根说。

这背后离不开莱克贯穿始终的追求，就是产品永远要追求高技术、高品质。倪祖根强调，高技术、高品质主要体现追求极限，永远追求更高速度、更高性能、更高精密度、更高可靠性、永不磨损、更静音、免维修、无可挑剔的精致外观……让竞争对手望尘莫及，有显著的差距感。始终保持技术性能品质领先，并成为客户的首选，这是获得产品溢价的必要条件。

短短十年时间，莱克便成为了“全球最大的吸尘器研发制造商”，以及自2009年创立自主品牌之后，莱克一跃位居高端吸尘器行业前三名，就是最好的证明。

相反，如果只追求产品成本低、售价低、毛利低，客户因为价格便宜而采购了产品，结果产生了一大堆质量问题、售后问题，那么就不会再有下次合作了。这样大家都赚不到钱，更无法支撑企业的研发和创新。

同样，作为全球领先的科技公司，苹果不只是手机，在人工智能、自动驾驶、硬件和软件等多个层面都保持优势地位。而这一切都离不开苹果产品和商业模式带来的高额利润。有数据统计显示，尽管苹果手机销量受到国产手机的冲击而下跌，但苹果获得的利润却仍然占到整个产业的92%。

毕竟，对于一个企业而言，没有盈利就没有发展，更谈不上卓越与领先。所以，企业必须坚持有利润，而且要有高利润。

故事的哲理

中国的商学院内曾有一个经典问题：“对于企业，究竟是利润重要，还是现金流重要？”结论众口一词：“现金流”。殊不知，这个答案看似务实而现实，其实“似是而非”。试想，没有足够利润支撑的所谓现金流，除了拆东墙补西墙，可能实现源源不断吗？所以，经营的本原还是利润，而非现金流。只不过这个利润，第一应是现金利润而非账面利润，第二利润率还要足够高，第三高利润并非依靠风险转移而是基于价值创造，进而收益共享。（杨光）

疫情期宅居在家的董事长，都做了什么

后创业期，企业家时刻不可缺少对一线的“烟火气”

哲理的故事

2020年伊始，一场突如其来的新冠肺炎疫情席卷全球，打乱了各行各业的节奏，也困住了很多人外出的脚步，全球都被按下了暂停键。莱克电气董事长倪祖根，这个本是经常满世界出差的“空中飞人”，也被迫宅在了家中。

既然哪儿都去不了，那索性就把这个时间当成一个闭关思考的机会。于是，倪祖根决定对公司从战略生态到技术创新到经营管理再到组织机构、培训课程等等，做一次全新的审视和系统的梳理。

这也让他不禁想起了创业初期时，自己亲力亲为，亲自编写公司管理流程的日子。

当初，刚开始创业的倪祖根深知，民营企业在起步时往往都是一张白纸，无人才，无资金，无产品，无管理体系。创业难，就难在要在一张白纸上绘出美丽的画卷。要求创始人既是一个产品专家，又是一个组织体系的创造者、创建者。

“做企业就好比建高楼大厦，首先要夯实基础，不能建在沙滩上。企业经营好坏，靠得是持续的产品创新能力与管理水平，这些都需要一样一样建立健全起来，这对创始人的要求极高。”倪祖根回忆时说。

对外，倪祖根开拓市场和客户，为莱克寻找更稳固的市场。对内，则管理和产品一手抓。同时还鼓励企业内部建立各种学习组织，促进技术和产品的发展。如何为目

标客户创造价值，洞察市场和客户的需求，研究适销对路的产品，如何让产品一炮打响……这些对当时的倪祖根来说，成为做梦都在思考的问题。

“要打胜仗，指挥员必须站在前沿阵地亲自掌握敌情亲自指挥。企业家创业在经营管理的方方面面都必须亲力亲为。”倪祖根总结说。他深知高效的管理体系对企业的重要性，如同骨骼支撑身体，因此他必须亲自参与公司管理体系的搭建。

疫情封控的那段日子，整个莱克在倪祖根的脑子里不断被琢磨、思考，每一步，每一处，都了如指掌。一套套制度、架构、模式、目标、措施等在原来的基础上被梳理被迭代，并将经验和智慧整理成系统方法论，构建成完整的管理体系。

最终，十几万字近一尺高的一摞文件出现在倪祖根的办公桌上，这便是莱克电气最新的纲领和未来的方向。

带领莱克30年一路走来，倪祖根说他花费功夫最多的是产品创新和管理模式的制定。懂产品，懂技术，懂市场，懂管理，会算账，带团队，能执行……可谓是无所不会。可以说，莱克电气的30年成长路，也是倪祖根“内外兼修”的30年历程。

故事的哲理

创业初期，家徒四壁，亲力亲为是无奈之举。等创业期过了，家大业大了呢？是继续惯性亲力亲为一切？还是隐身成为幕后甩手掌柜？都很常见，又其实都不对。组织长大后，领头人既不可能继续事必躬亲，更不可以就此高处不胜寒——而应该始终有选择地保持对一线市场、一线经营、一线管理的敏感性与好奇心，也就是说，企业家越是在办公楼高企时，越是需要保持烟火气与地头力。（杨光）

莱克何以成为“中国造”隐形冠军

“隐形冠军”需要成长为“显形冠军”

哲理的故事

2023年12月28日，“中国造隐形冠军”第六届评选结果正式出炉，共有14家优秀的企业脱颖而出，获得当届“中国造隐形冠军”殊荣，其中莱克电气赫然在列，高票当选！这是莱克继获得工信部与中国工业经济联合会联合评选的“制造业单项冠军示范企业”称号之后，在“专精特新”领域的又一高光时刻。

“隐形冠军”这个概念，最早由德国管理学家赫尔曼·西蒙提出，指那些不为公众熟知的、却在某个细分行业或市场占据领先地位，拥有核心竞争力和明确战略，其产品、服务难以被超越和模仿的中小型企业。

“中国造隐形冠军”评选，是由管理学家杨沛霆教授1991年创办的中国最具影响力的企业管理专业传媒级服务平台品牌“中外管理传媒”，于2017年倡议主办，并联袂国内外18位中外顶尖中小企业管理专家发起的国内唯一一项具有国际专业背景及水平的中小企业非政府公益评选。

“中国造隐形冠军”的核心当选标准是：“在一个细分行业的中国市场占有率，居于第一位！”它与工信部评选的专精特新“小巨人”和“单项冠军”，彼此呼应、相辅相成，又独具特色：比“小巨人”更“冠军”，比“单项冠军”更“隐形”。

那么，莱克电气何以成为“隐形冠军”？

其实每个隐形冠军，都是多年积累和沉淀形成的。莱克初创时，创始人倪祖根怀揣着成为全球清洁领域领军企业的梦想，确立了以高速电机为核心技术的研发方向，专注于吸尘器的自主研发与生产。可见从一开始莱克就走上了一条“专精特新”的道路。起跑的前十年，莱克只干了一件事，就是造一台好的吸尘器。

专注一个领域，把它做到极致，就一定会成为这个领域的专家。莱克成立的第二年，吸尘器的产量突破67万台，产销量全国第一，而且全部销往德国、瑞士、荷兰等欧洲发达国家。2004年，莱克电气十年磨一剑，吸尘器产销量稳居全世界第一，成为“全球最大的吸尘器制造与研发专家”和清洁电器行业的“隐形冠军”。

“凡是想走‘专精特新’道路的企业，其市场策略一定是全球化战略，全球化意味着客户群体广泛，不只是面向一个行业。例如莱克的高端电机以往只运用于吸尘器领域，但电机技术是相通的，于是莱克的高端电机也开始进入户外工具领域。企业只有适应不断变化的市场需求，寻找新的增长点，才能形成多元化发展的经营格局。”倪祖根总结道。

正是这种专注的聚焦与多元的开拓让莱克始终走在了稳健发展的道路上。尤其值得一提的是，在“中国造隐形冠军”的评选指标中，需要填写“近三年的营收”，而第六届评选所统计的“近三年的营收”正好跨越了整个新冠肺炎疫情阶段。

莱克用数据证明了他们逆势的韧性与实力！2020年营收64亿元，2021年营收80亿元，即便在国内疫情最为严重、国际经济形势变幻莫测的2022年，莱克的营收依然高达89.10亿元，其中自主品牌业务净利润同比增长超过50%。

这就是“隐形冠军”的成色！风浪之下，泰然自若，甚至逆势增长，这再一次证明了打造成为“隐形冠军”及“专精特新”这条道路的无比正确。

倪祖根对此深以为然，专精特新，是绝大多数中小型企业应该走的路，也是必须走的路。科技进步无止境，如果企业停留在简单的“仿制和抄袭”阶段，就会陷入“不专不精不特不新”的低价内卷困局。世界经济形势错综复杂，发达

第六届
“中国造隐形冠军”
莱克电气

国家经济复苏艰难曲折，新兴市场国家经济增速放缓，中国经济下行压力加大。只有不断增强自主研发能力，聚焦核心领域，依靠领先的技术、卓越的品质，往高精尖方向发展，成为细分领域的冠军，才能经受住风浪的打击，在激烈的竞争中存活下来，并活得好。

其实，有一个很普遍的现象，就是隐形冠军的品牌知名度和龙头身份往往并不匹配。所以在“中国造隐形冠军”评选复选的答辩环节，发起人、评委杨光也提出了他的疑问：“大多数隐形冠军企业都集中于制造业领域，其中有一个很大的痛点或者是盲点，就是在做产品的时候往往是不为人知的，他们并不太注重做品牌，特别是高端品牌。那么作为生产OEM/ODM贴牌产品的隐形冠军，莱克是怎么去做高端品牌的？”

一直专注于以高速电机为核心的消费家电领域，坚持技术创新，是莱克定位高端品牌、坚守高端品质最大的底气。莱克于2009年开始自主品牌建设新征程时，也同时确立了莱克新品牌切入市场的策略，即高端定位、品类创新和科技创新的“一高二创”的创牌策略。

围绕这个策略，莱克始终深耕高端化产品生态，通过高端化形象设计，提升价值；通过从0到1的品类创新，创造全新的消费需求，创造增量；通过从1到N的技术创新，提升和迭代产品功能性能，加快更新，以产品为中心打造高端品牌价值。莱克通过独创性的“双创研发”战略和“设计预防、量化控制”的质量管理方法，持续为目标客户创造价值，打造“高价值、高性能、高可靠、高信赖”的独特领先的产品，从而创造消费者潜在需求，不断开拓国际高端市场。

如今，莱克已经成长为中国清洁电器行业公认的高端品牌，成为业内公认的创新驱动型健康家电领军企业。立足用户需求，莱克通过创新研发来发掘消费者的潜在需求，开创全新的产品品类，打造与众不同的用户体验，这对莱克电气而言，既是成功的经验又是其当下及未来发展最为核心的运行法则。正如倪祖根所说，“价格战打不出来品牌，资本也砸不出品牌”，脚踏实地做研发，为用户创造价值，才是企业保持长期竞争力的核心所在。

作为清洁家电行业首家入选

CCTV大国品牌的企业，莱克电气的品牌价值已超过百亿，其产品已遍布全球100多个国家和地区，进入全球零售终端超过万家，吸尘器年销量超过千万台，全球用户超过2.5亿，是近20年来国内ODM企业转型创立自主品牌的成功案例，也是“中国造”隐形冠军走向“显形冠军”的经典样本。

故事的哲理

“隐形冠军”是中国经济从大国走向强国的不二根基。德国之所以成为2008年金融海啸唯一未受明显波及的经济体，就是因为德国拥有2000多家在全球各个细分行业独领风骚、自成体系的隐形冠军企业。中国企业只有涌现更多的隐形冠军企业，国民经济与国家安全才会有保障。

但是，仅有隐形冠军就足够了吗？中国需要更多的隐形冠军最终成为引领行业、靠品牌溢价的“显形冠军”。一开始，只有市场，只能代理，进而参与加工，进而开始制造，进而开始研发，进而开始做品牌，最终成为高端品牌。这是一条中国企业可持续成长的必由之路——华为和莱克，都是如此。（杨光）

第8章

文化驱动·绩效导向

向彼得·杜拉克
和西方先进企业学管理
古为今用
洋为中用
把建党建军思想
中国传统文化
和西方企业经营的
科学管理相结合
形成民营企业独特的
管理文化和体系
——倪祖根

向军队学习管理：倪祖根如何打造“莱克军校”

卓越领导力需要：是、知、行

哲理的故事

“Yes Sir”“No Sir”“Idon't understand Sir”“No excuse Sir”……

这是来自美国西点军校学员初进校时的一句教导语。莱克电气董事长倪祖根在大学生入职典礼上解说道：“美国西点军校的学员刚进校的时候，回答长官的任何一个问题都只有这四个答案，分别为‘是’‘不’‘我不知道’‘没有借口’。想成为一个领导者，首先要练习如何服从。西点军校的学员在大一、大二学习的都是服从，在这之后才开始学习如何领导。”接着他讲了一个生动的案例：

西点军校第59任校长罗伯特·卡斯伦早年在西点读书时，有一次和朋友一起走路，朋友一脚踩进水坑，把自己的新鞋也溅脏了。这时候长官注意到了，就问：“卡斯伦，你的鞋为什么脏了？”卡斯伦脱口而出：“因为朋友踩起的水，溅脏了我的鞋。”长官看着卡斯伦的眼睛，严厉地说：“原地俯卧撑，开始！”

回到宿舍后，卡斯伦开始反思，为什么长官要惩罚他，为什么他“实话实说”也不行。最后，他才醒悟，正确的回答应该是：“没有借口，长官。”因为确实没有任何借口，必须对自己负责。

鞋子脏了，就应该立即清洁，但卡斯伦没有做这件事，所以不应有借口，也不应有理由——“对自己一切行为负责，采取行动来纠正错误，而不是寻找借口或者将责任推给他人。这才是领导者首先要做到的。”倪祖根点睛道。

在商界，西点军校早就大名鼎鼎，因为它的确具有神奇的光环：自1802年建校以来，西点军校培养出了2位总统、4位五星上将、3700名将军——在美国陆军中，40%的将军来自西点军校；二战后，在世界500强的历任高管中，有1000多名董事长、2000多名副董事长，以及5000多名总经理来自西点军校——而全美任何一所商学院，都没有培养出如此众多的管理精英。

在一次宴会上，“现代管理之父”彼得·杜拉克和有世界第一CEO之称的杰克·韦尔奇被问及同一个问题：在培养领导力方面，谁做得最好？出人意料的是，他们的回答既不是哈佛商学院、高盛，也不是通用电气、IBM，两位传奇人物都不约而同地选择了——军队。

有着13年军旅生涯的倪祖根始终认为，军队是一个大熔炉、大学校，一个人在其中学习、训练、劳动，接受思想的洗礼，会受益终身，形成“人生的基石”。部队的组织性和纪律性，使倪祖根养成了服从组织、遵守纪律、坚决执行的习惯，懂得了民主集中制的重要性，这些都成为他后来管理企业的宝贵财富。

因此，一直践行“向军队学管理”的倪祖根很感兴趣西点军校为何能培养出这么多位将军和企业界的领军人物？其背后的成功因素究竟是什么？

直到有一天，倪祖根看到了西点军校的领导力模型：“Yes-Know-Do”，便豁然开朗——西点军校把领导力要素浓缩为Yes（是）、Know（知）、Do（行动）三个单词。

倪祖根觉得：“Yes-Know-Do”原则，是为了部队领导者有效应对变幻莫测的战场环境，那么，将其用于企业管理，肯定也会有奇效。于是，在对这一领导力模型进行深入研究后，倪祖根将其改造为适用于莱克的“领导力四项核心法则”：是（Yes）-知（Know）-行（Do）-激励（Reward/Recognition）——这与倪祖根的座右铭：“明志、博学、践行”，有异曲同工之妙。

倪祖根逐一解读。

“是”分为两个层面：“是”首先就是服从和执行。服从，是行动的第一步。需要发表意见时应该打消顾虑，畅所欲言，但当上级领导做了决定的事，就要坚决服从，不能阳奉阴违。执行，就是不找任何借口和理由，想尽一切办法去完成工作任务；“是”也就是行、可以。而行，就是表现出一种积极的态度，认为一切皆有可能，凡事总有改善和改进的空间，愿意去尝试和接受挑战——不要说“No”，不要说不行。相信自己做得到，是走向成功的开始。“不能凭经验，凭目前的认知来判断说这是做不到的。首先要认为一件事是可行的，再去研究方法怎么可行，否则时间都用在了辩论上，用在了内耗上，组织怎么进步？”

“知”就是熟知，专业，懂行。领导者只有精通业务，能够解决别人无法解决的问题，才能带领团队不断创新，挑战更高目标。精通业务就是成为内行。因此，领导者必须终身学习，才能不断丰富自己的知识面，提高自己的业务能力。“公司干部，必须成为某个领域的专家，成为内行，才能打胜仗！”

“行”就是采取行动。领导者必须采取行动，并追踪行动结果，确保指令得到贯彻执行。领导者必须以结果为导向，没有行动就没有结果。如果做错了，可以纠正，但如果不采取行动，连纠正的机会都没有。“所以，领导者要敢于决策并承担决策失败的风险，全力以赴去争取最好的结果，因风险而不敢决策就不会有作为。”

关于“激励”，首先，领导者要以身作则、言行一致，要求别人做到的自己首先做到，比别人更刻苦、更努力、更勤奋，用自己的行动表达自己的理念。“西点军校要求‘身体力行’。一个领导者让别人做的事情如果自己不做，基本上等于没有执行力。不去亲自实践，你怎么给员工做示范？”其次，领导者无论是对自己还是对下属，都要提出很高的期望和目标，如此才有可能带来高绩效。与此同时，领导者对员工的工作要时常进行评估和反馈，肯定和表扬员工的积极行为和对组织的贡献。“要创造庆功文化，树立典型，表彰人们的贡献，建立集体荣誉感。领导者要公平公正地根据业绩激励员工，把薪酬和业绩水平联系起来，还要根据业绩表现提拔和使用人才。这些都很重要。”

这背后，正是倪祖根“思想教育先行，组织引领争先，领导干部

带头”的理念。

西点军校还坚信古希腊人的观点：人的体能、大脑和精神三者相互依赖，不可分割。他们认为，体能本身是对精神的塑造和支撑。大脑的知识、健壮的体能，在此基础上形成一个人强大的精神力量，这种精神能支持人在任何情况下都可以做到岿然不动。西点军校的精神核心就是：无论面临何种压力，都要站立不倒。而顽强的精神，是一个人在社会中成功的关键，对一个组织的成功也极为重要。

正如西点军校的培训理念强调，学员在入学之初如同一颗煤球，必须经历两个关键因素的磨砺：一是压力，二是热量。这两个因素都需达到极致，以至于接近人的承受极限。只有这样，最终才能培养出像钻石一样坚韧不拔的人才。没有压力，没有热量，钻石永远出不来。

倪祖根对此也深有感悟。一个人，不苦其心志、劳其筋骨，是不可能有所建树的。在部队时，做完早操，倪祖根就会去地里种菜。“韭菜、辣椒、黄瓜、长豇豆……除了自给自足，一年还上交1800斤的蔬菜，你说当时累不累？现在的大学生就是书读得太久了，和社会有些脱节，尤其体能跟不上，而体能和意志力又高度相关。没有体能，就很容易轻言放弃，做不到迎难而上。现在不少学生成绩还不错，但内心十分脆弱，一有风吹草动，精神马上崩溃，这种现象非常普遍。”

基于这些思考，倪祖根指导莱克人力资源部为应届大学生员工量身打造了由“五部曲”构成的阳光计划，分别是：阳光训练、阳光实习、阳光竞聘、阳光岗训、阳光发展。

阳光训练，从早上06：30到晚上20:30，对新员工进行高强度的体能训练、紧密的课程安排和挑战性的团队课题，使大学生快速从松散的大学生活中融入有节奏的职场生活。接着，进行阳光实习，下到车间，投身到机台，去实实在在地劳动。阳光发展，则是新员工正式进入工作岗位后，为期3年的成长规划，倪祖根称之为“成长三步走”：第一年扶着走，第二年放手走，第三年赶着走。

可以说，“五部曲”既是培养计划，也是筛选机制。在文化驱动的同时，倪祖根还加强了绩效导向，引入了优胜劣汰的用人机制，建立了员工360度考核与评价管理制度。

如此，经过认知改变，反复磨砺，层层选拔，科学考核，莱克员工的战斗力，愈发强大。（辛国奇）

故事的哲理

公认卓越的领导力，来自哪里？第一是气质。所谓不怒自威，一言九鼎，甚至不言而喻，这是一种无需论证而最具效率的影响力——让人信。第二是实践。所谓身先士卒，独当一面，甚至面面俱到，这是一种示范在前而最为直接的影响力——让人会。第三是归纳。所谓一语中的，举一反三，甚至放之四海，这是一种高度凝练而最具张力的影响力——让人懂。

而军队，恰恰是将以上领导力三要素在客观上必然需要反复锤炼，而更容易最终让人在锻炼中甚至血与火中深入骨髓地拥有进而终生施展的地方。（杨光）

创业必答题："没有团队，就自己从零开始带"

引导专业"链合"业务，才是真专业

哲理的故事

“我从小像是个全能运动员，十二三岁就下地干活，十九岁当兵，干过技术工程师，去过发电厂实习，干过采购、干过文书，在春花厂也是技术、质量、外贸、生产一把抓，什么活我都干。年轻时候经历的东西多，给我后来的创业带来很大帮助。”倪祖根回忆起这段岁月，充满了成就感。

回望刚创业时，倪祖根并没有像别人那样去花大钱组建专业团队。当时的莱克，除了老板自己，没有总经理，没有副总经理，没有总监，也没有科长。除了一线工人之外，公司没有几个专业人员，基本上都是半路出家，其中外贸销售负责人还是由高中英语老师转行而来的。

但倪祖根认为：创业没有团队没关系，就自己从零开始带。

其中，莱克时任外贸销售部的负责人就是倪祖根最先带出来的“专家型销售”。

1995年3月，该负责人刚刚从英语老师岗位辞职，入职了莱克，第一次跟着倪祖根去上海与一位韩国人谈一笔生意，他从中负责翻译。

万事开头难。当时，由于该负责人初步接触到家电业务，所知限于皮毛，以至于一些比较专业的词汇，也只能翻译出七成的意思。但当时刚刚创立的莱克，外贸业务本来就处在破冰阶段，如果翻译再一打折，谈判更是大概率要告吹了。一时间该负责人有些窘迫。

可令他没想到的是，倪祖根竟凭着他打了折的翻译也能迅速领会对方的意思，用画图的方式与对方交流，并最终达成了合作!

参与了整个过程的外贸负责人，在深感佩服的同时也领悟到：倪祖根之所以能够准确抓住对方谈话的关键点，而实现了无障碍交流，这是建立在他扎实的专业功底基础之上的。

这让该负责人深受启发：一定要成为产品专家型的销售，才能跟客户进行有价值的谈判。否则，就只能单纯停留在讨价还价甚至灰色营销的低级阶段。

从那之后，他从学习与产品相关的知识开始，熟悉每一个核心零部件的原理、测试方法、安全认证标准等等。尤其是安全认证标准，他可以非常流利地背出来。而且作为一个地道的“文科生”，他还掌握了与产品性能相关的所有公式，做到信手拈来。

那时，所有的外贸传真都是倪祖根起草好，再交给该负责人来翻译后发出。收到对方传真后，先由该负责人翻译好再给倪祖根。“我当时只有一个要求，就是（客户）传真过来后，他们必须两个小时之内翻译好给我。”倪祖根说，“我处理好，两个小时之内再传回去。这样反复一年后，管外贸的干部就知道怎么去处理了。”

一年的翻译工作和手把手传帮带，该负责人对于产品营销、商务法则、订单运营、质量改善、项目管理等方面的销售业务逐步有了门道。并在10年时间里，将莱克的产品销售到了全球60多个发达国家和地区。

“领导的身影是下属的榜样。对下属最好的‘管理’，是以身作则、言传身教。”倪祖根如是说。

与此同时，倪祖根也对其他几位初创成员进行言传身教，以至于公司创办第一年就做出了5000多万利润，并很快使管理步入正轨。

故事的哲理

创业者不可能什么都会，也不可能什么人都有。业务都是跑出来的，队伍都是带出来的。问题是创业者在什么都缺时，用什么带？特别是还要带出组织需要的各种专业能力。最好的办法，是用“业务”带出“专业”。专业林林总总，貌似隔行如隔山。但万变不离其宗，它们都只有紧紧“链合”主营业务时，才会真正产生价值。因此，用始终“链合”业务练出来的专业，才是“真专业”。带队伍最好的办法，不是在专业本身上全能示范，而是抓住主营业务这个“牛鼻子”来示范。正如毛泽东所指出的：解决问题，需要先抓住问题的主要矛盾，从而实现纲举目张。（杨光）

不拘一格用人才

不唯学历论

哲理的故事

20世纪90年代，随着中国的对外开放和全球资本的运作与扩张，苏州的一大批国家、省级开发区相继建立，也就此成为外资企业的投资重地。

一时间，大量的人才尤其是“985”“211”等重点大学的毕业生被引进了条件相对优厚的外资企业。而当时刚刚起步的民营企业自然在人才引进方面处在被动劣势地位，初创的莱克当然也不例外。

企业拥有高学历人才往往被认为更具竞争力，但高学历并非衡量人才的唯一标准。一如莱克电气一直以来的主张——重基础教育，但不唯学历。

在莱克电气董事长倪祖根看来，学历是重要的，但态度和实践能力更重要，因为学历代表的是一个人在上学时的态度和专注力，代表着掌握了一定的基本理论水平，但高学历并不等于高能力。莱克需要的不仅是高学历的人，更需要能坚持、肯实践、愿学习、有责任心的人。

想当初，莱克的初始团队成员不仅没有名牌大学的光环，而且相当一部分是“半路出家”，比如生产现场的一些关键管理岗位人员只有高中学历，外贸部负责人曾经是一名中学英文老师。可就是这么一批“不唯学历”的人，在倪祖根的带动下，凭着一股子拼劲，硬是把公司推向了发展的快车道。

所以，莱克在招聘过程中，除

了考察应聘者的学历背景、专业能力外，更关注人品和态度以及实际工作能力与专业技能，全面评估应聘者的综合素质。同时为员工提供清晰的发展路径和丰富的培训资源。

与之对应的，还制定了从大学生到经理人的培养选拔模式。根据“二八定律”，公司每年在每个层级选择20%表现积极、踏实肯干、执行力强且业绩出众的高潜质人才，列入培养计划。

比如，莱克质量管理部胡总监，1998年大学毕业，当时正赶上就业开始双向选择，而她就读的并非重点大学，专业也不热门，导致去应聘时屡屡碰壁。直到去莱克应聘，由董事长倪祖根面试之后，并没有轻易将其拒之门外，而是根据她学习的机电制造专业，先接纳进来给予了实习机会。这令碰壁沮丧的她一下有了归属感，并看到了希望，所以格外珍惜。

莱克相马，但更相信赛马才能出人才。所以莱克培养人才比较重要的一点是，不断给予机会去尝试，在尝试中去发现人才的优势与潜质。当时她在实习期间除了理念的培训之外，还进行了不同岗位的轮岗，她正直严谨有原则的特质被厂长捕捉到，于是便将其安排在了进料检验科成为一名检验员，开始接触与质量检验相关的工作。

不久之后，公司为了更好地代表客户把关质量，便成立了独立的开箱组（即对产品进行开箱检验，判定产品是否可以出货），任命她为组长，带领团队严守产品成品出货质量检验这道关。此后几年，公司不断发展出总装三厂、总装五厂、户外工具厂等几大分厂，她带领的队伍也在不断壮大，从开箱组到品保部到质量管理部，她个人也在不断成长进步着。莱克平台所给予的锻炼与尝试的机会，使她对产品质量检验从零基础，一步步成长为质量管理部总监。

还有，莱克国内销售公司的窦总经理，当初以非名校毕业的师范生入职莱克，经过轮岗实习之后，从车间主任做起，由于勤奋踏实肯吃苦，又非常具有责任心。在公司的培养选拔下，不仅一步步做到了生产经理。2009年公司创立自主品牌，发动内部生产干部转自主品牌销售，他勇敢一跃加入了新成立的国内销售部。在无渠道、无名气、无经验的情况下，他凭借不怕苦、不怕

累的精神，在河南地区为莱克品牌的打响做出了贡献。

再比如，莱克总装厂的一名厂长，曾以中专学历入职莱克，从仓库记账员到仓库主任到采购管理员，一路成长为一名懂生产运营的负责人，她所领导的团队勇于争先，敢啃“硬”骨头，多次被评为“先进集体”，还曾获得“产能快速突破奖”，她个人被评为“优秀部门带头人”。

诸如此类的人才，在莱克不胜枚举。莱克对于人才独特的“选育用留”模式，不仅增强了员工的归属感和忠诚度，也培养了一大批实用人才，为莱克后来的快速发展奠定了扎实的人才基础。莱克不仅扭转了当初人才引进的劣势，自身培养的济济人才还成了整个行业的香饽饽。莱克电气也因此被称为小家电行业的“黄埔军校”。

故事的哲理

爱迪生没有学历，却是人类第一发明家；瓦特只是技工，但开创了人类工业时代。爱迪生没有理论知识，他只是关心人类的需要，痛点在哪里，去把它造出来。瓦特没有去做0到1的创造，他只是关心设备的效率，浪费在哪里，他去把它解决掉。所以，文凭不代表水平，学历不等于能力，关键是具备掌握分析和解决实际问题的逻辑和技能。（杨光）

不经历“魔鬼”，怎能等“真经”

在能吃苦的时候吃苦，是人生的财富

哲理的故事

“1—2—1—，1—2—1—，1—2—3—4！”

2024年8月，正是一年中天气最炎热的时候，莱克电气新入职的300多名大学生正朝气蓬勃地在操场上喊着口号、步伐整齐的奔跑着。这就是莱克每年新入职的大学生雷打不动的第一课——阳光魔训。

一开始，很多人都以为这只是走走过场——结果没想到是真的开练！七月的苏州热浪滚滚，每日早晚1小时的室外体能训练，每个人都是汗流浃背、气喘吁吁。有的人因体质弱而晕倒，还有个别人因炎热叠加高强度的训练而想放弃。但更多的人选择坚持。一个月下来，每个人都像度了一场劫，从原来的白面书生变成了“黑不溜秋”，身体也因此变得更加结实强壮。

当很多人以为苦日子这就结束了时，其实只是适应阶段的结束，接下来一段充满耐受性挑战的锻炼才刚开始。随后，这些大学生将分赴总装、电机、模具、新能源工厂的生产车间，实实在在地参与一线生产劳动，跟工人一起在产线工作。产线操作节奏快，他们一开始又不得其法，一天下来，双手累得甚至连矿泉水瓶盖都拧不开了。

但这只是莱克电气人才培养机制中“阳光计划”的前期阶段——魔训和实习。目的就在于，不仅使这些大学生从体力上得到进一步锻炼，更重要的是通过亲身实践，对产品、制造工艺有更深入的

认识，为两个月之后的定岗工作打下坚实的基本功。

莱克的入职训练和下车间计划已经实行了将近20年，当初的那批大学生现在很多都已经变成了公司骨干。他们每当回想起那段“激情燃烧的岁月”，都会感慨：那段日子是他们告别象牙塔，踏上人生征途的第一步，也是从学生到员工转变的关键一步。

这一步让他们明白了：要想成为一名优秀的人才，不是简单学了一堆坐而论道的理论，或者掌握了一门自以为是的技术就够了，能力都是干出来的。而凡是能让一个人快速成长的，都一定不会是清闲舒服的。

一如当初，莱克电气创始人倪祖根在创业之前，调入春花吸尘器厂时，主动选择不坐办公室，深入到又脏又累的一线车间从事普通技术工作，从基层各个岗位一步步锻炼，才走上了领导岗位。

他说：“办公室里出不了人才”。

故事的哲理

在最能吃苦的年纪，别选择安逸度日。人生没有白走的路，也没有白吃的苦，当你感觉最累的时候，或许就是进步最快的时候。少一分享乐，多一点历练，就多一分才干。就像泰戈尔说的：“你今天受的苦，吃的亏，担的责，扛的罪，忍的痛，到最后都会变成光，照亮你的路。”

"SUN-STAR"中走出来的"中流砥柱"

人才，都是在反复"是·知·行"中从内部培养出来的

哲理的故事

2019年12月30日，在莱克电气25周年的庆典现场，董事长倪祖根正在为做出杰出贡献的人员颁奖，领奖台上可谓人才济济。

其中，有的人将SN事业部成功打造成第一个以客户为中心的事业部；有的人出新多，出新快，带领团队第一个获得国家科技进步奖；有的人深耕超大洁净空气量净化器研发8年，将莱克空净技术创新以远超行业其他品牌的"三高一低"性能，排名行业第一。

有的人带领研发团队实现零的突破，从有刷电机向无刷电机转型，顺利进入白电电机领域；有的人在莱克内销战略转型号角吹响时，转型国内销售工作，以勤奋谱写战绩，打响河南第一枪，为莱克创牌市场开拓创造先机；有的人创造条件，扭亏为盈，苦练内功，精打细算，是自主经营的出色当家人；有的人坚定不移地率先走出高端汽车模具接单开发之路；

……

仔细留心会发现，在这些员工的成就中或是"第一"或是"零"的突破，而他们大部分人都有一个共同特点，都是从基层锻炼培养起来的。

企业的竞争实际上就是人才的竞争，培养一流人才，才能铸就一流的企业。这一点，从创业开始，倪祖根就深以为然。所以他主张自主培养人才，通过教育培训与"传帮带"，帮助员工成长成才。而员工

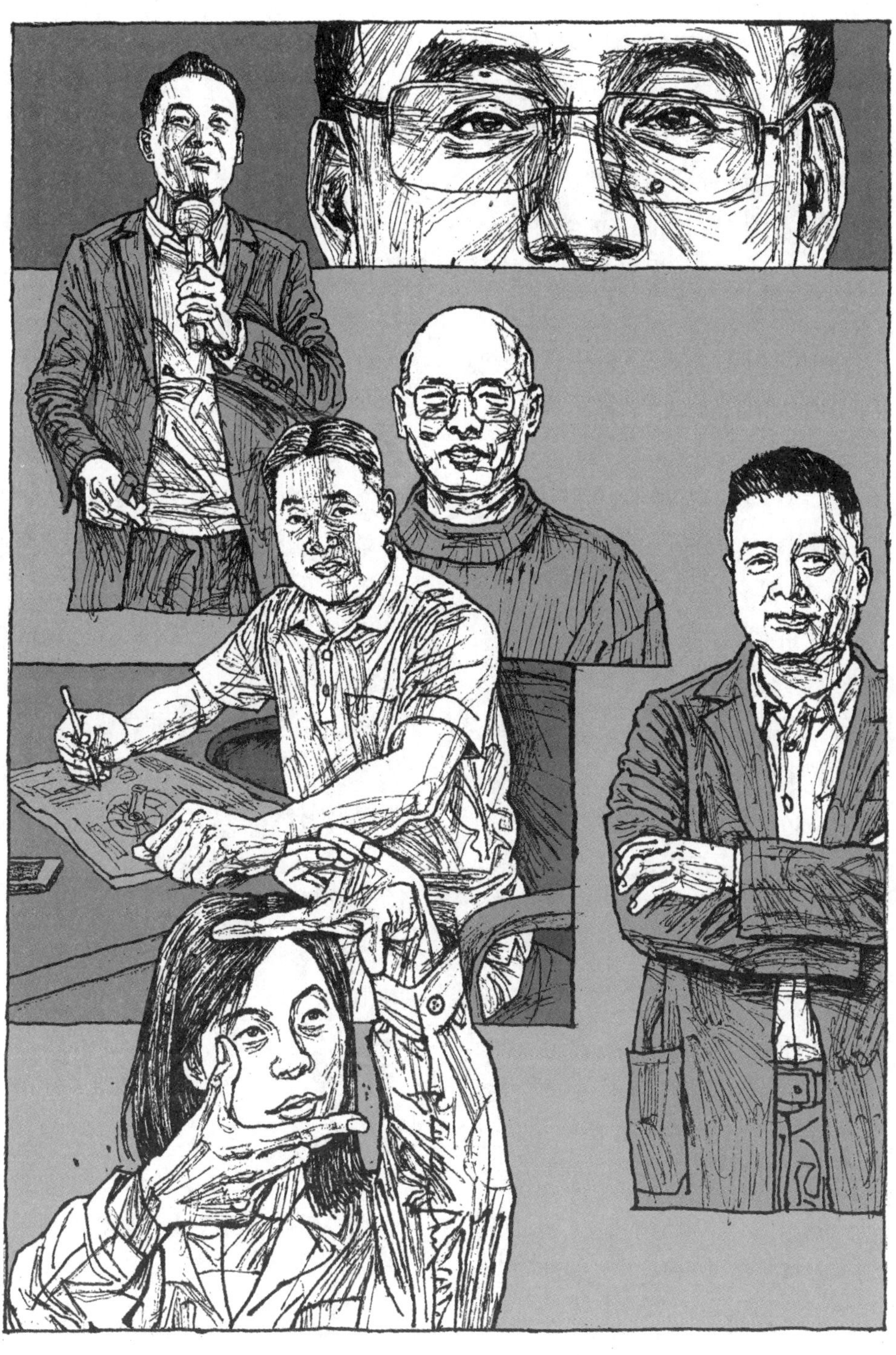

成长必须建立在培养机制的基础上。对此，莱克人力资源部是有一套人才发展模型的。

尤其是对新入职的大学生，就像倪祖根所说的："大学生是一张白纸，能够画出各种美丽的画卷。"在莱克，大学生正式进入工作岗位之后，会对其展开一个为期三年的"阳光计划"，称之为"成长三步走"。

第一年：扶着走。初入职场，公司对新人发展的重点在"适岗帮助"上，通过轮岗尝试，发现人才的优势和潜质。在部门层面，公司导入了师徒制、明星工作辅导制、一把手月度座谈等内容。在公司层面，则安排有高层见面会、青春沙龙、阳光成果发布会等活动。

第二年：放手走。一年后，新人已适应了岗位工作，对大家发展的重点在"放手独行"上。在部门层面，放手独立承担工作，培养有闭环的任务执行习惯。在公司层面，启动"专业课程深度学习""专业晋级评价""优秀新人评选"，部分高潜力人才会被纳入"启明星培养"计划。

第三年：赶着走。入职两年后，新人羽翼渐丰，对于他们的发展重点开始转向"鼓励挑战"。这时，部门会给优秀骨干重要项目担当人的机会，对工作中发现的改善点进行立项支持，对特别优秀的人员则会破格提拔与晋升，之后便进入了基层干部的管培晋升通道。

在管培通道中，莱克人力资源部对于新入职的大学生、基层干部、中层干部和高层干部，会根据"二八定律"进行评价与筛选，将每个层级20%的高潜质人才列入管培对象，进行有计划、有重点、有甄选地组织实施三星培训计划，即启明星、明星经理人、经营之星的培训计划。

启明星计划：是面对业务层的员工，学习内容主要为"明目标、塑职养、强技能"三个方面；明星经理人计划：是面对基层管理者，学习内容主要为"转角色、抓业务、带团队"三个方面；经营之星计划：是面对中高层者，学习内容主要为"树愿景、懂经营、塑团队"三个方面。

其中，为持续推动管理人才的能力发展，做好公司各层级领导的接班人计划，公司每年都会有计划、有重点地开展管理和领导力培训。

培训内容主要分为塑思类：企

业价值观、莱克领导力、领导者的十大修炼等；明理类：哲学观/方法论、辩证法/实践论、二八定律/全局与重点、战略战术/宏观与微观、授权与控制/原则与灵活/有优点与缺点；体系类：管理体系与管理流程的构建方法，卓越绩效管理、质量管理体系；经营类：经营核算与落实经营责任、阿米巴核算管理；业务类：（各项业务的工作内容、策略、工作方法）设计创新管理、品牌管理与营销管理、市场营销活动策划与组织、销售活动策划与组织、质量策划/质量信息统计与分析/质量改进、精益生产、物资管理、财务核算/成本会计；人事类：人事管理与经理人管理（计划——组织——实施（落实）——追踪与纠正——测量与考核）。

能够看出，莱克的人才培训内容涵盖的非常全面且具有逻辑与体系，而这每一类培训内容背后，都具有非常详细的知识结构和完备的方法论。理论加实践，厚厚的一摞，既像教科书又像工具书，整个培训流程下来，堪比又攻读了一个大学学位。如此，才培养晋升出了领奖台上的那些“杰出人物”以及背后的“杰出贡献”。

莱克的人才发展模型和培养机制，既兼顾高技能、高素质、高效率人才队伍储备，又重视对员工职业生涯的有效规划，从而保证了优秀员工的源源不断和人才辈出。而这，也是莱克几十年里能够持续创造价值，引领行业发展的关键。

所以，莱克被称为小家电行业的“黄埔军校”绝非浪得虚名。

故事的哲理

全世界卓越企业的普遍共识是：真正的人才，主要来自于企业内部培养，而不是外部空降。为什么？因为在内培过程中，首先是放下（是），然后是熟悉，进而是认可（知），再然后是忠诚，最后才是创造（行）。没有放下、熟悉、认可和忠诚作为基础，也就是没有“是·知·行”作为前提，空谈创造就是缘木求鱼。（杨光）

当好莱克的“赵子龙”

树立责任意识，做好每一件该做好的事

哲理的故事

和大多数初创型民营企业面临的人才短缺问题一样，20世纪90年代后期，处于创业初期的莱克吸引人才也不容易，加上当时又赶上外资企业在苏州遍地开花，莱克招聘优秀人才不具优势。

此时，莱克正处于高速发展阶段，必须让人才跟上企业发展的速度就成了一件必须面对的事。

既然优秀人才很难招来，那只能内部选拔高潜质员工进行系统培养。通过实践锻炼、潜能激发、经验积累，使员工的综合素质不断提升，为之后承担更重要的工作打下基础。

正是这样的决定，莱克后来涌现出了一大批召之即来、来之能干、具有主人翁意识的干部。其中就包括一名从物控员一步步成长为负责工厂运营的女部长。

2000年10月，“小任”入职莱克，被分配到物控岗位成为一名保管员，一个意外的机会，让她兼职记账员工作。一开始各种不熟悉，她注定做不快。白天时间不够用，每天下班她都会背着沉甸甸的一摞账本回家，常常熬夜到凌晨2点才能把账务整理好，一天只睡3个小时。第二天又要背着账本去赶班车上班。

功夫不负有心人，短短2个月时间，小任就进入了状态，她所负责的物料和账目工作竟然没有出现任何问题。她这种敢于挑战，敢于担当，来之能干，干就干好的特点开始显现。

不久，仓库主任岗位正好空缺，表现出色的小任被推选了上来。在这个岗位上她耕耘了四年，从优化仓库布局到物料的先进先出，再到提升物料周转率，将账、卡、物的一致性做到100%；从员工管理到协调供应商关系，每一个环节都做到尽善尽美。

为了提升干部的综合素质，公司推行工厂干部轮岗制，任主任被调整到采购岗任科长。在这个新岗位上，她面临新的挑战，从原来的只做仓库管理到计划管理、供应商管理、资材的调配管理。在计划采购岗位上，公司组织了《滚动计划七大编制原则》的学习，并结合莱克当时ODM生产模式边学边运用。她从中受到启发，为了解决ODM生产模式下"订单与物料的高配套性"，以滚动计划编制为源头，提出以"物料组织JIT准时配送零停线"为目标，按照JIT（准时制生产方式）上料原则，做到既准时到料又将库位面积利用率最大化，为工厂业绩超预期目标达成起到重要支撑作用。之后她被调任多个工厂，得到更多历练。

因公司规模扩大，她又被推荐为新建工厂的物流厂长。为了使新工厂物流尽快步入正轨，在当时没有成熟的仓管员与配料员的情况下，为了让新人快速掌握工作要领，及时准确地为生产供上料，她创新了一种方法。任厂长将新人分成几个小组，同时将不同线别型号的物料用A4纸标记1、2、3、4、5，作为线别识别码，按产线对应物料，确保新人能快速、准确地找到物料，使整个物流流程简单化、高效化。

新工厂的物流人员来自五湖四海，背景各不相同，性格千差万别，要想在短时间内让整个物流团队快速跟上新工厂订单量不断增大的要求，任厂长特别召开了部门会议，说："我们每个人可以与众不同，但是到了这里，所有人的工作开展必须以'工厂各项业绩指标达成'为目标"。正是有了"目标一致"的思想理念，整个物流团队成员很快达成一致，各项工作快速地顺畅起来。

与此同时，任厂长以"物料供应零停线""订单一次性下线"为目标，创新供应商JIT上料方法及"责任划格制"。她将分管同品类的采购员与仓管员先成"二方格"，使来料与收料信息实时共享；又将采购员、仓管员及产线的物料员、线

长结成“三方格”，使产线的生产物料信息实时共享；为了保证来料零部件的质量，将“三方格”又延伸成“五方格”，把进料检验员也纳入方格内，质量信息也做到同步共享，各方提前预警。这些举措为“物料供应零停线”“订单一次性下线”提供了保障。仅用半年时间，就超越了成熟工厂的物流运作水平，获得公司年度表彰，任厂长也因出色的表现被公司破格提拔为工厂“一把手”。

之后，因为公司业务发展的需要，她从总装三厂轮调到总装二厂做“一把手”，依然连年创造佳绩。再后来，公司组织调整，她成为统管总装厂与注塑厂的部长。不久之后，公司新建立了一个注塑、总装一体化的工厂，可运营一年下来，工厂始终没能走上正轨，效率、库存量等各项指标一直落后，向客户交货急迫，她临危受命，出任新工厂部长。

任部长到任后，花了三天时间对新工厂的仓库积压账目情况、未完工的半成品情况、拖期订单的情况、人员的分工情况等，进行了全面摸排，重新策划工厂运营方案。然后，马不停蹄地带领大伙儿进行内部资源调配，明确职责、要求、考核标准，并召开全厂动员大会：“我来没有给自己留后路，我的决心是跟大家一起，要么干成，要么走人！”员工的干劲儿瞬间被任部长调动起来。

接下来，任部长开始了大刀阔斧的调整行动。她按照《滚动计划编制七大原则》，从计划开始对产品产线进行规划调整；在零部件的供应上，实施JIT方式优化物料配送、缩短采购周期等措施，并组织工厂内的物流、生产、质量、人事签订《保证生产零停线的责任状》。她提出“以订单准时交付为目标，公司有多少订单都必须准时达成”，以此锁定每日达成产量，同时，提出每周增加1500台的提产计划，并向各条产线提出日单线效率45的达成要求，每日及时进行目标达成激励，工厂整体的士气与氛围立即全面爆发。通过近20项措施的调整，在她接手新工厂的一个月时间里，日产量从6000台、8000台、10000台，快速飙升到12000台，翻了一番；又经过一个月时间，日产量突破了15000台，创下了当月产量39万台的历史纪录，这个纪录至今未被打破。

一路走来，从物控员、仓库主任、采购科长、计划物流厂长、厂长、部长，无论在什么岗位上，她都以主人翁的姿态、强烈的责任感、高度的使命感，冲锋陷阵、迎难而上。不仅个人得到很好发展，还带领着团队创造一项又一项佳绩，与公司共成长。

任部长始终认为：干部不是先有任命才有责任，而是是不是做到了别人心目中认可的那个标准。

“很幸运来到莱克这个大平台，在莱克学到的很多东西是教科书上没有的。正是这些宝贵的经历，塑造了如今的我。或许未来依旧充满未知，但我时刻做好准备迎接挑战，做好每一件该做好的事。时光不负赶路人。”任厂长如是感慨。

故事的哲理

有一位中国企业家曾说：“什么叫职业？就是‘你办事，我放心’。”一个高效组织里，纵然需要“温酒斩华雄”的关云长，纵然需要“当阳桥断喝”的猛张飞，但其实更需要始终默默无闻且永远不出悬念地把所有安排给他的事都能做好的“赵子龙”——只有他，最职业。这也是非常注重职业素养的日本企业界，在熟读三国智慧之后，独独普遍推崇“赵云”的原因。（杨光）

你想做手艺人，还是经理人

做难而正确的事

哲理的故事

2021年，一直负责分厂技术质量工作的小蔡被晋升为工厂全面管理的"一把手"，这是一个从量变到质变的过程。

2003年，还是"小蔡"的他人职莱克研发工艺科负责激光成型3D打印工作。当时这台打印机是从德国引进的，这让小蔡接触到了最先进的技术。在德国人的培训下，他学会了建模与编程。当时，公司开发出来的产品都要经过他进行编程、排版、打印。过程少不了要和研发部门沟通探讨，所以他对产品慢慢有了了解，并学会了用Pro/E绘图，他聪明好学的劲头这时开始显现。

之后，小蔡转到了研发质量改进工程师岗，负责产品结构的优化改进工作。当时，莱克的产品种类比较多，每个型号都要匹配一种附件，管理起来非常繁杂，且导致开模费用也比较高，如仅仅一个卷线器就多达20多种。对此，小蔡便主动研究，发现通过设计可以将品种繁多的卷线器改进为1个通用的卷线器，大大降低了产品开发成本，提高了单件产出和生产效率。

当时市场反馈，吸尘器使用后海帕易堵塞，没有吸力。小蔡对无尘袋吸尘器的龙卷风结构进行了分析，发现过滤尘杯尘气分离效率不高，仅90%左右，长时间使用后，大量细灰就会漏到海帕上，造成海帕堵塞，吸尘器会丧失吸力。为了解决这个问题，小蔡和部门团队一起，对尘杯的原有设计做了细致分析，多次提出新方案，经反复试验与验证，找到最佳龙卷风尘气分离结构的方案，经过优化改善，将尘气分离过滤效率大幅度提高，解决了过滤海帕堵塞问题，大大降低了市场投诉。

“从事质量改进工程师的工作，对于我来说是非常重要的一个阶段，因为过程中了解了产品的模具技术、注塑成型工艺、总装工艺等，逐渐掌握产品工艺技术管理，使我积累了很全面的知识与经验。”小蔡回忆道。

2008年，他被调到工厂去做工艺科长。正因为有了之前做质量改进工程师的经验，到了工厂后他在技术上适应快，能解决一线的生产技术问题，得到了工厂方方面面的认可。一年后，表现优秀的他被提拔为技术厂长，并转战几个工厂，积累吸尘器、园林工具、小家电等产品方面的经验，这也为他以后负责全面运营工作做出了铺垫。

到这时，小蔡厂长也还只是在技术领域深耕。有一天，小蔡曾经的一位师傅问他：“小蔡，未来，你是只想做一个手艺人，还是想成为一个经理人？”

正是这句话，让小蔡陷入了思考，也开始重新审视自己的未来。他从原来的只关心“做事”，开始有意识地关注“人”，从原来管技术开始向管人方面拓展。他改变了过去的做事方式，由单枪匹马地解决技术问题，开始带着下属一起分析、一起探讨。他认真研读了公司的《新产品质量策划手册》，结合所在工厂的生产产品品类，总结出“14343工厂新品质量策划方法”，即1份流程图、1份PFMEA、1份SOP、1张QC工程图，零部件制造3个管控，生产过程质量检验4个管控，3份检验文件。

他用这套方法先对工艺技术人员进行培训，再结合具体的产品，带着他们一起策划整机生产过程，教他们如何把客户的要求转换成产品标准，并把产品标准转换成零部件的要求，包括如何设计工装夹具，如何设定工艺参数，如何进行产品防护，如何对产线人员进行培训等，事无巨细。甚至带着他们一起去供应商处策划零部件生产制造过程。过程中，他经常教育下属，要敢于做难的事情，因为只有做难的事，才能有能力的跃升。下属们受到启发，再难的产品项目也欣然

接受。

同时，小蔡也意识到，要解决好工厂的技术质量问题，仅凭过硬的技术是不够的，还应该有良好的沟通协调能力。他学着换位思考，发自内心地将“销售部门”当成客户，对他们提出来的要求，杜绝说“不”，全力想办法予以满足；将研发部门视为伙伴，提前参与他们的产品创新过程，为他们提出好的产品技术建议，帮助他们顺利进行试产量产，提高一次试产合格率，缩短产品开发周期；将供应链视为利益共同体，与他们一起分析零部件问题，帮助他们提高零部件生产过程中的稳定性。在此过程中，他也逐渐得到越来越多的信任与认可，连续多年被评为“优秀”，这也令公司管理层看到了他做经理人的潜质，进而被提拔为工厂“一把手”。

小蔡也深知，仅有热情的工作不能让他走得更远、做得更好，还要持续学习才能与时俱进。他先后参加了公司管理、经营、领导力方面的一系列培训，并将所学用于实践，他根据订单情况，核算用多少人，支出有多少，技改投入多少，能耗会有多少。根据核算结果，形成《月度用人计划》《加班控制计划》《技改投入、产出计划》《用水、用电区域责任人》等等，心中有了一本“经营账”。“如何让经营最大化”也成了他每天的思考：如何能接更多的客户订单？如何能将生产制造成本降得更低？在他的经营思想的带动下，每个小团队也都时刻想着更大地创造价值，更好地控制成本。

如面对新环保法要求，总装厂零部件印刷工艺亟待改善，使用的油墨有环保和安全隐患。众多工厂正为此事一筹莫展，蔡厂长主动请缨，带领团队跑市场寻找替代方案。经过多次测试、验证和客户确认，找到了可替代的热转印技术和镭雕技术，从而解决了这一难题。

当然，他没有停留在只解决技术问题层面，而是进一步考虑如何将这项技术的应用价值最大化。他们从精益生产“一个流”的原则出发，对注塑厂到总装厂的零部件加工及物流进行颠覆性的改进，省去两道工序，大大减少了过程中的搬运浪费，减少了质量损失，提高了生产效率，并且连印刷车间也取消了。这一做法很快被推广到了整个公司，当年得到了公司的自主改善大奖。

“难题交给我们，等完成突破后所带来的那份成就感是非常有价值的！不仅仅是物质上的奖励，更在于精神层面的满足！”蔡部长由衷地说道。

正是这样一种迎难而上，善于进取的精神，成就了“小蔡”到“蔡工”到“蔡厂长”，再到“蔡部长”一次次质的飞跃。

故事的哲理

所谓做难事必有所得，挑难事必有所为，这便是难事背后的成长价值。做难事，意味着要付出更多的努力，面临更多的挫折和不确定性，勇于承担，迎难而上。也意味着选择了更高、更远的目标，不再满足于平庸和安逸。正是在这些磨砺中，才能够不断挑战自我，获得宝贵的经验和技能提升，从而实现成长和蜕变，最终实现自己的价值和梦想。

“工程师思维”的销售员

职场增值，取决于打破既有定位

哲理的故事

一个企业的人才储备是否充足，是否具有高技能、高素质、高效率的人才队伍，将直接影响到竞争力、创新力和发展潜力。

在莱克，有一整套完善的管理体系、制度、流程和方法，用以规范员工的行为及指导员工工作开展。再通过持续地进行业务关键要素提炼、培训、指导等措施，对员工业务水平的提升和人才不断涌现发挥了重要作用。

2006年，莱克电气园林工具事业部刚成立一年，销售部王经理就加入了这个事业部的销售团队。为了让她对园林工具产品有更深入的了解，公司安排她先到研发部学习3个月，以便她这个学习国际贸易专业出身的园林工具“门外汉”，能更快进入状态。

莱克从文化理念到业务流程再到产品知识的培训内容，以及针对不同层级人员专门编写制作的PPT课件，令王经理有了抓手。她对这些课程以及课程内容十分上心，特别是对产品以及产品技术方面的知识格外感兴趣，经常带着问题去研发部或生产线请教。同时，还会有意识地主动了解产品研发的最新情况，时刻保持关注。

渐渐地，王经理融入了莱克的氛围。有客户来考察时，她可以将产品从功能到性能甚至到技术参数，介绍得滴水不漏，更能在与客户交流时做到深中肯綮，准确捕捉到客户对产品的细微需求，还能就产品工艺流程与方法做出探讨，给客户留下了非常专业的印象。当将客户的需求转达给研发等技术部门时，王经理也能做到朗若列眉，准确而简洁；当工程师在项目开发过程中对客户需求提出疑问时，她也能够给出准确判断及解答。此时，她不再是一名普通的外贸业务经理，而是一名懂产品的业务顾问了。

在园林工具事业部还没有设立专门的产品经理时期，准备开发一款新产品，由资深工程师草拟了该产品的设想方案，需要王经理翻译好再发给海外客户确认。拿到这篇“理工男式”的长篇大论，她皱起了眉头，语言生硬、逻辑混乱不说，表达也不够垦切，不但会让客户产生费解，还会因此丧失客户与公司进一步沟通的信心。于是，她凭借前期累积的产品专业知识，将长篇大论拎出要点，梳理出逻辑思路，按照“1、2、3、4、5”将产品方案一一罗列清楚，让技术人员确认无误后进行了翻译，转交客户确认。快速让客户了解了公司技术优势与产品开发能力，顺利与我司签订了项目合作书。

“只有做到对产品深刻了解，和客户沟通时才不会盲目，也不会只是做个搬运工或传声筒，我要有意见参与，而且是专业的意见。”王经理说，有时候她甚至还会站在客户的角度给研发或者生产部门提出一些关于产品改进的“主意”。

时间一长，研发部的同事们都对她的专业和用心表示赞赏，私下里都叫她“半个工程师”。其实，这“半个工程师”，恰恰就是做销售工作的底蕴。有了这些底蕴之后，跟客户沟通才会无障碍，继而才会赢得客户的信任，最后形成销售，就是水到渠成的事了。

在王经理的不断努力下，仅用了一年时间，就将园林工具事业部的销售额从入职时的400多万美金做到了2000多万美金，客户从1个拓展到了5个。

这让公司看到了她的潜力，在年底员工谈话中，领导希望她能将园林工具业务覆盖到整个欧洲大陆，未来能走向全世界。王经理觉得不能辜负这份重托，必须尽全力达成。在接下来的六七年时间里，她无数次单枪匹马地出国拜访客户。出国前充分准备所有产品材料、技术资料，甚至竞品的对比资料，以便与客户交流过程中，能随

时应对客户提出的各种问题，并及时向公司汇报。回国后还会及时跟进研发部的产品、技术落实情况。那几年，又要开发客户，又要跟进项目，还要处理价格、付款周期等各种谈判事宜，王经理也从一个人变成了带领一个小团队。

具有工程师思维的她，带着小团队将各项业务处理得井井有条，项目进度紧盯不放。“努力是必要的，但只有抓住关键客户，抓好大客户，业务才能有大的增长与突破。”这是董事长倪祖根对王经理的指导，也使她始终牢记在心。为此，她根据行业里的大客户信息，要求团队务必与潜在大客户建立联系，常年保持沟通，坚持每年拜访，寻找各种可能的契机快速切入。而且，只要有机会切进去，她的目标就是“成功”。她的这种“稳、准、狠”的开拓劲头，也影响了所带领的团队，他们齐心协力将客户做到了20多个，欧洲重要的大客户全部建立合作，销售额也突破了1个亿。

不久，王经理的小团队也变成了30多人的大团队，王经理也荣升为这个大团队的总监。

她深知队伍更大了，并不代表着更强了，必须让团队里的每个人都具备良好的工作方式，才能让整个团队具有无往不胜的开拓力。

王总监在部门内建立了“客户邮件管理原则”，要求：简单事当日回，复杂事最晚不超过三天；邮件内容描述要准确，表达要精准。为此，她还特地搞个“抽查制”，利用部门例会让被抽查人进行复盘与分享。且进入部门的新人，都得通过“邮件沟通第一关”，否则，不能独立对接客户。如此，确保了整个团队与客户在邮件沟通上的精确性，从而使问题处理的效率也得到提高，赢得客户的好感。

为了避免人为错下、漏下订单，王总监还在部门建立了“专人专项订单管理方法”。即大客户订单管理由专人负责统筹，统一跟单模板，定义好各个时间节点要做的工作，确保跟单人员每天的检查内容。如：每月初更新两份《订单长周期预测表》给工厂提醒备料，并对照《订单长周期预测表》核对所有长周期进口料件库存情况，按照采购周期提前下采购申请，每周二统计下一周出货计划，每周三确认上周订单交期，每周四和周五同单证确认下周配舱情况，每周五整合下周验货申请发客户确认。甚至连印刷品，也会在量产前出检查表给客户一一核对。整个团队在订单管理上的严谨、细致，让工厂大大减少了因“人为失误”而造成的救火及损失，也确保了订单的准时交付。

为了确保销售经理们能高效推进新产品项目，保证年度销售目标的达成，王总监还在部门内建立了一套《销售部门项目跟踪表》，利用每周例会对“关键节点、重要事项”进行检讨。让销售经理们时刻知道自己项目可能卡在了哪里，哪些方面是没有意识到的潜在风险，通过检讨的方式帮他们指出来，可以提前跟催相关部门或人员。她也因此成为研发部门和生产部门又爱又恨的销售人。

除此之外，她还在部门里开创了“一周一小培训，一月一大培训”的学习文化。从产品知识、邮件书写、电话交流、会议资料准备、会议桌面布置、商务谈判等等非常详细，且是根据销售近期的主要问题选择培训课题与内容，既贴近工作需要，又很好地解决了业务问题。

之后，王总监又推出了“员工季度工作回顾”。以帮助销售人员尽可能在短时期内知道自己做了什么，有什么感悟，有什么不足，接下来如何围绕目标进行下一步工作。而且，这种回顾是分享式的，可以让大家形成相互学习的正向作用，促进大家业务上能力的不断提升。

王总监将工程师的条理性、严谨性发挥到了极致，带动了整个销售团队的进步，业务上也蒸蒸日上，销售额快速从1亿美元向2亿美元靠近。

故事的哲理

每个人的职责是什么呢？经过培训，一名清洁工的职责可以是“修理工、摄影师、急救员、保姆……”在一个工作场景下，任何一个岗位的职责范围都具有巨大的延展性。在培育机制与个人主动性加持下，你的服务范围可以无限扩大，你的岗位地位也可以随之天翻地覆。你的价值，主要取决于在平台支撑下，你怎样定位自己。而人生最大的浪费，就是自我局限。（杨光）

“独立”出来的研发总监

主动性，在决定人才的潜力

哲理的故事

“以主人翁的态度做事，把单位的事当成是自己的事。尽心尽力，忠于职守，自动自发干好本职工作，无需领导监督。对企业尽心尽责是个人走向成功的基石，是企业选人、用人的基本条件。”

以上是莱克电气员工行为准则中的内容，也是莱克选用人才和培养人才的重要标准。

对此，莱克电气吸尘器研发部马总监深有感触。他坚信，在其位谋其政，任其位尽其责，既然得到公司的认可，就要努力让自己胜任这个岗位。要关注工作的价值点在哪里，明确工作的意义和使命，紧盯目标抓执行，使工作落到实处。否则，就不适合这个岗位，更不能胜任这个岗位。

2001年，是莱克扩大高校应届毕业生招聘的第一年，公司一下子引进了30多位优秀高校毕业生，当时的“小马”也是其中一员，他意气风发地进入了蒸蒸日上的莱克公司，成了一名产品研发工程师。

就是从这一年开始，凡是新进研发部的大学生工程师，在经历了入职阳光魔训、一线生产实习后，还要接受系统的产品结构与原理学习，训练他们规范地绘制产品设计图。

小马很快就展现了出众的一面。其他新人设计一份图纸至少需要一周时间，他只要两天就完成了。因为别的新人需要现学Pro/E（三维建模）绘图软件，而他在大学期间就已经提前自学并熟练掌握了。那时，他的想法很简单，就是要比别人做得更快、更好——他积极、主动、要强一面开始显现。

常言道，机会总是留给有准备的人。正是这样一种“提前”让时任工程师的小马工站在了工作的高起点上。

领导发现了他的可塑性，将他安排到一位产品研发经验丰富设计经理手下，跟着一起研究产品，设计图纸，跟进项目。小马依然爱思考，总琢磨着怎么才能将一个产品设计得更好。所以，日常除了完成产品图的绘制，他还有意识地去查看《客户反馈记录》，时不时向设计经理提出自己的疑问和想法，遇到不懂的技术问题，也会虚心地向其他前辈请教。

2001年以后的莱克进入了高速发展时期。公司快速反应、准时交付的运行节奏带动着人才快速成长。当时项目组的建制没有那么全，每个人都是主力军，这也给了小马锻炼的机会。在产品开发前期，他参考样机进行设计；参加各类样机评审，了解结构设计要点，亲自跑实验室、总装厂现场了解产品问题点，虚心向各部门主管请教改善经验，回来及时做手板验证确认，以最短的时间周期完成项目的试产到投产过程。跟着设计经理经历几个产品从设计、评审、开模、试验、试产到量产的全流程后，小马成为了马工，已经可以独立承担产品研发项目了。

于是，知人善任的领导又开始往马工身上“压”担子了，让他从一个产品项目开始主导研发设计，从工程师直接挑起了项目经理的工作。这时的他要策划新产品、设计新产品图，还要合理分工，调动每个工程师的积极性，让他们按照产品策划要求、项目进度如期完成任务；更重要的是，还得同步调动模具厂、注塑厂、总装厂、实验室、供应商等协同单位，一起配合起来。

重担之下方显担当。有了前面全流程研发跟踪产品的经验，面对一个新的项目任务，马经理暗自定下“必须成功”的目标。当时，新项目启动时，公司引进了国外先进的激光成型技术，产品图设计好后就能通过激光成型做出一个完整的样机。这样做的好处是产品在开模前能将产品问题提起评审，提前修改，大大避免了后期的反复修模。这项技术的引进不仅让马经理提高

了工作效率，也为后来其他新项目开发周期的缩短提供了有力保障。

用心布局，大胆尝试，不到一年时间，马经理团队的第一款吸尘器便被研发出来。投入市场后，反响很好，拿到的单品业务量甚至能养活当时的一个工厂！

这也一举使马经理脱颖而出并且信心进一步提升，由此，涉及新门类产品的研究与开发，他都会主动接下来，试图向着更高的目标突破。

随着国外客户的需求增多，产品开发数量也日益增多。公司每年招收的高校毕业生，也会给马经理的团队分配几名，项目组慢慢组建而成。马经理深知自己也是从学生一步一步走过来的，所以，他用自己刚入职时的经验指导新人，帮助他们尽快适应与进步。他会跟着新人一起加班画图，一起探讨和解决各种各样的新品技术问题，半年内两款桶吸产品项目从设计到投产按时完成。也因此有了“只要是桶吸项目，交给马工他们就对了”的佳话。渐渐地，他从单独做一个项目到可以同时负责两三个项目，再到能够带领整个吸尘器研发项目组。一般来说，这个过程至少也要五六年时间，他却用了不到三年。

2011年，随着大客户项目持续增多，为了给不同区域的客户提供更好的产品，更专业的产品技术解决方案，公司决定对研发部门做进一步的细分，也让工程师们能集中精力将产品和技术做得更专业，莱克决定独立出一个OEM研发部，马经理成为新部门的马总监。

成为独立部门后，新项目比之前更多了，而且多个项目需要交叉推进，马总监却可以带着团队做到有条不紊。这得益于他经常组织研发经理学习公司的《项目全流程管理》，研究从产品初期可行性策划到最终产品投产全周期的管理，理出各项目重点与相关点，推行同步工程；组织学习《四高十法设计预防量化控制方法》，抓好新产品质量策划，提前充分识别出项目中可能存在风险，制定量化预防控制方法；制定《3D图纸的设计规范和制图标准》，培养了设计人员的制图习惯，高质量输出图纸，减少模具的改动。严格的要求，规范的方法，一批被客户认可的研发项目经理崭露锋芒。

与莱克合作的很多客户都是国际知名名牌，他们对产品的技术要求、项目的管理要求都是世界级的。为了更好地满足客户需求，成为客户的不二选择，马总监希望打破客户来什么做什么的被动模式，主动推动客户项目管理。为此，他建立了客户项目推进会，每周与销售人员一起盘点项目的方式，抓项目要求、进度、客户期望。第一时间了解存在的问题，进行闭环解决，减少了项目反复次数。同时，还会捕捉未来项目机会，提前做好应对。

在项目试产阶段，马总监还要求项目工程师和工厂人员面对面探讨可能存在的问题，共同研究更好的解决方案。让设计人员不是只站在设计角度做设计，而是站在生产端做设计，防患于未然。

遇到紧急项目，马总监会通过同步工程的管理方法，将串联工作改为并联，研发、设计、模具、注塑、实验、总装、供应商等几大部门提前行动，同时参与。并且他还主动与横向部门做好沟通，合理安排资源，确保每个环节都能有条理地进行，降低出错率，减少项目等待和搁置的频率。

在马总监的带领下，团队每年可以完成25个以上的研发项目，项目准时率高达95%以上。“出新品又快又多”成了他带领团队的标签，他们所研发的产品于2021年获得“中国家电科技进步二等奖”。

在莱克电气的行为准则的规范和人才培养的系统下，像马总监这样的优秀人才在层出不穷地涌现着。

故事的哲理

人才成长速度与业务发展速度的关系，在决定着企业的命运。如果人才的成长速度等于甚至高于业务的发展速度，企业在未来就能继续高质量发展。惠普公司在鼎盛时曾有一个发现：如果公司的业务增长持续高于25%，则其人才成长往往会跟不上，进而出问题。那么如何提升人才的成长速度？本质上不取决于人才本身，而取决于人才的“主动性”得以施展与成长的“场”。人之所以是最大的财富，是基于人的“主动性”。而你有什么样的机制，你就会生产出什么样的“人”和激发出什么样的“主动性”。（杨光）

50岁跨行，收到“莱克”创牌的第一笔销售货款

勇于挑战，不要自我设限

哲理的故事

“莱克？没听说过，是不是一个鞋服品牌？”

“您可能还不了解，其实我们是专业做吸尘器的厂家，从2004年就已经是‘全球吸尘器最大供应商了’。现在，刚开始做自主品牌……”

2009年3月的一天，新疆乌鲁木齐一家名为华凌的家电市场门口，一位中年男士手中正拿着一个吸尘打蜡机向一位老板派头的人做着介绍，言语不温不火但透着自信。他正是时任莱克电气驻新疆的一名销售员。

这一年，在金融风暴的冲击下，“洋气扑鼻”的莱克电气开始转战内销，吹响了自主品牌的号角。但当时的国内家电市场已是风起云涌，群雄争霸，海尔、美的、苏泊尔等巨头都在忙着“跑马圈地”。

面对这样一片市场红海，刚刚创立的“莱克”想要闯出一片天地，困难可想而知。

销售问题首当其冲。在之前的ODM的模式下，营销和销售环节属于莱克所合作的品牌方，而莱克作为制造商的专注点在于产品的设计与生产。所以，当时的莱克一没有销售团队与渠道，二没有销售资源与经验。

一开始也从外面招兵买马，然而却存在“水土不服”的情况，销售工作依然不好开展。在此情况下，莱克开始从内部想办法，鼓励更加熟悉产品的工厂生产、质量人员转型去做销售。

公司的号召马上得到员工的积极响应，当时有21名生产部门的精干人员跨界进入销售部门。其中，莱克第六分厂厂长老江主动报了名。老江从1997年进入公司，已经在生产部门工作了12年。期间，勤勤恳恳，排除万难，指挥生产保订单，并多次受命新建或重组工厂，始终坚持在生产第一线。这一年，他50岁，却决定从幕后走向台前，跨部门挑战销售工作。当时21个人抽签决定去往全国21个省，老江竟主动提出去别人都不愿意去的偏远地区——新疆。

要知道，当时国内的家电市场正群雄逐鹿，前有强势进入的国际顶级大牌，后有势头猛烈的本土老牌儿，莱克作为尚无名气的后来者，开拓起来谈何容易！何况老江在退居二线的年纪，又跨部门转型，还去往最偏远的地方，这一举动，多少人都为他捏了一把汗。

然而他却表现得无比沉稳，出发之前，公司对21名销售人员进行了培训，原本只擅长生产的人员开始学习销售技巧、市场分析和客户服务等知识。这些知识让老江受益匪浅，培训中学到的借用行业杂志拓展渠道客户的技巧，他牢记心中，并决定以此为切入点，打入那片未知的市场。

于是，老江到了乌鲁木齐第一件事就是在报摊上买了几本当地的家电杂志，从上面找了20家家电市场作为潜在客户，然后再一家一家地上门去拜访。

万事开头难。果然，还没等见到负责人，刚到市场导购这一关就已经“面斥不雅”了。毕竟他们见惯了那些知名的大品牌，根本没把当时籍籍无名的“莱克”放眼里。

“做销售，心态很重要，少抱怨，凡事多往好的地方想。只管踏实播种，总有发芽的一天。”老江是这么想，也是这么做的。

碰了几次钉子之后，他开始改变策略。这次到了一家名叫华凌的家电市场，老江没有急着推广产品，而是和导购聊起了行业新闻，稍微熟络一些之后再向导购打听了市场负责人的情况。之后便开始在华凌市场门口蹲点儿。

于是便有了文章开头的一幕。常年从事生产工作打下的扎实基础，让老江对产品、原料和技术优势了如指掌，也让他在走向市场的过程中多了一分底气支持。所以，面对疑问，他不卑不亢地讲述起了莱克在吸尘器行业的全球地位、发展历程、技术实力、产品价值、创牌理念等等，如数家珍。并强调了创牌初期公司给予的优厚政策。

渐渐地，对方态度变得缓和，答应考虑一下。

几天后，老江便接到了那位总经理的电话，约他又面谈了一番，确定了合作。半个月不到，华凌家电市场的3万元首款便汇入了莱克公司账户——实现了整个销售团队从0到1的突破!

就这样，当初最不可能完成任务的人却第一个谈下客户并打款回来，虽然数额不大，却率先打开了局面，足够振奋人心，也如同星星之火为整个销售团队树立了信心与希望。进而星火燎原，一步步成就了今日响当当的莱克。

试想，如果当初莱克没有动员内部人员挑战跨界转型，老江依旧固守原来的工作岗位，或者甘于退居二线了呢？

所以，企业在转型过程中，难免会遇到一些困难和挑战，但只要敢于创新和尝试，勇于突破传统思维定式，寻找新的发展方向和途径，就一定能在激烈的市场竞争中脱颖而出。

故事的哲理

没人干过，没人肯干，对庸人就意味着风险，而对闯将则意味着良机。人生的价值并非来自“确定性”——最富裕的瑞士人自杀率冠居全球，当幸福能够一眼看到底时；而是来自“可能性”——这正是中国这片热土在20世纪冠居全球之处，不论是深圳，还是新疆。

凡创新者，往往都是在抄无所抄、借无可借的“无人区”，在试错中潜心分析，持续迭代，实现从0到1的突破。而其中的重要方法，在于对于完全陌生的领域，不必急于确定它到底“是什么”，而不妨在分析与实践中首先明确它“不是什么”。基于“已知”的排除，是探索“未知”、实现创新的高效路径。（杨光）

“三无生有”，打响河南第一枪

用“人格”去销售“品格”

哲理的故事

2009年，莱克电气开始创立自主品牌。由于前15年莱克在ODM模式下以贴牌生产为主，对于如何开拓自主品牌市场毫无经验，既没有团队，也没有渠道，更没有资源，这无异于是从0到1的又一次创业。

首先就是招兵买马组建国内销售团队，但团队不是那么容易就建起来的。所以当时除了社会招聘之外，公司也发动内部工厂生产、技术、质量等管理人员跨界做销售工作。一是他们对公司、对产品比较了解，二是希望解决“空降”人员沉不下去的问题。

当时，为了鼓励内转干部敢于跨出这一步，公司还给予了原职位保留和充分的后备支持，等于是留了退路，让他们没有后顾之忧。

生产车间里年轻的窦主任积极报了名。

窦主任2005年大学毕业就加入了莱克，在基础实习历练一待就是8个多月，打下了扎实的一线基础。之后在工厂领导的鼓励下，他凭着顽强的毅力，不断学习与积累，并在随后的两年多时间里快速成长，由管理几名一线员工的组长，成为带领40多人流水线的线长，继而成为统管400多人的车间主任。

从生产中磨砺出来的能吃苦、执行力必须到位、面对生产中各种不确定性必须快速响应的能力，让窦主任决定继续勇攀高峰，超越自我。

于是，在这次莱克转战内销创牌的动员中，他决定跨界做销售，去挑战一种新的可能，甘愿从车间主任变成销售员“小窦”。

经过抽签他被分配到了河南，这一去，小窦就没想着再回总装一厂，毅然决然地踏上了开往郑州的列车，不成功，便成仁。

河南是人口大省，市场空间自然足够广阔。但河南也是一个并不富裕且文化交织的地区，要想在河南办成事并不容易。因此，这其实是一个并不好挖的富矿。

当真正踏上河南这片土地时，小窦才真正感觉到什么叫陌生。对于整个河南，除了悬河与包公，他以前都没什么特别的印象。当时的市场激战正酣，莱克一无渠道，二无名气，他自己又无经验，要想在“三无”当中“无中生有”，谈何容易！

“虽然初来乍到，人生地不熟，但我对产品熟悉，对品质自信，对莱克自信，只要脚踏实地肯吃苦，就不信做不出个样来。”小窦给自己打着气。

出发前公司对他们这批“特殊的销售员”进行了营销方法的系统培训，其中有一种拓新方式是“陌拜扫楼”，意思是挨家挨户地去做推销。虽然效率不高，却锻炼胆量。小窦如法炮制，下了火车稍作安顿，就去“扫”专卖店，“扫”家电市场，展开了地毯式开拓。他拿着一台机器，一边演示，一边讲解。一开始，还真有些放不开，说得磕磕绊绊。但他心中始终有一种信念，销售不是单纯意义上的卖产品，而是设身处地地为客户提供产品需求和服务，所以他坚持诚实本分，有一说一。

对于那些家电市场的人来说，他们见惯了油腔滑调的美化与“忽悠”，反倒是显得有些“笨拙”的真诚，成了一种稀缺。很快，一个家电市场的负责人注意到了小窦。由于他有着之前工厂生产的经历，所以当负责人问起质量标准、产品技术和一些专业的参数问题时，他都能对答如流，两人聊得挺投机。在交流过程中，负责人了解到莱克与众不同的创新理念和领先一步的研发优势，以及在国际市场取得的辉煌——“全球最大吸尘器研发和制造企业”。这让那位负责人对于莱克的销售员更多了几分认可与信赖。

只是由于那位负责人代理的品牌太多，自己暂时无暇再做莱克的代理，便把他推荐给了他在南阳的一个朋友。这一下，有了中间人做背书，很快就打开了突破口，3月中下旬就确定了合作。那天，就在小窦刚刚和南阳的代理商签完合同准备返回宾馆时，洛阳的一位代理商打来了电话，这位代理商之前和小窦在郑州聊过业务，如今想请小窦尽快到洛阳做更深入的交流。

机不可失啊！当时，小窦看了看时间，已是下午5点钟，同时他打开了随身带着的一张列车时刻表，看到从南阳到洛阳最近的一班大巴车是5点45分，应该来得及。于是他马上赶往了汽车站，在日暮时分，踏上了开往洛阳的大巴。

高速上，车辆稀少，周围一片漆黑，唯有默默行驶中的车灯照亮了前方的路，一如小窦内心的信念，清晰而坚定。

经过一夜的颠簸与奔赴，小窦在凌晨4点多到了洛阳，天还没亮。

由于当时正赶上洛阳牡丹节，游客繁多，导致宾馆供不应求，早就没有了空余房间。于是，小窦只好在宾馆大厅里坐等，直到早上8点钟，代理商上班，才前去拜访。

代理商看到小窦时非常惊讶，昨天才通过电话，没想到他一大早就赶过来了。这让代理商颇为感动，本来就认可了莱克的产品，又加上小窦的这份真诚，所以当即就决定签了合同，而且预付款比规定的还多付了3倍。于是，河南的第二笔合作达成。

接着，南阳下属的区县也开始裂变分销。最忙的时候，小窦要一天奔走4个区县。越做越顺，南阳成为莱克开拓销售市场的标杆样板。之后他又以样板为核心，向周边推广。

短短三个月的时间，南阳、洛阳、新乡、平顶山、信阳、开封、驻马店……就像开了挂一样，都有了莱克的代理商。没多久，省会郑州的代理商也慕名而来。"莱克"开始在河南遍地开花。经过短短半年的努力，小窦就完成了河南市场的整体布局。那一年，莱克河南代理商的业绩在全国排名第一。

当初开发的那批代理商后来基本上都有再转介绍新客户，愿意一而再，再而三地相信小窦，相信莱克。

"做销售就好比挖井取水，一看挖不到就放弃了再从零开始挖，肯定挖不到水，有可能再坚持一下，再努力一点水就涌出来了。所以必须勤奋，要有锲而不舍的劲头。"小窦总结说，做销售，就是交朋友，要先把人做好，真诚第一，说到做到，不忽悠。只因他牢牢记住并领悟了董事长倪祖根跟他说过的那一句："心诚则灵。"

直到现在，小窦的脑子里还装着一张河南省的地图和一张交通时刻表，仿佛印上去了一样，挥之不去。他用真诚而又踏实的脚步丈量了这片中原市场。

小窦前进的脚步没有停止。2011年又转战江苏，将原来在河南的市场经验复制到了江苏。他快速调整团队，并时刻告诫大家："莱克创牌期间，务必做到勤奋、务实、真诚，要用最好的状态与代理商合作，让代理商感受到莱克人的与众不同。"同时，小窦又加快对市场进行开发、覆盖与调整，把江苏的代理商从11家发展到了23家；他还组织团队帮助代理商培训人员和组织推广活动，让莱克在每个城市的核心商圈时刻保持热度。仅用一年多的时间，便将江苏地区的业绩翻了2倍以上。

在江苏的两年时间里，小窦带领的团队业绩不断增长，也使得总部领导发现了他善于带人的特质，于是每年往江苏区域输入30多个大学生，希望小窦把江苏市场打造成莱克内销团队的“黄埔军校”。果然，他不负众望，2013年被调回总部，成为了莱克国内销售公司的领头人。

期间，国内销售公司的业务模式也经历了几次调整与起伏。但在他看来，变化是正常的，并且告诫莱克全体销售人员：“以不变应万变，我们唯一不变的是对消费者的真诚，并且要以这份真诚来积极应对变化与挑战，做出全新改变，使整个国内销售公司业绩持续向好。”

作为坚守莱克自主品牌营销的线下业务主体，国内销售公司尽管在风起云涌的线上业务中饱受各种冲击与考验，但秉持开拓进取、坚韧不拔和真诚合作的精神，使他们依然在自己的阵地上开花结果，创下了一个又一个丰收年。

故事的哲理

美国一项针对销售员的调查表明：优秀销售员的业绩是普通销售员业绩300倍的真正原因，与长相无关，与年龄大小无关，与性格如何也无关——而是和人格有关。即：诚实守信，以诚相待，是所有销售学上最有效、最高明、最实际也是最长久的方法。

在征服客户时，也许有诸多门票、诸多技能、诸多知识都要同时拥有，但其中门槛最低、价值最大，也最没有理由不具备的，就是真诚。诚有了，其他要素才具备发挥作用的前提。正所谓“抱朴守拙，行稳致远”。

要做净水机中的“LV”

差异化价值，是打造高端品牌的不二法门

哲理的故事

在价格战上，中国恐怕是世界上最卷的国家。从莱克创业的20世纪末，随着中国经济正式告别短缺，中国企业在拼价格的战场上，就前赴后继地将促销、打折、满减轮番用，从“骨折”到“腰斩”，可谓无所不用其极。

然而，全程见证了中国企业“打折史”的莱克电气，对此却表现出了它与众不同的决绝一面。自创业起，董事长倪祖根就对你死我活的价格战深恶痛绝，坚信打价格战不如提升价值，并且也只有塑造产品价值，才能在市场中形成强劲的销售力。

2009年，莱克从外贸业务拓展到内销市场，并初创自有品牌。当洞察到了中国人“用完吸尘器，还要用拖把拖地”的痛点后，莱克立即发明了第一代洁旋风类产品，率先推向市场——并且在推广中对洁旋风提炼出了点睛之笔：“能擦地板的吸尘器”，“边吸边擦”的价值点清晰而响亮。

就是这一点睛之笔，让莱克掌握了吸尘器定价主动权。当时普通吸尘器的市场价格在780元左右，且促销不断，失血不绝。而莱克洁旋风因为具有“边吸边擦”的差异化功能，反而获得了消费者的高度认可，市场价做到了1599元！是行业均价的两倍！

上市后的第二年，洁旋风就一举将吸尘器单品市场占有率和莱克品牌市场占有率分别做到了第一

名和第二名。接着，又推出了第二代洁旋风产品，凭借过滤性能更强劲的差异化卖点，市场定价更达到了2199元！曲高却未必和寡。四年后，凭借高价值、高性能、高可靠、高信赖，莱克牌吸尘器的市场占有率，“反而”稳居第一。

这就是倪祖根提出的又一个差异化策略——价值营销，通过向客户提供最有价值的产品与服务，创造出新的竞争优势来取胜。

这一理念在洁旋风中取得初步成功之后，在莱克旗下的碧云泉净水器的营销上体现得更加淋漓尽致——坚持高举高打，坚决不打折、不降价、不促销，却使碧云泉成为高端消费人群家庭生活中的标配。

2019年，莱克凭借着独树一帜的新品类发明——碧云泉免安装台式饮水机，快速在净水机市场站稳脚跟。当时碧云泉1台净水机的售价已经达到3000多元。但董事长倪祖根认为这一档位还不足以满足中高端消费人群的需求，还应该研发出5000乃至1万元以上的碧云泉台式净水机！

1万元以上？怎么可能？！碧云泉的营销团队当时几乎一致认为这是天方夜谭。这么贵的净水机最多只能放在店里当个摆设，绝对不会有人真买回家。

的确，当时莱克虽然在净水机领域开辟出了台式这一品类，但市场上还是以传统的厨下式为主流，大多数商品价格也都只是卖到1000元左右。所以，没有人相信莱克能卖出高达万元的净水机。

但“几乎”不代表“全部”。有一个人并不认为这不可能，他就是负责碧云泉品牌营销的刘总监。

彼时，一方面，碧云泉产品的主要销售价位集中于2000~3000元区间，此价格段位堪称是一片红海，各路竞争对手云集。另一方面，随着电视购物时代的谢幕，店铺销量日减，碧云泉电商前总监也随之黯然辞职，品牌高端化之路迎来了最艰难的时刻……

刘总监作为在莱克辛勤耕耘多年且经验丰富的资深品牌营销策划人，早已有着对于“品牌”本身价值属性的高度敏感。对于当下的困境，他不再拘泥于净水市场，而是放眼全球各类高端奢侈品品牌。深度调研后让他敏锐地意识到碧云泉品牌发展的局限性——产品线缺乏体系规划、产品定位售价错综

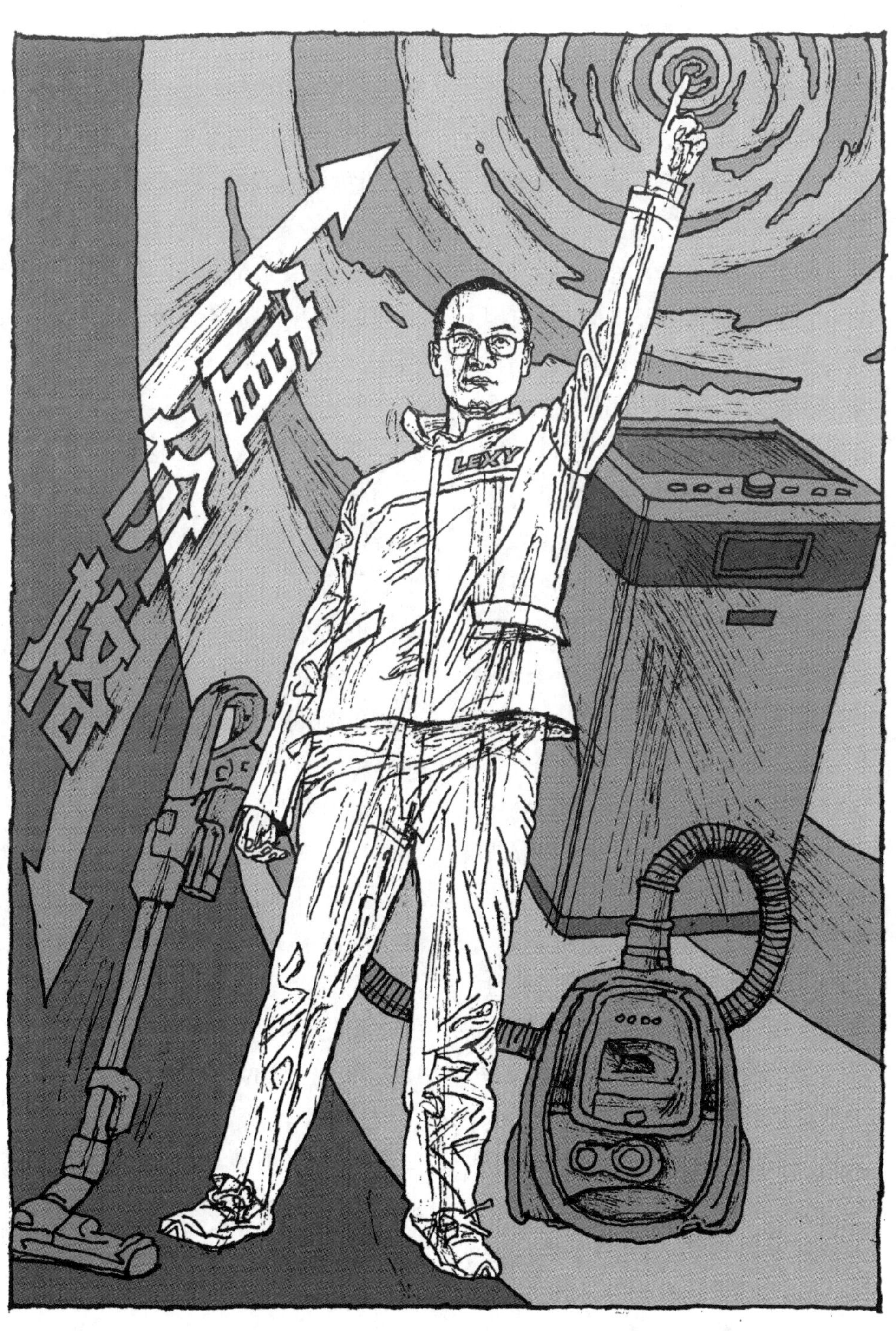
LEXY

复杂、产品卖点同质化严重……

挑战往往与机遇并存，刘总监向倪祖根毛遂自荐，接下了这个烫手的山芋。然而面对品牌的诸多问题，他应该如何下手呢？

倪祖根的“四车理论”启发了他：既然奔驰、宝马、奥迪、保时捷四大汽车品牌代表了不同的产品特性，满足了不同人群的需求，那么在净水机领域，高端的和普通的应该有什么样的差异？又能满足消费者什么样的不同需求呢？

一如在高端消费人群的需求中，有白酒茅台，有奢侈品LV，那高端饮水需求中为什么不能有一个“独树一帜”的碧云泉呢？

刘总监意识到，很多商品除了物理属性功能外，其实还有一些附属功能，尤其是奢侈品或价格昂贵的商品，比如名车、珠宝、服饰、手表等更是如此。它们已经不仅仅是代步工具、装饰品或计时工具等性能属性那么简单，更具有表达偏好，甚至张扬拥有者个性品位与身份地位的作用。所以，对于这样的商品，强调品位就十分重要。碧云泉亦是如此。

要想提升碧云泉净水机的品位，关键是要实现个性化创新。于是刘总监带领团队通过深挖差异化，错开竞争区间，建立了一套完整的净水机营销体系和产品线策略。比如，他们研究水文化，对水作出了定义与区分，结合高尿酸、结石等健康生活场景，提炼营销卖点，以切中高端消费者的饮水需求。

在此基础上，碧云泉除了台式免安装、反渗透等功能或技术上的领先之外，还推出了搭载深层矿化技术，滤出pH7.6的弱碱矿物质水的G7系列。该产品首创矿物质弱碱水的营销卖点，以平均3899元的成交价格勇夺台式净饮机销售榜TOP1。高端化的第一步棋，刘总监显然是走对了。

2019年，碧云泉当真推出了1万元的净水机N9。但结果，一年只销售了区区几十台，于是不坚定的声音再次传来——真的可以做到吗？但刘总监带领团队坚定执行公司的高端品牌定位，严守价格体系，反复修改产品的营销卖点。

2020年疫情开始肆虐，品牌同时迎来了挑战和机遇。刘总监非常善于抓住时代风口，他意识到疫情期间人们健康意识的日渐提高，对家庭饮水不止停留在生理需求层面。如果结合社会背景和产品定位，打造高端健康养生饮水设备，同时兼顾高端人士的养生需求和身份认同，或许能冲击高端市场——这是刘总监从马斯洛需求层次理论中获得的灵感。

于是他迅速调转矛头，围绕碧云泉N9的“富氢养生”“水中黄金”“高端服务”等多个卖点，开展了大规模的站内外营销。结果也真的是持续向好，年销量从当初的一两百台增加到了900台，到2021年，则变成好几千台。

为了让产品更充分的满足高端需求，营销团队不断复盘改善，再倒逼研发环节做出改进。其中，莱克对于净水机的研发投入最具说服力。因为一般来说，家电行业的研发投入占营收的5%就已经算是比较高了。而且几乎整个行业都在追求效率和成本，总要把模具的利用率做到最高，不惜通过放开贴牌代工将一套模具甚至做到了20万台——以至于出来的产品同质化非常严重。

而莱克对于碧云泉的研发投入占比却高达20%！并且为了保持自己的独特竞争力，贴牌代工起家的莱克反而坚决不开放贴牌，也不做代工，一套大几百万的模具甚至只做了不到1万台就换掉了，可谓不计成本——为的就是研发出更具竞争优势的高端产品。

雄厚的研发实力之下，碧云泉先后研发出了弱碱RO反渗透净水器、低钠含锌净水机、含锶弱碱养生茶艺矿化净水机、富氢净饮机、茶艺养生炖煮净饮机等一系列满足高端需求的净水机产品——最高的价格已经做到了将近2万元。

只要定位足够清晰而坚定，量变终会产生质变。

2022年，也是疫情对社会影响最大的一年，碧云泉万元机年销量逆势增长，突破了1万台的大关！

短期发展看产品，长期发展看品牌。刘总监认为：莱克的净水器，不是靠低价竞争，而是要像高端电子产品一样，凭借先进的技术、精湛的工艺和优质的服务，在消费者心中占据高价值的地位。就像国货之光华为手机，人们购买它不仅是为了通讯功能，更是因为它代表了高端、创新和品质，代表中国创造。莱克的净水器也要成为行业中的“华为”。

如今的碧云泉，其免安装台式净水机的市场占有率和品类客单价均居行业第一，已然成为行业无可争议的龙头品牌，足够引领行业的变迁与发展。

价值是品牌永恒的魅力，也是品牌发展的终极动力。深谙此道的莱克，从品牌创立的一开始就获得了价值营销的密码，进而掌握了定价的主动权。毕竟对于消费者来说，折扣是暂时的，价值才是长久的！

故事的哲理

“心想事成”，高端产品首先是“想”出来的。中国企业在高端品牌上相较于欧美国家整体起步较晚，就在于大多数中国企业家在主观“想法”上，就没有真的去“想”做高端，而是满足于更省心但也更痛苦地在低端市场徘徊绞杀，最终集体痛不欲生。本质，在于不愿意在差异化价值实现上花心思。须知，“没有思路就没有出路”，企业只有在起点上就“想”和坚信目标是高端，进而矢志不渝地追求差异化定位竞争，最终才能在终点上真的做出和做成高端，进而坐拥全部。（杨光）

一线走出来的副厂长

基层历练出人才

哲理的故事

2007年的一天，莱克电气的“首届员工技能大赛”开始了，整个现场都沉浸在一片紧张与兴奋的氛围中。参赛者们穿着统一的工作服，胸前别着各自代表队的徽章，他们的脸上写满了专注与决心，摩拳擦掌，志在必得。

经过一番激烈角逐，比赛结果让所有人都震惊不已。

比赛总共设置八大奖项，当主持人宣布前六个项目的获奖结果时，全场响起了雷鸣般的掌声——竟然是同一车间一连斩获了六个奖项，他们就是总装五厂车间。他们的员工不仅技术娴熟，而且配合默契，无论是作业速度、装配质量还是团队配合度方面都表现优异。

一时间，这个车间成为了全公司的焦点，他们的车间领导就是张主任。

张主任1998年刚进入莱克时还只是一名高中学历的普通线长，随着公司的发展壮大，让他明白不管是哪个层级的管理者都要跟上步伐，不断学习新的生产管理知识、产品知识、技术知识，开拓思路，与公司共同成长。同时，他具有明确的目标和客户意识，紧紧围绕安全、质量、效率、交付及时率等指标，进行生产管理工作的检讨与持续改进。

为了车间生产绩效的提升，他总是第一个来到车间，检查物料的准备情况，人员的到位情况，工装器具的完好情况。并对线长进行产前培训，对想到的所有管理细节、产品质量控制点，不厌其烦地反复叮嘱、，开线后也要在产线不断巡查，对下属遇到的产线问题，他能很快给予指导和解决。一天生产结束，负责任的他要核对生产和质量的完成情况，确认生产现场已将第二天的生产物料全部准备就绪，才会最后一个离开车间。

“当我离开车间时，只有确保第二天的生产全部落定了，才能放心回家。”张主任说到。

每当客户走到张主任主管的车间，总能感受到员工满满的激情与活力。这得益于张主任对一线充满了热情，只要一有时间就往生产一线跑，喜欢和工人打成一片。因为只有及时了解工人的想法和所遇到的问题，才能准确反馈他们的工作状态。哪个工人擅长什么，有什么特点，他都如数家珍。对于跟不上产线的员工，他“手把手”地教会。所以，他的车间员工最稳定，生产效率高，品质最优，成本最低。

多年的基层历练，使张主任积累了丰富的生产管理经验，他被晋升为副厂长，继续发挥更大的价值。

当时，公司正在推行“精益生产管理”，提出要从“干毛巾里拧出水来”。张厂长对生产现场进行了调查，发现有部分不合理库存占用空间，影响了效率，而且占用资金，是一种隐形的浪费，有较大的改善空间。

为此，张厂长提出先从“消除库存浪费”着手，要求必须将这部分不合理库存消除掉。但当时，他的这一想法却遭到部分基层干部的反对。张厂长通过精益管理的学习，对生产物流的调整进行了反复推演，发现了他的想法是可行的，这坚定了推行的信心。

说干就干！张厂长从生产计划排程、采购计划的下达、供应商物料到达时间、仓库物料的收发存管理、产线岗位配送时间等各个环节进行系统的研究，制定出一套生产计划及物流的管理办法。

接下来，张厂长开始在车间推行“消除库存浪费”的一系列举措，并利用公司D15培训平台反复宣传这套生产计划及物流的管理办法。他用拉动式生产方式编排生产计划，按订单计划需求严格进行生产，对不同品类产品设定不同的库存目标，甚至拆除了一些不必要的货架，安排线长提前一天排查及准备好物料，做好人员计划，保证生产没有瓶颈。如此一来，生产更顺了，生产计划执行率高了，库存降下来了，仓库变得更敞亮了。

精益求精，张厂长继续挖潜，发现生产过程也有很多改善之处。比如，吸尘器地刷座羊毛粘的胶粘工序，原本涂胶水后至少要晾12个小时才可以投入使用，以至不得不提前做好库存，以满足后道工序的需要。不甘心的张厂长决定要将这道工序改善掉。员工都收线了，他还蹲在产线琢磨，观察羊毛毡与滚刷直接接触的情况，羊毛毡重量很轻，胶水粘住就不会掉。通过做不同时间的样品实验，得出半小时比较保险，并且得到工艺技术部门确认，逐步从小批量生产，中批量生产，再到大批量生产，跟踪整个生产过程确认全部达标。

明确的目标意识、强烈的责任感、果敢的行动力、多年一线生产管理经验，使张厂长成为了吸尘器车间精益生产管理的“最佳实践者”和产线员工的“导师”。其实像张厂长这样从生产一线一步一个脚印成长起来的管理者还有很多。

所以，莱克的经纬真的是用“脚”丈量出来的。这再次验证了董事长倪祖根强调的那句：“人才是从各业务层面的基层实践中锻炼出来的，智慧来源于实践。”

故事的哲理

一如华为在日常的工作中要求管理者“双手沾灰，两脚沾泥”“抵近侦察，抵近指挥”，做到“办公室里无将军”。因为一线是人才的炼金石，是人才成长的沃土，又是人才施展才干的舞台，更是人才脱颖而出的平台。只有善于在一线的实践中解决困难，积累经验，不断提升自己各方面的素质和能力，才能真正成为能干事、干成事的优秀人才。实践出真知，实践出人才。这是人才成长最根本、最管用的规律。

做好莱克的“火眼金睛”

防微杜渐，时刻保持风险意识

哲理的故事

30万，150万。这两项数据，表面上看似乎毫无关联，背后却是莱克电气审计部铁面无私、严守死防所取得的一项又一项成绩。

作为一家企业，往往制度都是健全的、管理分工也是合理有序的，似乎一切工作都开展得井井有条，无懈可击。可在实际操作过程中问题却防不胜防。

有光亮的地方就一定有阴影，关键在细微枝节处，那份洞幽烛隐的严谨与用心。

对此，莱克电气审计部最有发言权，审计部徐部长带领团队，根据公司年度战略和上市公司对内审计的要求，一度使某子公司的年维修费用下降了30万，更让公司一年的垃圾处理费用减少了150多万。

在徐部长看来，作为公司审计人员不仅要发现问题，更要在制度上堵住漏洞。不只是风险的发现者，更要是企业的“智囊团”。

有一次，审计部在对某注塑厂绩效指标审计时，突然查出其维修费用较历史同期水平比其他厂高出许多，这马上引起了他们的注意。经过进一步了解才发现，叉车在2022年~2023年的一年半期间，做了大保养12次（正常是2次/年），轮胎换了7只（正常2只/年），油缸总成更换了19次（正常是2次/年），如此大的悬殊背后必有蹊跷。

于是，审计部马上对原始单据做了审查，并走访了当事人，结果很快就找出了真相——原来是采购员冒充仓库人员签字，与供应商内外勾结，竟然虚开发票多结算了10多万元！

亡羊补牢，为时未晚。公司一方面开除了当事人，与供应商终止了合作；另一方面将制度进一步完善，通过对供应商和当事人进行报批处理并对叉车维修费用严格考核的方式，使之再无漏洞可钻，一举使全公司的年维修费用同比下降了30万。

事无巨细，防不胜防，必须持续拿着放大镜看问题。2023年2月，审计部在对公司年度废旧物资变卖例行稽查时，发现同样的废纸板，在国内是要按比价向垃圾处理单位收款的，而莱克的一个国外工厂却要向垃圾处理单位付款，这是为什么？

审计部经过查看这个国外工厂的监控录像和处理的流程单据发现，他们在对工厂生产过程中产生的废纸箱，未能有效分类，而是与其他生活垃圾混杂在一起打包处理。而国外工厂所在国规定对垃圾处理是按600元/吨付费，其中废纸板按规定应收取540元/吨，里外里竟相差了1140元/吨。对此，审计部及时向国外工厂指出了不足，国外工厂也知错就改，马上采取有效措施，对垃圾实施分类处理。效果是立竿见影，到2024年年底再一算，垃圾处理费竟足足减少了150多万！

还有一次，审计部对莱克厂房精装审计时，其中有一项是木门，根据现场已装好的实物来看，无论是外观、厚度、颜色都与招标要求是相符，无可挑剔。一般来说，这就算检验合格了。但徐部长出于谨慎起见，依然要求剖开抽查，通过破坏性锯开的方式，对木门内部材质做工进行检查。结果锯开后现场的人都惊呆了——“金玉其外败絮其中。”木门的夹层中全是填充的硬纸壳和两根灌了水泥的钢管。如此，的确是又厚又重，却是典型的以次充好、偷工减料。最终，该单位为他们的行为买了单，而且还按合同约定承担了违约金。

诸如此类，不胜枚举。审计部不仅仅是发现并解决问题，堵住了漏洞，关键是引以为戒，及时建言公司对管理制度进行修订和完善，从而做到防患于未然。

“用数据和事实说话，实事求是，让领导知道真相、抓住关键，做

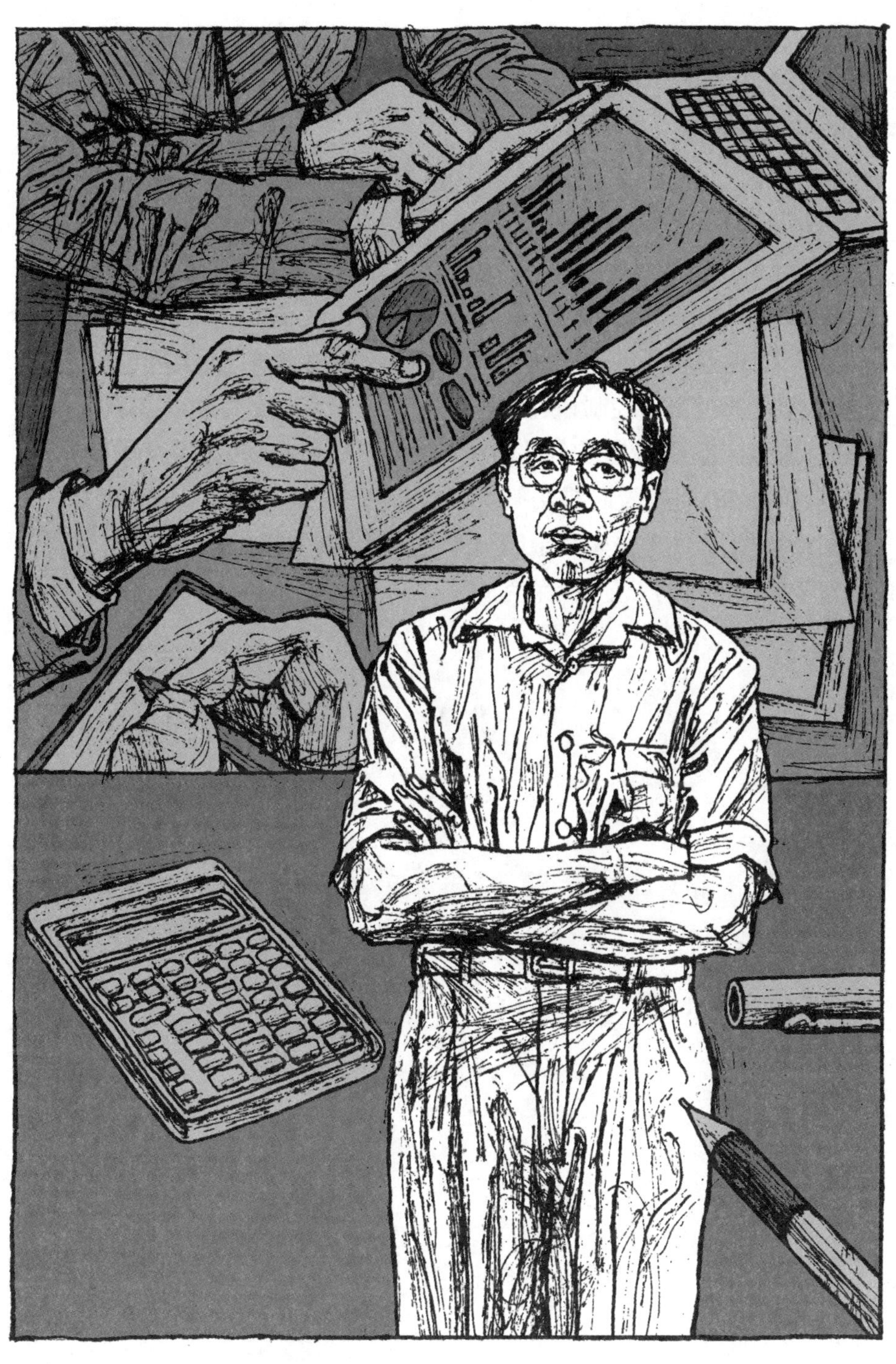

出精准决策，是我们的使命。这当然与公司领导的大力支持和相关部门的密切配合是分不开的。”徐部长谦虚地说。

所谓“千里之堤，溃于蚁穴”。莱克审计部深知审计无小事，但点滴与分毫的背后是审计部的一份责任与坚守。他们就是以这样的一种坚守，不仅通过事前控制和过程监督提前洞察“暗礁”，规避风险，而且还对存在的问题及时提出解决方案或措施，用一双“火眼金睛”时刻守护着莱克的安全，让莱克的“家底儿”始终是一本透明账，明白账。

故事的哲理

其实企业里的许多“危机事件”都并非一朝一夕产生的，其可能早已潜伏在日常经营管理过程中。“破窗效应”告诫我们：若不在不良事件发生之初就加以重视，这些起初看似“无关痛痒”的小事最终可能会导致无法挽回的后果。而这，离不开自上而下时刻保持警惕，树立一种危机意识。

“天书”里的进步阶梯

能力的边界，是自己定义出来的

哲理的故事

在莱克电气，有这样一句员工行为准则：“掌握和精通某一方面的业务技能，是我们每个人职业发展的必要条件。为此要坚持终身学习，通过学习和实践来积累、增长自己的才干。”它宛如一盏明灯，照亮了无数员工前行的道路，其中最耀眼的那颗星，便是小柯。

小柯，一位从普通工人起步的奋斗者，是在莱克这个充满机遇的舞台上实现人生价值、自我超越的代表。

2005年，为了提高电机制造工艺水平，莱克从国外引进了一批先进的电机设备。由于新设备是一副“洋面孔”，车间工人们起初不敢“妄动”。工厂决定对他们进行培训，并编制了一套从理论知识到实践操作的培训手册。

但设备的操作页面是英文的，令只有初中学历的小柯接受起来非常吃力，一串串英文专业术语，于她而言如看天书，但她很快就表现出了与众不同之处。

小柯心想，不能总是依赖师傅，一来影响工作效率，二来也不利于个人成长。于是，有心的她在请教师傅的同时自己准备了一个小本子。师傅讲过之后，她马上通过画图的方式记录下来，当时记不熟练的，下班再挤出时间一遍遍地消化和理解。从文件到参数到操作指令和路径，一边对应英文，一边实践操作。一开始，操作页面的调机操作键上贴满了中文翻译的标签。慢慢地，标签又一个一个地被撕了下来，直到完全脱离标签。最后靠着“死记硬背”，她愣是把操作页面上天书一般的英文全部背了下来。

在此基础上，小柯又进一步对进口设备进行反复操练，渐渐摸索出了操作设备的法门与技巧，工作也变得高效起来，在新设备操作竞赛中脱颖而出。

一年后，整个车间里，小柯的生产完成率是最高的，质量是最好的，全年保持第一名。小柯也从一名普通员工成为了工段长，这也更加激发了她工作与学习的动力，毕竟只是机械地记住“怎么做”还不够，还要搞明白“为什么”。

当时，小柯所在产线的绕线机容易出现脱钩问题，只要一脱钩就要停下手里的工作，等着维修工来修理。这不仅会导致产品不良，而且还浪费生产时间，影响生产效率。这触发了她想学习维修的想法，车间主任也非常支持她，但希望她在学习维修技能的同时，兼顾好工段长的工作，她欣然接受。

但想与做不是一回事。要知道，那可都是精密复杂的进口机器，能学会操作已属不容易。设备维修工作则需要将设备“大卸八块”，才能找到里面的“故障点”，进行定点清除。所以，这个岗位基本以男员工为主，她是这个岗位的女性第一人。

在师傅的悉心指导下，她整日沉浸在车间，拆模、换模，反复钻研每一个细节。她与机器为伴，与故障较量，经过一年多的刻苦操练，小柯已经熟练掌握绕线机的各项维修技能。她仅凭机器的细微声响，就能洞察问题所在，仿佛与机器有了心灵感应。

此后，她在电机绕线机的基础上，又相继学习了点焊机、精车机、平衡机等所有设备的维修技能，整条产线的设备维修技术她已全部掌握。在边学边练，边学边干中，她的好学劲头，带动所管辖工段维修员的技术水平也日渐提升，所在车间设备故障率大幅降低，产品质量大幅提升，整体绩效遥遥领先，她再次被晋升，成为领班。

成为领班的她，觉得自己的责任更重了，对自己的要求更高了。别人认为达不成的目标，她会想尽办法达成；别人认为生产是重复的、枯燥的，她却带着大家做创新改造，持续优化产线设备，将转子铁芯、轴、换向器做了三合一改进，转

子涂胶、压防尘圈、压挡圈等做了自动化改进；员工无论在工作上还是生活上遇到难题，她都会无微不至地给予解答和帮助，甚至慷慨解囊。要求员工遵守的规则，她会第一个做到。在员工心目中，她是慈爱的家长，在领导心目中，她是大家学习的榜样。

她的班组员工稳定率达95%以上，每年创新改进20多项，生产效率与产品质量连续多年排名第一。强将手下无弱兵，她的车间还陆续培养出七八名懂技术、会管理的新领班。

2015年，表现出色的小柯被评选为“苏州市劳模模范”。2016年，又被评选为“江苏省劳动模范”。

小柯直言，莱克精通业务和终身学习的理念与氛围一直感染、激励着她，一分耕耘一分收获，作为一名女性，能学会精密设备的维修技术，是挺有成就感的事。她说：“作为生产车间的领头人，只有对机器了解得更多，对业务更精通，才能更胜任这个岗位，进而更出色地达成业绩，带出更优秀的团队。不然，我最多也就能当个工位长。”

故事的哲理

能力，其实是定义出来的。每个人和每个组织，把自己的能力天花板定义在哪里，它“往往”最终就会到哪里。请在我们有限的职业生涯中，认真对待“心想事成”这句被广为误解的吉祥话。有多“想”，往往决定有多“能”。

定义，就是边界目标。实现乃至超越目标，靠的不是天分，不是机遇——因为它们都有助力，却都不足以支撑你达到最终的目标。能够持续支撑自己的，唯有持续地学习。学习的门槛，来自动力：很想。而持续学习的门槛，则来自毅力：非常想，一直想。（杨光）

绩效导向，人人头上有目标

低成本的目的是高效能

哲理的故事

2023年是中国乃至全球都极其困难的一年，国外的风险挑战和国内的多重因素交织叠加带来的经济下行压力，导致各行各业的经营压力增大，业绩出现了不同程度的波动。其中莱克电气也概莫能外。

2024年4月30日，莱克电气发布2023年全年业绩报告，年营业总收入为87.92亿元，同比下降11.52%，这是莱克创立以来唯一负增长的一年，但即便如此依然可圈可点。

不乏金融机构专门对莱克过去5年财务数据1200余项评价标准进行了分析，其中对于成长指标和盈利能力分别给出了“出色”和“优秀”的评价。尤其值得注意的是，2023年度虽然营收下降，但净利润却达到了11.17亿元，同比增长8.42%。

企业经营管理离不开两件事：提高营收和降低成本。营收降低的情况下，利润却依然增长，莱克对于成本管理的有效控制，由此可见一斑。

成本管理是企业的永恒主题，是建立和保持企业长期竞争优势采取的一种措施，是企业的“牛鼻子”。想当初，莱克研发生产的第一款吸尘器产品“捷豹”，就是通过技术优化和创新合理降低成本，并提高附加值实现产品最大程度的溢价，一面市就赢得了客户如雪片般飞来的订单，使得莱克在创业第一年就实现了盈利。而这，便是倪祖根对于企业管理立下的最初的原则——销售最大化，成本最低化。成本管理并不等同于单纯的降低采购成本，它是一个系统工程，包括设计降本、采购降本、提效降本等等全方位的内容。

在倪祖根看来，市场的价格其实差别并不大，可为什么有人赚钱，有人不赚钱？这完全取决于管理能力和经营水平。劳动生产率是一个重要的衡量标准，一个人是60万的年产值，是100万的年产值，还是150万的年产值，是完全不一样的绩效。那么，引入绩效管理，开展增效活动，做到目标、策略方法与责任驱动相统一，实行绩效考核，全面提高劳动生产率，避免吃“大锅饭”就成了关键。

莱克的十几个工厂和一些工序之间是存在内部配套业务的，比如，注塑厂要给总装厂配套零部件，模具厂要给电机厂配套模具。但即便如此，莱克依然规定每一个工厂以及下属的各个中心或部门划分为不同的大小单元，都要实行对外市场化或者模拟市场化，全员参与市场竞争。利用市场经济的价值规律，以价格为纽带，统一定价，独立结算，将莱克内部的上下工序之间的关系变为等价交换的客户关系。

与此同时，每年的11月，由莱克的总裁办公室组织各中心、事业部、业务部等职能管理部门，按照公司下年度总体经营目标，形成一份针对各职能管理部门负责人的《年度目标责任书》。经总裁与各负责人共同商定后签字确认，并进一步将目标分解下去，做到人人头上有目标。每周通过例会和经营分析会检查、核算指标完成情况，及时检讨改进影响绩效指标的问题。而这一切都建立在数据的及时更新上。

早在2015年，莱克就率先通过智能化转型，实现了数字化互通互联和数据的实时统计与量化。在莱克，每个月的销售、生产制造、质量、物流等各业务环节能产生10万多条数据，通过系统读取形成报表，使每一个产品的成本和每一个人员的生产效率都清晰可见。一旦有异常情况，会马上反映出来。而通过追踪和数据分析能够很快找到原因，随时调整改善。

通过市场化的运作，将产品质量、交付速度、成本控制等落实到每一个员工身上，调动了他们的工作积极性，推动了经营质量的提高。

而这，就是莱克电气能够赢得一众世界500强企业长期合作的一大重要因素。这也促使莱克成为了清洁电器行业的领军企业，并赢得了工信部认定的“制造业单项冠军”的称号。

故事的哲理

低成本从来都不是一个问题。如何在更高质量与要求创新的同时实现更低成本，也就是基于有效性与引领性的低成本，才是一个根本的乃至永恒的商业问题。而实现有效质量的低成本，绝不是靠压低经营管理过程中的活性元素（比如人的价值）和保障性元素（比如材质与工艺的标准），而是要充分与持续排查与剔除企业运转中“所有”并不创造价值的有形与无形浪费。从泰罗制到精益生产再到智能化升级，这一本质并未改变。（杨光）

莱克20年的“赛马”+“相马”

评人才，不能没绩效，也不能唯绩效

哲理的故事

2024年10月刚过，和大多数企业一样，莱克电气的总裁办公室和人力资源部门也开始变得更加忙碌起来。他们除了要推动年终绩效考核、年终工作总结、下一年度经营目标和工作计划的制定与分解一类的工作之外，还有一项重头任务，那就是对莱克电气的全体员工进行全方位的年终盘点——“360KPI考核+评价考核”。这项任务，一做就是20年，年年如此。

而这，正是莱克作为年度评优、调薪、人才盘点、人才晋升、人才培养的重要依据。

大多数公司对管理人员进行考评，更倾向于参考KPI数据，因为KPI与管理人员的管理水平息息相关。没有突出的KPI业绩，管理水平就无从谈起。干得好就上，干不好就下。这就是所谓的“赛马”机制。

但对干部的考核，真的就是以结果论英雄这么简单吗？至少莱克电气董事长倪祖根对此是不以为然的。他认为：仅凭一个绩效考核数据，是难以对一个干部的价值得出科学合理的结论的，甚至得出的可能是一个错误的结论，在实施后不仅不能激发员工的潜能，反而造成管理团队的冲突与不稳定。

的确，在大多数公司，绩效往往就像一个“紧箍咒”，每个月或者每个季度都把员工拴得牢牢的。大家每天眼睛只盯着那些数字，一门心思往前走，心里打小算盘，生怕

别人抢了自己的功劳，甚至为了业绩不择手段，以至于很容易让员工之间的关系变得紧张，更别谈团队合作了。

KPI决定论，最适用于西方文化下崇尚个人、淡化社交的美国企业，但对于更强调态度、过程、团队的东方企业，就不一定是完全合适的。

对此，倪祖根提出：不能唯绩效论，莱克不仅要“赛马”，也要能“相马”，二者同等重要。因为金无足赤，人无完人，而“赛马”通常只是反映表象的业绩，但对于管理潜能以及绩效背后的深层次原因无法反映出来。而“相马”，就是要用人所长，避其所短。公司要善于借助“相马”发现人的潜质，不拘一格用人才。

所以，倪祖根认为，在KPI考核的同时还应该加上360度全方位的素质评价考核。

2004年，莱克已经“十岁”。随着企业规模不断扩大，人员增多，莱克为了管理更加规范、客观、全面，就借鉴了在美国GE公司声名鹊起的360度考核评价机制。这一机制就像一面镜子，既可以照见干部及员工的综合优势与长处，也可以发现缺点与不足。

与市面上常用的360考核评价一样，莱克被考核者的信息来自被考核者关联的上级领导、直接领导、横向部门、下属及客户。不同的是，莱克根据公司自身的特点，将被考核者分为干部和员工两种。其中对干部的评价分为六个维度：领导力、目标与战略的制定和关键战略过程执行、客户意识、结果导向、自我发展和提高专业水平、支持员工的成长。其中，目标与战略的制定又根据不同的部门有不同的评价标准。对员工的评价相对简单一些，分为两个维度：工作态度和业务能力，其中不同的岗位，又有不同的业务能力评价标准。

另外，“兵无常势，水无常形”。在经济不稳定的大环境下，业绩管理也应具备灵活性。因为这不仅仅是为了追求业绩的增长，更是为了在市场变化中保持战略定力。在莱克的考核标准中还特意兼顾每年市场趋势的起伏以及竞争情况，结合内部的综合评价进行比较，不唯绩效论。比如通过数据分析发现某个部门的业绩下滑，公司会具体分析原因，是市场需求变化，是竞争对手策略调整还是内部管理问题，从而针对性进行考量与改进。

大约1个月时间，360考评结束，人力资源部与各部门一起将考评结果与KPI绩效相结合，再进行人才盘点。按优秀、优良、良好等不同的比例，将百分制转换成54321评价，再分成不同的人才潜力类型，进行奖励提拔，或者量才适用和优胜劣汰。

360度评价考核制度已经在莱克运行了20年。其最重要的价值其实已经不限于评价本身，而更在于对人才能力的开发。“赛马”与“相马”相结合，不唯绩效论，使莱克的人才潜力不断得到挖掘和释放，促进员工和干部的优胜劣汰更加公平、公正，起到了很好的激励作用，也达到了“造好人、用好人”的目的。

故事的哲理

是人才，一定要拿成绩说话。但能拿出成绩的，或一时拿不出成绩的，就一定是人才？或就一定不是人才？这些都不是KPI考核能够回答的。它只能呈现被考评人现状的一个侧面，即便是至关重要的一个侧面，但终究只是一个侧面，而人才是由多个侧面组成的。与之对应，KPI是一个对应侧面的工具，360也只是一个对应另一个侧面的工具，而任何一个侧面，都不足以同时做到对人才既往的奖惩、对现在的激励，与对未来的判断。

因此，综合运用多种人才测评理念及工具，既客观地核，也主观地估，对于外部环境处于剧变、内部战略频繁应变、人际构成正值交接的中国企业而言，才是恰逢其时、适逢其需的。（杨光）

莱克电气经营理念和实践案例50讲

倪祖根总结的《经营理念和实践案例50讲》，将经营和管理的要点提炼得简单扼要，直击目标和问题的本质。讲起来朗朗上口，用起来以一当十，堪称中国式管理哲学和方法的一个范例。

1．“首战必胜”，第一台吸尘器是怎样设计出来的，价值最大化，成本最低化。世上本没有路，路是人走出来的，创业开厂没钱、没人、没有资源、没有供应商怎么办。
2．“设计创造价值”，畅销15年的甲壳虫吸尘器诞生记。
3．“核心技术是买不来的，只有自己去打造”，超级性价比的吸尘器电机是如何打造的。
4．“一锤定音”，遥遥领先的电机性能和质量开启了与跨国公司的首次合作。
5．“出奇制胜”，畅销美国市场的第一个大功率无尘袋手持和杆式吸尘器。
6．“另辟蹊径”，开创大风量龙卷风灰尘过滤新技术，成为吸尘器三大主流（尘袋、多级龙卷风、大风量龙卷风）过滤技术之一。
7．“旗开得胜”，创立新品牌如何切入市场。以差异化高端定位和解决用户最大痛点为突破口，创新设计能擦地去污的静音吸尘器。
8．“与领先品牌保持对立”，首创立式无线吸尘器，与手持系列形成对立，解决了手持吸尘器的先天不足。
9．“填补市场空白，创立碧云泉台式净水新品牌”。

10.“与众不同 后发制人”，三合一大吸力洗地机的诞生。

11.“一步领先 步步领先”，创新产品一旦成功，必须快速进行产品线布局和升级迭代，构建竞争壁垒，以保持市场上的领先地位。

12.“只有传统的思维，没有传统的产业”。任何产业都有创新的空间，做一流产品没有最好只有更好。

13.“用户无法告诉你真正需要什么，你必须去洞察用户没有意识到的潜在需求”。

14.“持续的产品科技创新是企业高质量发展和永续经营的源动力”。

15.“发展新业务新品牌最好的办法是开创新品类”。

16.“差异化产品创新是企业具有相对定价权远离低价竞争保持长期盈利经营的基础”。

17.“技术性能上的领先必须做到遥遥领先”。提高1%、3%的领先用户是察觉不到的，只有做到提高20%、30%以上的遥遥领先才能让客户感受到真正的领先。

18.“质量第一·成本第二”，做产品是成本领先，还是技术质量领先，这是一个企业发展的指导思想问题，是战略问题，不是一个管理问题和战术问题。

19.“低价竞争是没有赢家的”，不要期望用低价把所有对手打死，往往没有把对手打死之前，先把自己干死，因此要与竞争对手走不一样的路才是正道。

20.“品牌与营销必须建立在为用户提供独特价值的产品上，而不是依赖过度营销”，凡是过度营销，所谓打造品，则起得快，衰退也快。

21.“要创造客户看得见的竞争优势”，产品价值要可视化、显性化，用户能够一眼看得出产品的唯一性与领先性。

22.“客户永远是对的”，客户是企业的衣食父母，站在客户的立场上思考问题，全心全意帮助客户解决问题，客户才能忠诚于你，企业才能有饭吃。

23．“解决客户问题不过夜”。

24．“企业竞争不仅比的是创新能力，还要比谁跑得快”，莱克创业20年一路狂奔，十年无休。

25．“企业不仅要活得好，还要活得久，不仅要走得快，还要走得稳、走得远”。

26．“预则立·不预则废；事成于谋·毁于随”，凡事预测未来变化，把握进退，并先谋后动，如何做、怎么样做才是对的，这是谋划的主要问题。

27．“不仅要在自己的优势产业里做强做大，更要未雨绸缪不断开拓未来业务，在雨天来临前备好雨伞”。

28．“企业命运必须掌握在自己手里，不要靠别人”。靠市场不靠市长，靠产品竞争力，不靠资源关系，靠自身积累滚动发展，不靠银行借贷发展。

29．“万事万物变化是永恒的，企业只有不断变革才能长久”。

30．“物极必反·盛极必衰”，万事万物总是变化的，而且朝着相反方向变化，周而复始。企业经营不因顺境而冒进，不因困难而退缩，要逆向思维，防患未然，量力而行，循序渐进。

31．“任何成功经验都无法简单复制”，独一无二才是成功之母。

32．“把握机会能带来快速成功，但仅靠抓住机会不代表企业具有长期竞争力”，一个企业抓住一个产品一波风口一个机会赚点钱，好个2~3年并不难，难的是持续经营发展，一直长期保持好的经营绩效。

33．“专业化产品必须面向全球化市场”，以避免单一市场带来的不稳定风险。一个规模不大的消费产品在单一市场单一渠道经营是非常危险的，很难构建起竞争壁垒。

34．“古为今用·洋为中用”，中国的企业管理要把中国的传统文化思想与西方科学管理制度体系结合起来，好比中西医结合更有效。

35．“长久的生意一定是合作共赢的生意”，只有一方获利这是不长久的。

36．“多元化经营要么选择核心技术相关性，要么选择市场渠道相关性”。

37．“领导的身影是下属的榜样”，对下属最好的管理是以身作则、言传身教。

38．“信用是立命之本”，有信用万事容易，无信用寸步难行。因此信守诺言是企业的命根子。

39．“金钱是重要的，但不是万能的”，没有钱可能什么都做不了，但仅靠钱也是不行的，金钱至上具有破坏性，比金钱更重要的是信用、责任和名誉。

40．“商业上的一切合作是基于利他共赢的思维和方式，才能获得长久成功”，利己主义是成功的大敌。

41．“理想愿景、分享、遵守普世价值是企业凝聚力的根本”。

42．“成功的民营企业家应该是个实干家”，并且是善于不断学习勇于变革的企业家。既要埋头干事又要抬头看路。

43．“创业难，难的在于要在一张白纸上绘出美丽的画卷”，创始人既要是一个产品专家，又是一个组织体系的创造者、创建者。

44．“要打胜仗，指挥员必须站在前沿阵地亲自掌握敌情亲自指挥”。企业家创业在经营管理的方方面面都必须亲力亲为。

45．“创始人是企业的灵魂，企业的价值观就是创始人的价值观”。企业形成的管理风格也是创始人管理风格。

46．“企业做大了，要从人治走向法治”。要建立能够自动自发运转的组织、流程、标准和机制。但任何好的管理都无法取代领导者个人的作用，以及比管理更重要的是创造企业的创新氛围与能力。

47．“平均主义是管理的大敌，但唯绩效论、以成败论英雄也会对组织稳定性和人才培养成长产生严重不利影响”。

48．“一定的内部竞争有利于增强企业活力，过度竞争会破坏团队合作的氛围”。

49．“制造业应该使用高度责任感的中等人才，责任第一，能力第二”。

50．“人才是从各业务层面的基层实践中锻炼出来的，办公室里出不了人才”。

莱克电气企业文化

使命 让世界更干净

愿景 成为全球清洁健康家电领域的领导者

核心价值观 持续为目标客户创造价值

员工行为准则

诚信敬业·进取尽责

对企业忠诚、洁身自好,珍惜自己一生的名誉。

对自己的言行负责,信守诺言、说到做到、决不食言。

坚持原则、公平公正、遵纪守法,保守公司商业秘密。

不利用手中权力和工作之便谋取私利。

对工作充满热情,始终有一颗火热的心。

有强烈的荣誉感,力争上游、不甘落后,一切工作抢着干。

脚踏实地做好当前工作,不空谈、不抱怨。

以主人翁的态度做事,把单位的事当成是自己的事。

尽心尽责、忠于职守、自动自发干好本职工作,无需领导监督。

对企业尽心尽责是个人走向成功的基石,是企业选人、用人的基本条件。

执行不找借口,养成遇事不找理由找方法的习惯。

领导者要建立自信心和责任心，遇事当机立断，勇于决策，并主动承担失败的责任，不把责任拖给下属。

客户至上·质量致胜

客户是企业的衣食父母，经营的本质是持续为目标客户创造价值。
潜心研究和洞察客户尚未被满足的潜在需求，集中资源去创造和满足客户需要的产品和服务。
客户永远是对的，客户的要求就是我们的工作动力，即使客户错了，那我们也可以反思是不是可以做得更好。
贴近市场、贴近客户，主动与客户经常保持沟通，充分了解客户的需求。
消费者、中间客户、下道工序都是我们每个员工的客户。
凡事应主动向内外部客户作出立即行动去解决问题的承诺，反对工作中的推诿、扯皮、不负责任。
把解决客户问题、提高客户满意度作为我们工作的第一优先。
质量是企业的生命，没有质量就没有客户。
人人都是首席质量官，用户在我心中，质量在我手中。
有什么样的质量要求就有什么样的质量水平。高质量必须靠高标准、严要求和技术手段来保证。
质量是设计出来，不是检验出来的。

合作创新·追求卓越

人心齐，泰山移，只有依靠团队的力量才能战胜一切困难。
以团队为中心，个人服从组织，反对个人英雄主义。
树立集体荣誉感，团队的成功是自己的荣誉，团队成功了才能实现个人的成功，团队失败了自己也将失败。

打破部门边界，主动走出自己的办公室，开展跨部门合作。

坚持面对面的沟通方式，学会倾听和理解他人的想法、愿望、诉求和意见。

世界是竞争的，只有使自己成为第一才能立于不败之地，全力以赴做好自己身边的每一件事，并力求尽善尽美。

没有最好，只有更好，任何事物都有改善的空间，要力争比竞争对手做得更好，并勇于超越自己、挑战极限。

世界是变化的，要保持自己的优势就要不断创新。创新就是不断为客户提供新的价值，让客户获得新的满足。

与众不同，领先一步是创新的目标，品类创新和技术创新是创新的手段和方法。

工作不分贵贱，每个岗位都可以创造卓越和完美。

向客户、竞争对手、员工学习，勇于创造性模仿，坚持持续改善。

鼓励和激励创新，同时容忍创新中的失败，每天进步一点点，不断向卓越攀登。